Barbara Rias-Bucher

INTERNATIONALE REISKÜCHE

Viele Rezepte von herzhaft
bis süß und allerlei
Wissenswertes rund um den Reis

Originalausgabe

WILHELM HEYNE VERLAG
MÜNCHEN

HEYNE KOCHBUCH
07/4701

> *Umwelthinweis:*
> Dieses Buch wurde auf
> chlor- und säurefreiem Papier gedruckt.

Copyright © 1997
by Wilhelm Heyne Verlag GmbH & Co. KG, München
Printed in Germany 1997
Umschlaggestaltung: Atelier Ingrid Schütz, München
Umschlagfoto: Ulla Mayer-Raichle, Kempten
Innenfotos: Stockfood/Eising, München
S. 33, 67, 101, 119, 179, 213;
Studio Teubner, Füssen S. 161, 247
Satz: Schaber Satz- und Datentechnik, Wels
Druck und Bindung: RMO-Druck, München

ISBN 3-453-11739-5

INHALT

Vorwort 8
Einleitung 11
Lebensmittel Reis 15
Reisanbau 17
   Licht, Wärme, Wasser 17
   Trockenreis 18
   Naßreis 19
Ernte und Verarbeitung von Reis 21
   Agrarwirtschaft und Ackerbau 21
   Tradition und Moderne beim Verarbeiten von Reis 23
   Polierter Reis 24
   Parboiling-Verfahren 25
Reis in der Ernährung 27
   Vitamine und Mineralstoffe 29
   Reis macht schlank 30
   Reis ist gut für den Blutdruck 31
   Reis-Obst-Diät 31
Kochen mit Reis 34
   Quellreis 34
   Gedämpfter Reis 35
   Varianten 36
Reissorten und Warenkunde 41
   Reissorten 41
   Aus Reis hergestellte Produkte 46
   Getränke aus Reis 50
   Exotische Zutaten der internationalen Reisküche 53
Internationale Reisrezepte 69

Vorspeisen, Salate und Snacks 70
Suppen mit Reis und Reisnudeln 98
Risotti und Eintöpfe 128
Vegetarische Reisgerichte 151
Reis mit Fisch und Meeresfrüchten 174
Reis mit Geflügel und Fleisch 193
Gerichte mit Reisprodukten 225
   Reisblätter und Reisnudeln 225
Reis als Beilage 241
Süße Hauptgerichte, Desserts und Backen mit Reis 257

Sachgruppenregister 272
Alphabetisches Rezeptregister 276

Abkürzungen und Erklärungen:

EL = Eßlöffel
TL = Teelöffel
g = Gramm
Msp = Messerspitze
l = Liter
ml = Milliliter ($1/1000$ l)
ccm = Kubikzentimeter = ml (g)
TK = Tiefkühlkost

Bei den Gewichtsangaben für Reis handelt es sich immer um das Rohgewicht des Reises, auch wenn es im Rezept z. B. heißt: »200 g gegarter Langkornreis«. Ausnahme: »Sushi-Röllchen mit Spargel, Lachs und Forellenkaviar«, »Sushi-Reis« und »Lauchpäckchen«.

Die Rezepte sind, wo nicht anders angegeben, für 4 Personen berechnet.

Vorwort

Reis hat viele Namen – wie alles, was dem Menschen wichtig ist. In Indonesien heißt er *padi*, solange die Körner noch in der Ähre stecken. *Gabah* ist gedroschener, ungeschälter Reis, poliert nennt man ihn *beras*, und *nasi goreng* sagen inzwischen auch die Europäer zu gebratenem Reis. Indische Sprachen übertreffen diese Vielfalt noch: so kennt das Santali etwa 102 Begriffe, die nur die Reispflanze und ihre Vielfalt beschreiben.

Die wichtigste Eigenschaft von Reis ist, daß er auch im Wasser gedeiht. Reis ist übrigens keine Wasserpflanze und braucht nicht mehr Feuchtigkeit als anderes Getreide. Doch Wasser schadet ihm nicht, und davon profitieren die Menschen seit vielen tausend Jahren: Die riesigen Überschwemmungsgebiete südostasiatischer Ströme lassen sich als Nahrungs- und Erwerbsquelle für Millionen von Menschen für den Reisanbau nutzen. In Gebieten mit erheblichen Temperaturschwankungen zwischen Tag und Nacht bildet die Wasserschicht ein Wärmepolster. Außerdem ist Naßreis die einzige Ackerfrucht, die man in Monokultur anbauen kann, ohne daß es dem Boden schadet. Natürlich ist auch Fruchtwechsel üblich: mit Zuckerrohr, Baumwolle und Hülsenfrüchten. Die überfluteten Felder nutzt man zusätzlich für Fischzucht – ein entscheidender Vorteil in Gebieten, wo die Eiweißversorgung der vielen Menschen problematisch ist. Gäbe es keinen Reis, wäre die Nahrungsbeschaffung ein noch viel größeres Problem – entwicklungshemmend in der Vergangenheit, unlösbar vielleicht in der Zukunft.

Natürlich stellt Reis auch einen wesentlichen Wirtschaftsfaktor dar. Heute richten sich in vielen Erzeugerländern die Löhne nach dem Wert von Reis. Deshalb räumen diese Regierungen der Preisstabilität im Land und der nationalen Selbstversorgung Priorität ein.

Auch in vergangenen Jahrhunderten haben gefüllte Reisspeicher über Wohl und Wehe von Regierung und Volk entschieden, Entwicklungen vorangetrieben und den Mächtigen noch mehr Glanz verliehen.

So konnte Borobudur, die grandiose buddhistische Tempelanlage auf Java nur entstehen, weil die Insel im 8. Jahrhundert über eine hochentwickelte Reiskultur verfügte. Etwa ein Jahrhundert später trat die hinduistische Mataram-Dynastie in kulturellen Wettstreit mit den buddhistischen Shailendra-Herrschern und ließ den Tempelkomplex von Prambanan bauen. Reis und Kultur – die Menschheit profitiert noch heute davon! Im 13. Jahrhundert begannen die Chinesen, den Kaiserkanal auszubauen: Die Reisversorgung im Norden und vor allem in der neuen Hauptstadt Peking mußte gesichert werden. Etwa 100 Jahre später verschlechterte sich die soziale Lage der Bauern im Süden dermaßen, daß es zu Rebellionen und Aufständen kam. Die Mongolenherrscher mußten weichen, die Ming-Dynastie kam an die Macht – mit einem Bauernsohn als ihrem ersten Kaiser!

Als die niederländischen Kolonialherren im 17. Jahrhundert begannen, Java als »Gewürzinsel« auszubeuten, reichte die Agrarfläche nicht mehr für den Reisanbau. Die Bevölkerung litt entsetzlich, wurde durch Hungersnöte, Krankheiten und Geburtenrückgang dezimiert.

Reis in Asien – das ist wie Brot bei uns: ohne geht es nicht. Brot gilt uns nicht nur als schlichtes Lebensmittel. Es ist Symbol spiritueller Nahrung, steht für die ganze Mühsal des irdischen Lebens. Auch Reis überragt in seiner Bedeutung alle anderen Feldfrüchte: während der Mensch sich nach Bohnen, Zwiebeln und Gemüse nur zu bücken braucht, um sie zu ernten, kostet ihn der Reisanbau viel Schweiß, Mühe und Arbeit.

Grundlegendes über die Geschichte vom Reis, über Reisanbau, Ernte und Verarbeitung bilden den Auftakt zum Info-Teil dieses Buches. Eine ausführliche Warenkunde informiert Sie über das Marktangebot, ein eigenes Kapitel über die moderne Ernährung. Außerdem erfahren Sie alles über den Umgang mit Reis in der Küche – von den besten Garmethoden bis zum richtigen Aufwärmen. Sie finden bekannte und exotische Zutaten, Tips zu Gewürzen und Kräutern, Saucen und Mixturen, die zu Reisgerichten passen. Und natürlich eine ganze Menge Rezepte aus der internationalen Reisküche zum Nachkochen und Genießen.

Einleitung

Den Durchbruch hat er bei uns zwar nie so recht geschafft, doch die Karriere, die er im Laufe der Jahrtausende gemacht hat, ist beachtlich: Reis, das schlichte Korn, das aus dem tropischen Süden Asiens stammt, dient immerhin etwa der Hälfte aller Menschen als Hauptnahrungsmittel.

Dazu ein paar Zahlen:

- die Reis-Welternte beträgt mehr als 500 Millionen Tonnen pro Jahr;
- Asien steht mit etwa 95 Prozent davon an erster Stelle der Produktion;
- der größte Reisproduzent der Welt ist China, gefolgt von Indien, Indonesien, Bangladesch und Thailand;
- außerhalb Asiens sind die USA der größte Erzeuger;
- Europas größter Reislieferant ist Italien mit etwa 8000 Reisbauern und über 230.000 Hektar Anbaufläche;
- sechs von zehn Menschen essen täglich Reis;
- Asiaten verzehren etwa 70 Kilogramm Reis pro Jahr;
- den höchsten Reiskonsum in Europa haben die Portugiesen mit etwa 15 Kilogramm, gefolgt von Spaniern und Italienern;
- die Bundesrepublik steht mit einem Pro-Kopf-Verbrauch an Reis von 2,4 Kilogramm ziemlich an letzter Stelle der EU;
- auf dem Weltmarkt werden etwa tausend verschiedene Reissorten angeboten.

Reis ist nicht erst heute eines der wichtigsten Lebensmittel. Angebaut wurde er schon im vierten Jahrtausend vor Christi Geburt in Thailand. Die ersten Monokulturen entstanden etwa 5000 Jahre vor unserer Zeitrechnung in Südchina und nicht – wie man eigentlich annehmen sollte – im dicht besiedelten Norden des Landes. Die ersten Nachrichten vom Reis stammen aus dem Mündungsgebiet des Jangtsekiang: Ökologisch gesehen ist das rund 13 Kilometer breite Delta des 6300 Kilometer langen Stromes optimal für den Reisanbau geeignet. Vor etwa 7000 Jahren zogen Stämme aus dem unwirtlichen Grenzgebiet zwischen China, Tibet und der Mongolei in diese wärmeren Gefilde. Sie versuchten als erste, aus dem wild wachsenden Rispengras eine Kulturpflanze zu ziehen. Mit Erfolg, wie wir wissen.

Natürlich war das Land damals noch nicht »China«, sondern ein riesiges Gebiet, in dem sich Stämme und Völker mischten, die im Laufe der Jahrtausende Birma und Thailand, Vietnam und Kambodscha, Malaysia und Indonesien besiedeln und ihr Wissen über den Reisanbau verbreiten sollten. Zuerst aber profitierte das sich ab etwa 2000 v. Chr. bildende China: Reis wurde in den Sumpfgebieten des Südens kultiviert und setzte sich in weiten Teilen allmählich als Hauptnahrungsmittel durch. Ganz im Norden blieb man – übrigens bis heute – lieber bei Brot und Nudeln.

Die Kenntnisse über den Reisanbau wurden weitergegeben: Als die Chinesen unter der Han-Dynastie ab etwa 300 v. Chr. mit Reichseinigung und Machtzuwachs auch Expansiongelüste bekamen, wurden die »anderen« vollends abgedrängt, verbreiteten ihre Kenntnisse und Praxis des Reisanbaus dabei jedoch über ganz Südostasien, vermutlich sogar bis Japan.

Allerdings klafft in Nippon, dem »Land der aufgehenden Sonne« eine gewaltige Lücke zwischen der ersten Besiedlung und dem Beginn des »Reiszeitalters« – in Zahlen ausgedrückt sind es rund 3000 Jahre. Erste Anzeichen für Ackerbau gibt es schon in der Jomon-Zeit, die bis 7500 v. Chr. zurückreicht. Ob jedoch auch Reis unter den Getreidekörnchen war, die Menschen in die Erde senkten, läßt sich aus archäologischen Funden nicht feststellen.

Gesichert ist der Reisanbau erst für die Yayoi-Zeit, die von 300 vor bis 300 nach Christus reichte und als japanische Bronze-Eisen-Zeit gilt. Später wanderten japanische Reisbauern allmählich ostwärts, und seit dem 18. Jahrhundert wird Reis auch ganz im Norden Japans, auf Hokkaido, angebaut. In Japan wurde der Reichtum eines Mannes nach dem Ertrag an Reis berechnet, den seine Felder hergaben, und die hochgeachtete Kriegerkaste der Samurai wurde mit Reis entlohnt.

In Indien ist Reis seit etwa 1500 vor unserer Zeitrechnung dort nachweisbar. Schriftliche Belege für Reisbau gibt es bereits in der ältesten indischen Literatur, den sogenannten »Veden«, die ab 1200 v. Chr. entstanden sind. Vielleicht haben indogermanische Stämme, die vermutlich aus dem südlichen Zentralasien ins Gangestal und an der Ostküste entlang weiter nach Süden zogen, den wilden Reis erstmals kultiviert. Vielleicht haben sie aber auch nur Kenntnisse der Ureinwohner weiter ausgebaut. Jedenfalls hat sich etwa 1000 Jahre später die Gangesebene in eine fruchtbare Reislandschaft verwandelt – hier wie anderswo wichtige ökonomische Basis für politische Machtentfaltung.

Zur selben Zeit, da der Reis weiter nach Osten wanderte, gelangte er auch nach Westen: Um 300 v. Chr. kommt der Reisanbau nach Persien und über das Zweistromland – den heutigen Irak – nach Ägypten.

Während des Eroberungsfeldzuges Alexanders des Großen im vierten Jahrhundert v. Chr. lernten dann auch die Griechen, Reis anzubauen. Der Anbau von Reis im Mittelmeergebiet beginnt sehr viel später: zuerst im 7. Jahrhundert n. Chr., als Araber das Getreide im Nildelta kultivieren. Etwa ein Jahrhundert später erobern Mauren den größten Teil der iberischen Halbinsel, und um die Jahrtausendwende lernt man auch in Spanien und Portugal – damals Kalifat von Córdoba – die Reispflanze und Technologie des Reisanbaus kennen. Noch heute ißt man Reis vorwiegend dort, wo der arabische Einfluß bis ins 13. Jahrhundert eine wichtige Rolle spielte: in der Levante, den Provinzen Murcia, Alicante, Valencia und Castellón de la Plana.

Von Spanien kommt der Reis auch nach Frankreich. Taillevent (ca. 1312–1395), der erste namentlich bekannte »Berufskoch«, verwendet zerstoßenen Reis als Bindemittel.

In Italien findet sich der erste Hinweis auf Reis ebenfalls in einem Buch. Im Jahre 1475 erscheint in Rom das kulinarische Werk eines »Autorenteams«: die Rezepte dieses *Libro de arte coquinaria* stammen von Martino, dem Koch des Patriarchen von Aquileia. Maestro Martino schreibt nicht nur kenntnisreich über diverse Reisgerichte aus der Lombardei. Er teilt auch das erste vollständige italienische Reisrezept mit, »Riso con brodo di carne«, Vorläufer des berühmten »Risotto milanese« mit Hühnerbrühe und Safran. Umrahmt werden die Rezepte von Texten über gutes Essen und maßvolle Lebensweise, verfaßt von Platina, einem Gelehrten und Schriftsteller, der einige Jahre als Leiter der Vatikanischen Bibliothek arbeitete.

Etwa zur Zeit von Martino und Platina beginnt man, Reis auch in Italien anzubauen. Endlich, im 16. Jahrhundert, wird er dort großflächig kultiviert. Ein weiteres wichtiges Erzeugerland, die USA, säten den Reis zum ersten Mal 1647 in Virginia aus.

Lebensmittel Reis

Wie jedes Getreide gehört auch Reis zur Familie der Gräser. Diese Pflänzchen, die heute in vielen unserer Gärten nicht mehr wachsen dürfen, weil man sie als Unkraut bezeichnet, waren für unsere Vorfahren von entscheidender Bedeutung: Gräser tragen Fruchtkörner, die man essen kann. Und die unscheinbaren Körnchen sind durchaus anspruchslos, denn wo sie hinfallen, entsteht ein neuer Halm. Aus dieser Beobachtung hat der Mensch gelernt: Man konnte die Gräser zwar sammeln; bequemer jedoch war es, sie – vereinfacht ausgedrückt – einmal zu sammeln und dann auszusäen. Man brauchte also keine langen und beschwerlichen Wege zurückzulegen, sondern konnte die Nahrung direkt vor der Haustür anbauen. Außerdem benötigt die Pflanze im Vergleich zum Ertrag nur wenig Bodenfläche, denn ein einziger Halm trägt vielfache Frucht. Auch primitive Werkzeuge reichen für Ernte und Verarbeitung aus: Schneidewerkzeug, Dreschflegel, Mörser und Stößel.
In der Geschichte der Menschheit beginnt mit diesen Erkenntnissen die Epoche der Agrarwirtschaft. Im Laufe der Jahrtausende hat man Gräser für die menschliche Ernährung kultiviert, das heißt aus den Urformen mit kleinen Körnern Kulturpflanzen gezüchtet, die bessere Erträge bringen. Allein vom Reis gibt es weit über tausend Kulturformen. Selbstverständlich kommt nur ein Bruchteil davon in den Handel, denn wie bei jedem anderen Agrarprodukt spielt auch bei Reis in erster Linie die Wirtschaftlichkeit eine Rolle: Nicht jede Sorte bringt die gewünschten Erträge, läßt sich gut anbauen und ernten

oder wird vom Verbraucher akzeptiert. Reis hat im übrigen eine steile Karriere gemacht: Neben Weizen ist er die wichtigste Getreidepflanze der Welt. Dabei kann man ihn nicht einmal als Brotgetreide verwenden, denn aufgrund seines geringen Gehaltes an Klebereiweiß – das dem Gebäck die nötige Struktur gibt – eignet er sich nur für flache Kuchen und Fladen.

Reisanbau

Reis – botanisch *Oryza sativa* – umfaßt viele tausend Sorten. Die meisten haben sich im Laufe der Jahrtausende selbst gebildet, andere sind seit Beginn der 60er Jahre gezüchtet worden: zum Beispiel solche, die besonders ertragreich sind, das Sonnenlicht optimal nutzen, schneller reif werden und unter verschiedenen klimatischen Bedingungen wachsen.
An den Boden stellt Reis äußerst geringe Anforderungen: nur schwer muß die Erde sein, damit sie genügend Wasser hält. Auf Wärme und Regen dagegen reagiert das Rispengras weit sensibler: Tropische Sorten keimen erst ab 18 Grad Celsius, subtropische Sorten schon bei 10 bis 12 Grad. Frost verträgt Reis überhaupt nicht. Deshalb kommt er in Südeuropa erst nach den letzten Nachtfrösten auf die Felder, also Ende April oder Anfang Mai. Zum Wachsen braucht Reis noch mehr Wärme: optimal sind 30 bis 32 Grad. Trockenreis gedeiht auch noch bei 18 Grad; Bergreis heißen diese Sorten auch, weil man sie bis in 2000 Meter Höhe anbauen kann. Meist geht man über 1200 Meter allerdings nicht hinaus.

Licht, Wärme und Wasser

Die besten Erträge bringt Reis in Gebieten mit viel Sonne – im Mittelmeerraum und in Kalifornien. Geringer ist die Ausbeute dagegen in wolkenreichen Lagen oder in den Tropen während der Regenzeit. Aber mal abgesehen von direkten Sonnenstrah-

len: allein das Tageslicht spielt eine Rolle für das Wachstum. Bei bestimmten Sorten darf der helle Tag höchstens 12 Stunden dauern, sonst blühen die Rispen nicht. Ohne Blüte gibt es natürlich auch keine Körner. Deshalb hat man »tagneutrale« Sorten gezüchtet, wie es in der Fachsprache heißt.
Der Reis mag es also warm, hell und natürlich feucht: Selbst Trockenreis braucht im Jahr mindestens 800 mm Regen pro Quadratmeter, besser sind 1250 bis 1500 mm. Zum Vergleich: Im regenreichen Süden der Bundesrepublik fallen nur knapp 1000 mm. Der Wasserbedarf von Naßreis liegt noch wesentlich höher; bei ohnehin überfluteten, also künstlich bewässerten Feldern ist aber nicht die jährliche Niederschlagsmenge entscheidend, sondern Bodenbeschaffenheit und Anlage der Reisterrassen. Die Terrassen müssen eben sein, damit möglichst alle Reispflanzen gleich tief im Wasser stehen. Außerdem muß der Sauerstoffgehalt stimmen: bei zu hohem Wasserstand können die Reispflanzen nicht richtig »atmen«, und die Erträge gehen zurück.

Trockenreis

Der robustere Trockenreis ist relativ einfach anzubauen: Wie jedes andere Getreide sät man ihn in gepflügte Felder – in den USA zum Beispiel auch aus der Luft von Flugzeugen aus.
In vielen Anbaugebieten Asiens aber geht der Reisbauer übers Feld und streut die Körner mit weit ausgreifender Armbewegung – so wie man es in Europa noch auf Gemälden alter Meister sehen kann. Werden für die Aussaat Maschinen eingesetzt, wachsen die Pflanzen in ordentlichen Reihen, was die Unkrautbekämpfung erleichtert. Obwohl man beim Trockenreisanbau weitgehend von Regenfällen abhängig ist, werden erhebliche Mengen auf diese Art produziert.

Naßreis

Naßreisanbau ist die weit mühseligere Angelegenheit: Für jedes geerntete Kilo muß man etwa zehnmal mehr leisten als für andere Feldfrüchte. Allein die Anlage der Reisterrassen in Asien ist hohe Landschaftskunst und Schwerstarbeit zugleich: So haben Menschen im Laufe der Jahrtausende weite Gebirgsregionen vollkommen umgestaltet, indem sie aus abfallenden Hängen ebene Felder schufen, die nicht nur jeden Knick und jede Falte im Gelände ausnutzen, sondern auch einen grandiosen Anblick bieten – zu besichtigen vor allem auf Bali.

Dort und in anderen asiatischen Ländern geht man nach der klassischen Anbaumethode vor: in gut bewässerten Saatbeeten wachsen die Jungpflanzen zu einer Höhe von 15 bis 25 Zentimetern heran. Das dauert – je nach Temperatur – 18 bis 45 Tage. Andere Möglichkeit: bereits vorgekeimte Reiskörner werden in einer dicken Schicht auf Bananenblättern oder auch Kunststoffolien ausgelegt und bereits nach 10 bis 14 Tagen verpflanzt.

Die Schößlinge kommen nun in Abständen von 20 mal 20 oder auch 20 mal 10 cm in die gepflügten und bewässerten Felder – meist gleich drei oder sogar fünf Setzlinge auf einen Fleck. Fast überall erledigt man das noch mit der Hand. Vorteil: schwache und kränkliche Pflanzen landen ebenso wie Unkräuter gar nicht erst auf den Feldern, wo man sie wieder ausjäten müßte. Und: weit über eine Milliarde Asiaten sind auf diese Arbeit angewiesen, denn für sie ist Reis nicht nur Grundnahrungsmittel, sondern oft einzige Erwerbsquelle. Nur wo Arbeitskräfte knapp und teuer sind, spart man sich das Anziehen der Setzlinge und sät den (vorgekeimten) Naßreis direkt aus. Allerdings braucht man dabei mehr Pflanzenschutzmittel und erzielt weit geringere Erträge.

Selbstverständlich gibt es auch den vollmechanisierten Naßreisanbau: entwickelt in den USA und Australien, breitet er sich allmählich auch auf andere Länder aus. Die Vorarbeiten beginnen im Winter: Die Felder werden vermessen und nebeneinander so angelegt, daß das Wasser dem natürlichen Gefälle folgt und dabei den Reis gleichmäßig überflutet. Nach dem Pflügen und Eggen des Bodens zieht man die Dämme. Das Saatgut kommt mit Maschinen in die Erde. Auf den riesigen Reisfeldern in den USA setzt man auch beim Naßreisanbau Flugzeuge ein: Das vorgequollene Saatgut fällt aus sechs bis acht Metern Höhe und sinkt durch sein Eigengewicht in den Schlamm der überfluteten Felder.

Ernte und Verarbeitung von Reis

Sobald die Reisblüte vorüber ist, beginnt die Reifeperiode. Beim Naßreisanbau sticht man die Dämme jetzt an und senkt den Wasserspiegel der Felder nun allmählich ab, damit die Körner richtig ausreifen können. Wenn die Rispen sich dann vergilbt unter der Last der Körner zur Erde neigen, wird der Reis von den trockenen Feldern geerntet. Dieser Zeitpunkt liegt – je nach Sorte – drei bis neun Monate nach der Aussaat.
Um den Ertrag zu steigern, wartet man nicht das höchste Reifestadium ab, sondern erntet knapp vorher: Wenn die Reiskörner noch zwischen 20 und 30% Feuchtigkeit enthalten. Zu trockene Körner nämlich würden beim Ernten aus den Ähren fallen und beim Dreschen eher zu Bruch gehen.

Agrarwirtschaft und Ackerbau

Ein besonders eindrucksvolles Beispiel für das fruchtbare Nebeneinander von Tradition und moderner Agrarwirtschaft bietet Indonesien. Im Kult um Dewi Sri, Reisgöttin und Symbol der nährenden Mutter, bewahrt man sich die Verbundenheit mit der Natur. Die »Grüne Revolution« mit drei Ernten im Jahr macht satt, und zwar nicht nur Indonesien: Selbst einstmals (größter) Reisimporteur, konnte das Land im Jahre 1985 bereits 100 Millionen Tonnen zur Verfügung stellen, um den Hunger in Afrika zu lindern.

In den südeuropäischen Ländern, den USA, Australien und immer mehr Anbaugebieten Asiens wird der Reis wie jedes andere Getreide mit Mähdreschern geerntet und in Großcontainern direkt in moderne Trocknungsanlagen gebracht.

In Asien dagegen gibt es noch Regionen, wo sich an der traditionellen Erntemethode im Laufe der Jahrtausende nichts geändert hat: Man schneidet die Rispen einzeln knapp unterhalb des Halmansatzes ab und legt sie in einen Erntekorb, der mit einem breiten Band vor dem Körper befestigt ist. Im Zentrum des Reisfeldes stehen schlanke Tragekörbe, in die man den Inhalt der vollen Erntekörbe leert. Meist sind es Frauen, die den Reis schneiden, während Männer die schweren Körbe ins Dorf tragen.

Dort breitet man die Rispen in der Sonne zum Trocknen aus und wendet sie regelmäßig: Nur wenn die Feuchtigkeit gleichmäßig abnimmt, bleiben die Körner beim Dreschen und der weiteren Verarbeitung intakt.

Dem Europäer mag diese Form der Ernte unwirtschaftlich und zeitaufwendig vorkommen. Doch für viele Asiaten in den traditionellen Reisbaukulturen ist der Reis himmlischen Ursprungs. Man betrachtet die Ernte – genau wie Saat und Auspflanzen der jungen Reisschößlinge – deshalb nicht nur als Einbringen einer x-beliebigen Feldfrucht, die als Hauptnahrungsmittel dient, sondern als bedeutsame Handlung, bei der es religiöse Vorschriften zu beachten gilt: In Indonesien errichtet man Dewi Sri, der Reisgöttin, Bambusaltäre, bittet sie drei Tage vor der Ernte dort Platz zu nehmen und bringt ihr Opfergaben dar. Symbolisch ist Dewi Sri beim Erntefest gegenwärtig – als geflochtenes menschenähnliches Figürchen. Ihr männliches Pendant fertigt man aus den zuerst geschnittenen Reisrispen.

Selbst das Handwerkszeug traditionell arbeitender Reisbauern drückt den Respekt aus, den man der göttlichen Reispflanze zollt: Der Reis wird sorgsam geschnitten und nicht wie andere Getreidearten einfach abgemäht: entweder mit der Sichel oder mit einem Spezialmesser – Yatab oder Ani-Ani genannt. Beim Schneiden bleibt das Messer selbst in der hohlen Hand verborgen – damit die Reispflanze nicht verletzt wird und Dewi Sri nicht zürnt: Man knickt Rispe für Rispe mit dem Zeigefinger über die metallene Klinge des Erntemessers und trennt sie vorsichtig vom Halm.

Rohstoff Reisstroh

Natürlich schneidet man nach der Reisernte auch die Halme, denn Reisstroh ist von großer Bedeutung in den reisanbauenden Ländern. Da Stengel und Blätter nach der Körnerernte ja nicht abgestorben sind, verfüttert man das Stroh ans Vieh. Weil es fein und fest zugleich ist, verwendet man es zum Verpacken – zum Beispiel von Sakefässern –, als Flechtmaterial für Säcke, Matten und Hüte. Außerdem kultiviert man darauf den Reisstrohpilz. Reisstroh gilt übrigens unter Kennern als der beste Rohstoff für Zigarettenpapier.

Tradition und Moderne beim Verarbeiten von Reis

Wo die Ernte noch nicht – wie in den Industriestaaten – mit Mähdreschern erfolgt, kommt nach dem Schneiden der Rispen das Dreschen. Und dabei gibt es je nach Anbaugebiet Unterschiede. In China zum Beispiel schlägt man die gebündelten Rispen auf einen Rost. In Birma stampfen Büffelgespanne die Körner aus den getrockneten Rispen. Den Reis, der in Indonesien für den Eigenverbrauch bestimmt ist, bewahrt man gebündelt in den Rispen auf. Für die Zubereitung werden die Ähren im Reistrog gestampft. Dabei lösen sich die Körner aus den Halmen und werden durch das ständige Reiben auch von den Spelzen befreit.

Denn Reis ist – genauso wie Gerste – ein »Spelzgetreide«. Das heißt, die Körner sind mit den äußeren harten »Schutzblättchen« so fest verwachsen, daß sie beim Dreschen noch mit diesen Spelzen aus den Ähren fallen. Weizen und Roggenkörner dagegen sind nach dem Dreschen unbespelzt und können gleich weiterverarbeitet werden.

Bei Reis geht das nicht. So muß der gedroschene Rohreis – Paddy genannt – noch durch »Abschleifen« von den Spelzen befreit werden. Das geschieht bei großen Mengen – meist noch in den Erzeugerländern – in speziellen Mühlen, und zwar auch bei dem Reis, der für den Export bestimmt ist.

Die entspelzten gelbgrünlichen oder gelbrötlichen Körner sind noch vom Silberhäutchen umschlossen und werden als Cargo-Reis (Naturreis, Braunreis) verschifft. In den Reismühlen der Importländer wird er dann weiterverarbeitet – entweder zu Weißreis oder Parboiled-Reis.

Polierter Reis

Weißer Reis war schon immer begehrt: aus ästhetischen Gründen, und weil er – ähnlich wie in Europa das feine Gebäck aus weißem Mehl – Statussymbol der Wohlhabenden war. Früher stellte man ihn mit der Hand her, indem man die Reiskörner in einem Mörser mit dem Stößel bearbeitete, bis sie so weiß wie möglich waren. Doch erst seit man in Reismühlen die Körner in speziellen Schleifmaschinen verarbeiten konnte, bekam man wirklich blütenweißen Reis in großen Mengen. Bei der Produktion von Weißreis werden Fruchtschale, Samenschale, eiweißreiche Aleuronschicht und der besonders nährstoffreiche Keim entfernt. Dabei gehen natürlich auch einige Bestandteile des Reiskorns verloren: pro 100 g Reis etwa 2,6 g verdauungsfördernde Ballaststoffe, etwa 0,4 g

Protein, 1,6 g Fett – davon etwa 0,6 g mehrfach ungesättigte Fettsäuren – sowie eine Reihe von Vitaminen und Mineralstoffen. Für Menschen, die sich einseitig von weißem Reis ernähren (müssen), können die Verluste an Vitamin B1 zu schweren Mangelerscheinungen führen.

Parboiling-Verfahren

In Asien – wo ja der meiste Reis verzehrt wird – hat man wegen der Vitaminmangelkrankheit Beri-Beri ein spezielles Verfahren entwickelt, das Vitamine und Mineralstoffe zum größten Teil im polierten Reis erhält. Dieses Parboiling-Verfahren ist seit dem Zweiten Weltkrieg auch in den USA und Europa weit verbreitet. Bei der Verarbeitung wird den entspelzten, aber unpolierten Reiskörnern in einem Vakuumbehälter Luft entzogen. Danach weicht man sie in heißem Wasser ein, damit sich die Vitamine und Mineralstoffe aus den Außenschichten des Reiskorns lösen. Als nächstes folgt eine Druckbehandlung in drei verschiedenen Arbeitsschritten. Mit Hochdruck werden die gelösten Vitamine und Mineralstoffe in das Innere der Körner gepreßt, dann unter Dampfdruck gewissermaßen versiegelt. Und schließlich entzieht man den Körnern bei Unterdruck einen großen Teil der Flüssigkeit. Nach dem Trocknen wird das Silberhäutchen dann abgeschliffen.

Das Parboiling-Verfahren nützt übrigens nicht nur der Gesundheit der Verbraucher, sondern hat für die Produzenten auch wirtschaftliche Vorteile: Da die Oberfläche des Reiskorns härter wird, fällt beim Schleifen der Körner weniger Bruchreis an, die Ausbeute ist also um 5 bis 10% höher als bei geschliffenem Weißreis.

Reisabfälle als Rohstoffe

So wie man nach der Ernte das Reisstroh verwendet, nützt man selbstverständlich auch all das, was bei der Verarbeitung von Reis anfällt: Aus den Keimen gewinnt man Öl – zum Beispiel als Grundstoff für Kerzen und Seife. Die eiweißreiche Kleie wird an Tiere verfüttert. Die Spelzen eignen sich zu Herstellung von Bau-, Isolier- und Verpackungsmaterial.

Reis in der Ernährung

Reis pur?

Fast die Hälfte der Menschheit ernährt sich von Reis. In Asien ist er Nahrungsgrundlage, doch der Begriff »Grundnahrungsmittel« weckt vielleicht falsche Vorstellungen. Kein Lebensmittel versorgt – pur gegessen – den Körper mit allen lebenswichtigen Nährstoffen. Es ist weder »gesund« noch ausreichend für eine vernünftige Ernährung. Immer brauchen wir auch andere Lebensmittel zur Ergänzung – um satt und fit zu sein, um gesund zu bleiben.

Reis im Vergleich

Unter den Getreiden gehört Reis zu den nährstoffarmen Sorten. Er enthält ca. 4 g weniger Eiweiß als Weizen, unserem wichtigsten Brotgetreide. Sein Fettgehalt liegt um ca. 5 g unter dem von Hafer, der für die menschliche Ernährung kaum eine Rolle spielt, obwohl er von allen Getreiden die meisten wertvollen Nährstoffe enthält.

Leicht verdaulich

Reis ist ein kohlenhydratreiches, aber fettarmes Lebensmittel und deshalb leicht verdaulich. Denn Fett bleibt lange im Magen, während Kohlenhydrate weiter in den Dünndarm wandern. Dort werden sie von Enzymen in die Bausteine zerlegt, die wir im Körper als rasch verfügbare Energie speichern.

Eiweiß

Von allen Getreidearten enthält Reis am wenigsten Eiweiß. Bei geschliffenem Weißreis vermindert sich der Proteingehalt noch einmal um etwa 0,4 Gramm. Das schadet aber nicht – schon gar nicht in den Industrienationen, wo die meisten Menschen eher zuviel als zu wenig Protein bekommen. Reis ist deshalb ein ideales Mittel, der »Eiweißmast« entgegenzuwirken. Machen Sie's doch mal wie die Asiaten und essen Reis als Hauptspeise und nicht als Beilage. Übrigens brauchen Sie nicht mal so Eiweißreiches wie Fleisch oder Fisch dazu. Um auf Ihr »Eiweißsoll« zu kommen, können Sie auch ganz vegetarisch essen: Zum Beispiel Gebratenen Reis mit Eiern, Risotto mit Käse, Reis mit Gemüse, Pistazien, Sonnenblumenkernen, Tofu oder Linsen. Denn Eier, Milchprodukte, Nüsse, Samen und Hülsenfrüchte »peppen« das Reisprotein so auf, wie es für eine gesunde, vollwertige Ernährung empfohlen wird.

Vollwertig

ist nur Naturreis, denn das ungeschliffene Reiskorn ist noch umgeben von Fruchtschale, Samenschale und Aleuronschicht. Alle drei zusammen bilden das »Silberhäutchen«, das Eiweiß, Fett, Vitamin E, eine Gruppe wichtiger B-Vitamine, die Mineralstoffe Kalium, Calcium, Phosphor, Magnesium, Eisen und Fluor sowie verdauungsfördernde Ballaststoffe enthält. Am unteren Ende des Korns über dem Halmansatz sitzt der Keim – ebenfalls reich an Vitaminen, Mineralstoffen, Fett und Eiweiß.

Weißer Reis – Gefahr für die Gesundheit?

Natürlich nicht. Beim Schleifen und Polieren werden Silberhäutchen und Keim zwar entfernt. Doch bei einer vernünftigen gemischten Ernährung mit Fleisch und Fisch, Gemüse und Milchprodukten, Eiern und Hülsenfrüchten spielt das überhaupt keine Rolle. Probleme für die Gesundheit macht die industrielle Verarbeitung von Reis nur in den Ländern, wo nicht einmal die tägliche Schale Reis pure Selbstverständlichkeit ist, wo Fisch oder Fleisch, Eier oder Tofu, Gemüse, Nüsse und Hülsenfrüchte so rar sind, daß die Ärmsten der Armen darauf verzichten müssen. Oft wird der Weißreis auch noch ausgiebig gewaschen, eingeweicht, vor dem Garen abgegossen und mit frischem Wasser aufgesetzt. Bei all diesen Prozeduren bleiben Vitamine und Mineralstoffe auf der Strecke. Deshalb ist Beri-Beri, die schwere Vitamin-B-1-Mangelerscheinung, eine typische Krankheit von Menschen, die *nur* weißen Reis essen.

Vitamine und Mineralstoffe

Naturreis ist reich an

- den Vitaminen B1 (Thiamin), B2 (Riboflavin), B6 (Pyridoxin) und Niacin; sie unterstützen den Stoffwechsel, also die Energiegewinnung im Organismus. Mangel an Thiamin kann unter anderem zu Muskelkrämpfen und Herzschwäche führen; Beri-Beri, die klassische Vitamin-B-1-Mangelkrankheit, kann infolge von akutem Herzversagen tödlich verlaufen. Eine Unterversorgung mit Riboflavin zeigt sich an extrem spröden Lippen, rissigen Mundwinkeln und starker Lichtempfindlichkeit. Pyridoxin-Mangel verursacht Depressionen, Anämie und Schwindelgefühle, Niacin-Mangel Dermatitis, Durchfall und Veränderungen der Mundschleimhaut.

Naturreis liefert Mineralstoffe

- Calcium für gesunde Zähne und stabile Knochen. Lebenslange Unterversorgung mit Calcium kann bei Frauen nach den Wechseljahren zu Osteoporose führen;

- Phosphor sorgt dafür, daß der Körper die Nährstoffe, die wir mit der Nahrung bekommen, auch aufnehmen und in Energie umsetzen kann;
- Magnesium ist wie Calcium gut für Knochen und Zähne. Außerdem wirkt es gegen Nervosität, Schlaflosigkeit und Muskelkrämpfe;
- Eisen sorgt für den Sauerstofftransport im Körper;
- Fluor schützt vor Karies.

Reis macht schlank

Dafür gibt's vier Gründe:

1. Reis enthält – wie alle pflanzlichen Lebensmittel – eine ganze Menge komplexe Kohlenhydrate, also Stärke, aber wenig Fett. Fett liefert mehr als doppelt so viele Kalorien wie Kohlenhydrate.

2. Stärkereiche Lebensmittel sind voluminöser als Fleisch oder Fisch. Deshalb kann man bei einer Mahlzeit nicht soviel davon essen.

3. Stärke nimmt der Körper nur langsam auf, denn die Moleküle müssen erst in einfachen Zucker zerlegt werden, bevor sie ins Blut und ins Energiedepot Leber gelangen. Deshalb liefert stärkereicher Reis uns die notwendige Energie zwar nicht rasch, doch wohldosiert über einen längeren Zeitraum. Wir sind also länger satt.

4. Naturreis enthält etwa 4% Ballaststoffe – unverdauliche Bestandteile aller pflanzlichen Lebensmittel. Sie quellen im Darm auf und wirken ebenfalls sättigend – ohne jede Kalorie. Außerdem beschleunigen sie den Transport der Nahrung durch den Darm und bringen so die Verdauung in Schwung.

Reis ist gut für den Blutdruck

Er enthält viel mehr Kalium als Natrium: bei Naturreis ist der Kaliumgehalt etwa 15mal, bei poliertem Reis sogar circa 17mal höher. Für einen gesunden Blutdruck ist das geradezu ideal. Denn Kalium regelt zusammen mit dem Mineralstoff Natrium den Wasserhaushalt des Körpers. Dabei schwemmt Kalium das Wasser aus, während Natrium es speichert. Wer viele natriumreiche Lebensmittel wie Wurst, Schinken, Räucherfisch, Schmelzkäse, Camembert, Brie, Tilsiter und herzhafte Knabberartikel verzehrt, vielleicht beim Essen auch noch kräftig salzt und ein paar Pfund zuviel auf die Waage bringt, kann Probleme mit dem Blutdruck bekommen. Bei Bluthochdruck raten deshalb Ernährungswissenschaftler und Ärzte, nicht nur die Salzmenge, sondern vor allem auch die natriumreichen Produkte in unserer Ernährung zu reduzieren und dafür mehr kaliumreiche Lebensmittel wie eben Reis, Gemüse, Hülsenfrüchte, Obst und frischen Fisch zu essen. Eine Ernährung mit reichlich Kalium, aber weniger Natrium ist nämlich das beste und einfachste Mittel, den Blutdruck ein Leben lang auf normalem und gesundem Maß zu halten und schafft in den meisten Fällen sogar Abhilfe bei schon bestehenden Bluthochdruck.

Reis-Obst-Diät

ist gegen Nierenleiden und Bluthochdruck entwickelt worden: Dabei ernähren sich die Patienten nur von Reis und Obst und kommen so auf eine tägliche Energiezufuhr von 400 bis 800 Kalorien. Nach vier Wochen wird mit etwas Fleisch und Gemüse ergänzt. Selbstverständlich darf man eine solch strenge Diät nur unter ärztlicher Aufsicht durchführen.

Ein Wochenende lang ist die Diät aber auch empfehlenswert für Gesunde – einfach zum Entschlacken oder nach ein paar Tagen des Schlemmens:
Essen Sie über den Tag verteilt 100 g (Rohgewicht) gekochten Naturreis ohne Salz und Zucker. Außerdem eine kleine Banane, einen mittelgroßen Apfel und etwa 200 g Obst der Saison – im Sommer also Beeren oder Pfirsiche, im Herbst Zwetschen und Birnen, im Winter und Frühjahr Orangen oder Grapefruits. Pro Tag sollten Sie etwa 2 Liter Flüssigkeit trinken, und zwar natriumarmes Mineralwasser, Kräutertee und zwei bis drei Tassen Tee oder Kaffee ohne Zucker und Sahne.
Die paar Pfund weniger, die Ihnen die Waage nach der Diät zeigt, sind vorwiegend Wasserverlust. Damit der Körper die Fettdepots angreift, dürfen Sie mindestens drei Monate nur etwa 1300 Kalorien täglich essen. Doch zum gesunden Abnehmen ist die Reis-Obst-Diät nicht ausgewogen genug.

Sushi-Röllchen und Lauchpäckchen (Rezepte siehe Seiten 88 und 90)

Kochen mit Reis

Quellreis

Egal, ob Sie beim Reiskochen Übung haben oder nicht – am einfachsten, schnellsten und sichersten geht's mit Parboiled Reis. Er wird schön körnig und ist in etwa einer halben Stunde auf dem Tisch.
Für eine Tasse Reis brauchen Sie knapp die doppelte Menge Wasser. Beides zusammen mit einer kräftigen Prise Salz in den Topf geben, Deckel drauf und einmal aufkochen. Die Hitze auf die kleinste Temperatur schalten und den Reis fest zugedeckt etwa 20 Minuten garen. Jetzt erst den Deckel abnehmen und mit einer Gabel vorsichtig umrühren: Der Reis sollte die Flüssigkeit ganz aufgesogen haben, trocken sein und richtig dampfen. Ob er auch gar ist, merken Sie so: ein Korn rauspicken und zwischen den Fingern zerdrücken – es muß weich nachgeben und darf keinen harten Kern mehr in der Mitte haben. Nach Wunsch noch ein Stückchen Butter, feingehackte Kräuter oder Reibekäse untermischen und dampfend heiß servieren.

Wichtig: Lassen Sie den Reis nicht zu lange im Topf, denn übergarte Reiskörner platzen auf und formen ein X. Das kann übrigens auch beim Warmhalten von Reissuppen passieren. Reis quillt nämlich so lange weiter, wie er mit Flüssigkeit in Verbindung ist. Deshalb Reissuppen sofort servieren. Oder den Reis extra kochen und erst bei Tisch mit der Suppe mischen.

In Osteuropa und dem Vorderen Orient verwandelt man unseren neutralen Quellreis in würzigen *Pilaw-Reis:*
mit feingehackter Zwiebel und Knoblauch in Öl anbraten, bis die Zwiebelwürfel glasig und die Reiskörner vom Fett überzogen sind. Knapp doppelt soviel Gemüse-, Fleisch- oder Hühnerbrühe zugießen, aufkochen und zugedeckt bei kleiner Hitze ausquellen lassen. Wie Quellreis lockern und mit Butter anrichten.

Gedämpfter Reis

Reis zu dämpfen braucht Zeit: etwa eineinhalb Stunden sollten Sie mindestens rechnen. Klebreis können Sie auch über Wasserdampf garen. Bei Langkornreis funktioniert diese ostasiatische Methode nicht, denn die Körner garen ungleichmäßig. Vorteil des Dämpfens: Sie brauchen sich um den Reis nicht zu kümmern und können in aller Ruhe die anderen Gerichte zubereiten. Und es schadet auch nicht, wenn der Reis eine Viertelstunde länger im Topf ist – er bleibt trotzdem richtig körnig. Gedämpfter Reis ist also die ideale Beilage, wenn Sie Gäste bewirten und nicht à la minute servieren wollen.
Für Reis, wie man ihn in Vorderasien dämpft, brauchen Sie nur einen fest schließenden Kochtopf und ein Küchentuch. Beim Garen bildet sich am Topfboden eine knusprige Reiskruste, während die Körner darüber duftig und wunderbar locker bleiben.

Dämpfen von Langkornreis

Den Reis mit der doppelten Wassermenge, nach Wunsch auch etwas Salz, aufkochen und etwa fünf Minuten sprudelnd kochen. Ein Korn herausfischen und durchbeißen: es soll »al dente« sein – bißfest, aber ohne harten, mehligen Kern. Reis auf ein Sieb schütten, kalt abspülen und abtropfen lassen. Etwas Butter im Topf schmelzen und den Reis wieder einfüllen. Mit einem Kochlöffel zu einer Pyramide formen, die den Topfboden bedeckt und nach oben spitz zuläuft. So kann der Dampf gut im Topf zirkulieren. Den Topfdeckel mit dem Tuch umwickeln, fest auf den Topf drücken und möglichst noch beschweren. Den Reis bei kleinster Hitze mindestens eine Stunde dämpfen. Ab und zu mal horchen: im Topf muß es leise knistern. Sonst ist die Hitze so gering, daß der Reis nicht richtig gart. Zum Servieren den Topf kurz in kaltes Wasser tauchen, damit sich die Kruste löst.

Varianten

In Iran kennt man für gedämpften Reis originelle Varianten: Man gart den Reis auf einer Schicht von dünnen Kartoffel- oder Brotscheiben, die dabei knusprig werden. Zum Servieren den Reis locker auf eine Platte häufen. Kartoffel- oder Brotchips darauflegen.

Dämpfen von Klebreis

Den Klebreis etwa neun Stunden vor dem Dämpfen in reichlich Wasser quellen lassen. Einen Topf etwa drei Finger hoch mit Wasser füllen. Eine Tasse umgedreht in den Topf stellen, darauf ein Bambuskörbchen oder den Dämpfeinsatz für den Kochtopf setzen. Körbchen oder Siebeinsatz mit einem Küchentuch auslegen. Den abgegossenen Reis darin so glattstreichen, daß er eine gleichmäßig dicke Schicht bildet. Das Küchentuch über dem Reis zusammenfalten. Reis im festverschlossenen Topf über dem heißen Wasserdampf etwa eine Stunde garen.

Sushi

Einst gehörten Sushi, Japan und Reis gar nicht zusammen. Die berühmtesten Reishäppchen der Welt stammen nämlich nicht aus Japan, sondern sind im 7. Jh. n. Chr. sozusagen aus anderen asiatischen Regionen »importiert« worden. Und früher hat man den Reis überhaupt nicht gegessen: weder in Südostasien, wo Gebirgsbewohner schon vor Jahrtausenden ihren Fischvorrat in Reis konservierten, noch in China, wo sich dafür der erste schriftliche Beleg findet, noch in Japan, wo man mit *Funa-sushi* noch heute die vermutlich älteste Sushi-Art zubereitet. Wichtig war ursprünglich nur der Fisch: eingesalzen, mit Reis umhüllt, von Steinen beschwert und so möglichst luftdicht abgeschlossen, war er durch Milchsäuregärung – ähnlich wie unser Sauerkraut – bis zu drei Jahre haltbar.

Vermutlich hat man zuerst in Japan damit begonnen, nicht nur den Fisch, sondern auch den leicht säuerlich schmeckenden Reis zu essen. Denn im Inselreich war Nahrungsbeschaffung ein großes Problem, und man konnte es sich einfach nicht leisten, den kostbaren Reis wegzuwerfen. Als man im 17. Jahrhundert entdeckte, daß sich die Gärung durch Zugabe von Essig beschleunigen läßt, war modernes Sushi fast schon geboren. Nun säuerte man den Reis mit Essig, formte ihn zu Bällchen, die man mit gesalzenen Fischscheiben belegte. Das Ganze kam in ein Holzkästchen und wurde mit Gewichten beschwert. Handgeformte Sushi – *Nigiri-sushi* –, die Sie auch bei uns in Japanrestaurants bekommen, wurden Anfang des 19. Jahrhunderts in Edo, dem heutigen Tokio, entwickelt und langsam zum kulinarischen »Renner« in Japan, Europa und den USA.

Zum Selbermachen von gerollten *Nori-Maki-Sushi* brauchen Sie perlmuttfarbenen Sushi-Reis (siehe Seiten 45/90), Reisessig, Zucker und Salz. Als Hülle nehmen Sie Nori, gepreßte Seetangblätter, die Sie in einer Pfanne ohne Fettzugabe bei mittlerer Hitze auf beiden Seiten gerade so lange rösten, bis sie sich intensiv grün färben. So geröstet schmecken Nori besonders aromatisch. Einrollen können Sie alles, was farblich gut zum weißen Reis und grünen Nori paßt: rosa Lachs oder orangefarbene Möhren, grüne Spinatblätter oder rote Tomatenstreifen, braune Pilze oder gelbe Omeletts. Zum Arbeiten brauchen Sie eine unlackierte Holzschüssel, einen Fächer und eine Bambusmatte. Zugegeben, das klingt erst mal merkwürdig. Aber alle diese Utensilien haben ihren Sinn. Das Holz nimmt die Feuchtigkeit auf, die der heiße Reis beim Verrühren mit Essig abgibt. Der Luftzug vom Fächer sorgt dafür, daß der Sushireis schneller abkühlt und einen hübschen Glanz bekommt. Und mit der Bambusmatte bringen selbst Ungeübte in Sachen Sushiküche die japanischen Röllchen ohne Probleme in Form.

Bratreis

Asiatischer Bratreis – köstliche Verwertung von Reisresten – gelingt mit Langkorn- oder gedämpftem Klebreis. Denn Langkornreis nimmt viel weniger Flüssigkeit auf als Rund- oder Mittelkornreis und gart schön fest und körnig. Bei Klebreis spielt die Garmethode eine Rolle: während die Körner beim Quellen feucht und etwas pappig werden, haften sie beim Dämpfen zwar auch zusammen, lassen sich jedoch beim Rühren in der Pfanne wieder so locker trennen, wie es für gebratenen Reis wichtig ist.

Am besten gelingt Bratreis in einer beschichteten Pfanne. Dann spielt es auch keine Rolle, ob Sie abgekühlten oder frisch gekochten, noch warmen Reis verwenden. In normalen Pfannen müssen Sie kalten Reis nehmen und ziemlich viel Öl, sonst kleben die Körner an und werden unter Umständen sogar matschig.

Gebratener Reis »geht« mit allem: mit Gemüse, Pilzen, Sprossen und Tofu genauso gut wie mit Fleisch, Geflügel, Fisch,

Krabben und Muscheln. Eier – in Asien ebenfalls beliebte Zutat – müssen zwar nicht sein, passen aber besonders gut zu vegetarischem Bratreis, weil sie das nötige Eiweiß liefern.

Risotto

Gegenpol zum körnigen Bratreis ist italienischer Risotto – sahnig, cremig und trotzdem »al dente«. Dazu brauchen Sie italienischen Rundkornreis: Arborio ist die richtige Sorte, Carnaroli oder Vialone Nano sind ebenfalls wunderbar geeignet. Risotto gelingt am besten mit weißem – also poliertem – Reis. Naturreis tut es auch. Parboiled Reis – der italienische Avorio zum Beispiel – ist dagegen nicht ideal. Denn nur geschälte und geschliffene Reiskörner haben auf der Oberfläche den feinen Stärkefilm, der Risotto so schön sämig macht. Deshalb Risottoreis auch nicht waschen, damit der Reisstaub nicht abgespült wird, sondern in etwas Fett anbraten. Dann mit etwa der Hälfte der Flüssigkeit aufgießen und den Rest erst nach und nach zugeben. Dabei Umrühren nicht vergessen: erstens, damit der Reis nicht am Topfboden hängen bleibt. Zweitens, damit sich die Reisstärke gleichmäßig in der Flüssigkeit verteilt und dem Risotto zum Schluß die gewünschte sämige Konsistenz gibt. Nehmen Sie immer etwas mehr Flüssigkeit, als der Reis aufsaugt; der Rest verbindet sich zum Schluß mit dem Käse, und der Risotto wird so saftig, wie ihn die Italiener mögen.

Reis warm halten

Gegarten Reis können Sie im geschlossenen Topf zugedeckt bei schwächster Hitze etwa eine Stunde warm halten, ohne daß er trocken oder klebrig wird. Andere Möglichkeit: den Topf zugedeckt in den auf 50°C vorgeheizten Backofen stellen. Außerdem können Sie Reis in einem Sieb oder dem Bambus-

Dämpfer über heißem Dampf warm halten. So bleibt er gleichmäßig heiß und trocknet nicht aus.

Reis aufbewahren

Gegarten Reis lockert man mit einer Gabel etwas auf, gibt ihn in eine Kühlschrankbox, läßt ihn zuerst ohne Deckel abkühlen und stellt ihn dann fest verschlossen in den Kühlschrank. So hält er sich etwa eine Woche.

Für Reisreste finden Sie eine Reihe von Rezepten in diesem Buch – Bratreis, Aufläufe oder Suppen. Für Salate nehmen sie lieber frisch gekochten Reis.

Reissorten und Warenkunde

Die drei Formen von Reis erkennt man an den Körnern: **Indica** ist Langkornreis mit langen, schmalen Körnern, den man in Nahen und Mittleren Osten, Indien, Südostasien, Europa und den USA ißt. Rundkorn- und Mittelkornreis gehört zur **Japonica**-Gruppe, hat runde bis ovale Körner. Am meisten schätzt man diesen in Japan, Korea und – als Risottoreis – in Italien. **Javanica** mit breiten, langen Körnern gibt es in Europa kaum; wirtschaftlich bedeutend ist diese Sorte nur in Südostasien.

Reissorten

Arborio – der beliebteste italienische Risottoreis, ist eine Weiterzüchtung von Rundkornreis mit sehr großen Körnern – drei bis viermal so groß wie von normalem Rundkornreis. Vom Arborio gibt es noch Untertypen wie zum Beispiel **Roma** oder **Carnaroli,** ebenfalls mit besonders großen Körnern. Alle gehören zur Kategorie Superfino: Die Körner sind geschliffen, also ohne Silberhäutchen, länger als 6,4 Millimeter und von besonderer Qualität.

Avorio – italienischer Parboiled Mittelkornreis mit etwas kleineren Körnern als Arborio.

Basmatireis – eine der besten, aber auch teuersten Reissorten. In seinem Ursprungsland Indien aufgrund seiner hervorragenden Qualität sehr beliebt – dort nennt man ihn auch König der Reissorten. »Basmati« bedeutet Duft und bezieht sich – wie beim chinesischen Duftreis – auf das außergewöhnliche Aroma, das er besonders im gegarten Zustand entwickelt. Die Körner von Basmatireis sind länglich und quellen beim Garen um das Doppelte auf. Im Gegensatz zum normalen Langkornreis wird Basmatireis nicht mit der doppelten Wassermenge, sondern nur mit etwa 1 $^1/_2$ mal so viel Flüssigkeit gegart. Basmati hat noch eine Besonderheit: Er wird beim Kochen noch länger und schlanker, während die Körner anderer Reissorten an Umfang zunehmen. Er eignet sich für alle Gerichte, die mit körnig gekochtem Reis zubereitet werden. Zu kaufen gibt es Basmatireis in Asienläden, Feinkostgeschäften und manchen Supermärkten.

Bio-Reis – Reis aus kontrolliert-ökologischem Landbau, der nach bestimmten Richtlinien produziert werden muß: so verwendet man zum Beispiel nur organischen Dünger wie stickstofferzeugende Pflanzen (Luzerne), Mist und eventuell Algenprodukte. Chemische Mittel gegen Unkraut und Schädlinge sind verboten. Bei der Lagerung sorgen Kühlen und regelmäßiges Umschichten des Reises für Haltbarkeit, so daß man auf chemische Vorratsschutzmittel verzichten kann. Produkte aus alternativer Landwirtschaft werden regelmäßig kontrolliert. Trotzdem sind sie selbstverständlich nicht frei von Rückständen: allein durch die Verschmutzung von Wasser, Boden und Luft gelangen unerwünschte Stoffe in unsere Lebensmittel.

Braunreis – andere Bezeichnung für Naturreis.

Cargo-Reis – entspelzter Reis, der noch vom Silberhäutchen umhüllt ist.

Carnaroli – Unterart des Arborio (siehe dort) mit besonders großen Körnern; ideal für Risotto.

Duftreis – Spezialität aus China und Thailand, die nur geringe Erträge liefert, dementsprechend selten angeboten wird und ziemlich teuer ist. Schon vor dem Kochen, jedoch hauptsächlich in gegartem Zustand, verströmt er einen besonderen Duft. Duftreis können Sie in asiatischen Feinkostläden kaufen.

Fertigreis – industriell vorgegarter Reis, der nur eine Minute zu kochen braucht.

Karolina-Reis – bekanntester Langkornreis aus Nordamerika, der in Kocheigenschaften und Geschmack dem Patna-Reis ähnelt.

Klebreis – sehr stärkehaltiger Mittelkornreis, den man besonders in Japan, Thailand und China zu Gerichten mit viel Sauce schätzt. Klebreis ist ideal für Stäbchen, weil die gegarten Körner aneinander haften und deshalb viel leichter in den Mund zu befördern sind. Außerdem gibt es Klebreis natürlich auch dort, wo man traditionell anstelle von Stäbchen oder Besteck Daumen, Zeige- und Mittelfinger zum Essen benutzt: der Reis wird zu kleinen Kugeln gedreht, um damit Fleisch, Gemüse, Fisch und Sauce aufzunehmen.
Je nach Art des Garens verändern sich die Körner von Klebreis: mit der doppelten Wassermenge als Quellreis gekocht haften sie aneinander. Besonders weicher Klebreis läßt sich dann auch prima formen – etwa wie Mürbe- oder Hefeteig. In Asien verarbeitet man ihn deshalb auch zu dekorativen, symbolhaften Gebilden wie Blumen, Fische, Drachen, Phönix und Pfau. Wenn Sie den Reis dagegen dämpfen, bleibt er sehr körnig und eignet sich auch für gebratenen Reis.

Kochbeutel-Reis – meist Langkornreis, inzwischen auch ungeschliffener Naturreis, der portionsweise in Beuteln verpackt und darin auch gegart wird. Praktisch vor allem für Ungeübte, weil man keine Mengen abmessen muß und der Reis immer körnig bleibt. Und da die Beutel beim Kochen auf einer Art Wasserpolster schwimmen, kann der Reis auch nicht anbrennen.

Milchreis – Rundkornreis aus Italien, der bei uns vor allem für Süßspeisen verwendet wird. Der Name kommt daher, daß man ihn vorwiegend in Milch und nicht in Wasser gart.

Mochireis – besonders klebriger japanischer Rundkornreis, den man für Füllungen verwendet.

Naturreis – heißt auch brauner Reis und – nicht korrekt – Vollreis oder ungeschälter Reis. Vollreis hat nämlich nichts mit »vollwertigem« Reis zu tun, sondern bezeichnet nur die ganzen Reiskörner im Gegensatz zu Bruchreis, den Körnern, die während des Schleifens und Polierens »zu Bruch« gehen. Ungeschälten Reis gibt es im Handel nicht, denn auch Naturreis muß geschält, das heißt von den Spelzen befreit werden, damit man ihn essen kann. Allerdings enthält Naturreis noch alle ernährungsphysiologisch wertvollen Bestandteile des Reiskorns: Ballaststoffe, Vitamine und Mineralstoffe. Aufgrund des höheren Fettgehaltes ist er nicht so lange haltbar wie weißer Reis. Deshalb nur in Mengen kaufen, die Sie innerhalb von drei Monaten verbrauchen. Naturreis verwendet man genau wie geschliffenen oder Parboiled Reis: Langkorn für alle Gerichte, in denen der Reis körnig garen soll. Rund- oder Mittelkornreis eignet sich für Süßspeisen und Risotto. Wichtig: Naturreis braucht zum Garen 30 bis 45 Minuten. Inzwischen gibt es auch Schnellkoch-Naturreis im Kochbeutel, der in 20 Minuten fertig ist.

Nishiki – rundkörnige Sorte, die man vor allem in Japan und Korea ißt.

Parboiled Reis – vorbehandelter Lang-, Mittel- oder Rundkornreis, der nach dem Entspelzen eingeweicht wird. Anschließend werden durch ein spezielles Dampf- und Druckverfahren die Vitamine ins Innere des Korns gepreßt. Erst nach dem Trocknen wird der Reis geschliffen und poliert. Auf diese Weise ist der Reis länger haltbar als Naturreis und es bleiben mehr Vitamine und Mineralstoffe (etwa zwei Drittel) erhalten als beim Weißreis. Dennoch ist dieser Reis nicht mehr vollwertig, da ihm vor allem die wichtigen Ballaststoffe fehlen.

Patna-Reis – am weitesten verbreiteter weißer Langkornreis, der aus Vorderindien stammt, inzwischen jedoch auch in anderen Ländern angebaut.

Ribe – Mittelkornreis aus Spanien, der häufig für Paella verwendet wird.

Roter Reis – ungeschliffener indischer Mittelkornreis mit roter Außenhaut. In Europa wird Roter Reis in der Camargue produziert – meist in kontrolliert-ökologischem Anbau.

Schnellkochreis – vorgegarter und danach wieder getrockneter Reis, der nur etwa fünf Minuten in heißem Wasser ziehen muß.

Schwarzer Reis – genau wie roter Reis eine bestimmte Sorte, die – weil ungeschliffen – noch die schwarze Außenhaut hat.

Sushireis oder Uruchireis – ovalrunde Sorte mit leicht durchscheinenden Körnern. Man nimmt ihn in Japan für Sushi, aber auch für einfachen gekochten Reis mit Gemüse.

Vialone Nano – idealer italienischer Risotto-Reis mit kürzerem Korn.

Weißer Reis – jeder geschliffene Reis – im Gegensatz zu ungeschliffenem Naturreis und zu Parboiled Reis.

Wilder Reis – heißt auch Indianerreis, Wasserreis oder Tuscarorareis. Wildreis ist weder die Wildform von unserem Kulturreis, noch dessen »verwilderter« Verwandter: Botanisch gehört die Wasserpflanze (*Zizania aquatica*) zwar auch zu den Gräsern, aber nicht zur Gattung *oryza* – ist also gar kein Reis. Das einjährige, etwa 1,80 m hohe Rispengras wächst wild in den Uferbereichen der großen nordamerikanischen und kanadischen Seen und im Mississippi-Delta. Jahrhundertelang war Wildreis Hauptnahrungsmittel der Indianer, die ihn – auch heute noch – ziemlich mühsam ernten: vom Kanu aus zieht man die langen Halme mit Stangen zu sich heran und schlägt die Körner heraus. Ein Teil davon fällt dabei ins Boot, der Rest ins Wasser, als neue Saat. In modernen Anlagen wird der Reis dann geröstet, um ihn haltbar zu machen.

Weil die Erträge relativ gering sind – in Minnesota erntet man etwa 2000 Tonnen jährlich – gehört echter Wildreis zu den besonders teuren Lebensmitteln. Inzwischen hat man aber neue Sorten gezüchtet, die großflächig angebaut werden können. In der Qualität reicht dieser »Paddy Grown«, wie auf der Packung vermerkt sein muß, an den echten Indianerreis allerdings nicht heran.

Wildreis ist nahrhaft und leicht verdaulich. Die reifen schwarzbraunen Körner, die ein wenig wie Tannennadeln aussehen, schmecken angenehm nußartig und enthalten mehr Eiweiß, Magnesium, Eisen und Zink als Reis.

Aus Reis hergestellte Produkte

Reis ist der Grundstoff für viele asiatische Lebensmittel – genau wie Getreide in Europa. Die wichtigsten und interessantesten finden Sie hier im Überblick.

Appa oder englisch »hoppers« genannt, sind dünne Pfannkuchen, die man in Sri Lanka zum Frühstück ißt. Der Teig aus Reismehl, Hefe, Kokosmilch und Zucker – am besten Palmzucker – muß über Nacht ruhen, damit er leicht gärt. Appa bäckt man in einer dickwandigen, stark gewölbten Pfanne, die wie ein kleiner Wok aussieht. Richtig gebackene Appa sind an den Rändern knusprig und innen weich. **Indiappa** (»string hoppers«) werden gedämpft oder fritiert und sehen aus wie ein feines Gespinst aus weißen Fäden. Sie bestehen aus Reismehl und Wasser.

Kiribath, in Kokosmilch gekochten Reis, gibt es in Sri Lanka am Neujahrsmorgen. Dazu gehören Sambals, scharfe Mischungen aus Chillies, Zwiebeln, Zitrone, Kokosflocken und Salz.

Miso, Japans ältestes Gewürz, ist eine mehr oder weniger streichfähige Paste aus Sojabohnen, Reis oder anderem Getreide, Salz und Wasser. Je nach Zusammensetzung gibt es etwa 50 verschiedene Sorten. So schätzt man im Westen von Japan eher süßes, helles, mit Reis vergorenes Miso, während man im östlichen Japan dunkles Miso aus Reis oder Gerste verwendet. Erkundigen Sie sich deshalb beim Kauf – Miso gibt es in Asienläden und in Naturkostgeschäften – nach der Geschmacksrichtung. Und kosten Sie das Miso erst, bevor Sie damit würzen. Dunkles Miso enthält besonders viel Salz, helles Miso etwas weniger. Das sollten Sie berücksichtigen, wenn Sie auf Ihren Blutdruck achten müssen oder aus anderen Gründen salzarm essen wollen. Miso verwendet man in Japan traditionell zu Suppen, Saucen und Salatdressings.

Mochi sind japanische Reiskuchen.

Pittu, gedämpfte Klöße aus Reismehl, Wasser und Kokosflocken, serviert man in Sri Lanka mit Kokosmilch und Currygerichten.

Puffreis besteht aus Klebreis: Die Körner blähen sich unter Dampfdruck um etwa das 20fache ihres Volumens auf. Anschließend werden sie geröstet und gezuckert oder gesalzen.

Reisblätter, zarte, hauchdünne Blätter aus Reismehl, Wasser und Salz, gibt es in verschiedenen Größen in Geschäften für asiatische Lebensmittel zu kaufen. In Reispapier können Sie kleingeschnittenen Salat, zerkleinertes Gemüse, Tofu und Kräuter einpacken und mit Hoisinsauce als Vorspeise servieren. Oder Sie garen Fleisch und Fisch darin – eine umweltfreundliche, weil eßbare Alternative zu Alufolie. Um die Blätter zum Rollen geschmeidig zu machen, wird oft empfohlen, sie zwischen feuchten Küchentüchern weichen zu lassen oder sie mit dem Wäschesprenger zu befeuchten. Das funktioniert nicht immer – länger gelagerte Blätter brechen leicht dabei. Die sicherste Methode ist Einweichen: in reichlich Wasser legen, bis sie weich und glibberig sind. Blätter nun auf trockenen Küchentüchern ausbreiten, damit die überschüssige Flüssigkeit aufgesogen wird. Jetzt belegen, rollen oder zusammenfalten.

Reisessig, beliebte Zutat in der japanischen und chinesischen Küche, ist milder als Wein- oder Obstessig, mit leicht süßlichem Aroma. Am häufigsten nimmt man *weißen Reisessig* – zum Beispiel zum Säuern von Sushireis (siehe Seite 90). Andere Sorten: *roter Reisessig* mit geringem Säuregehalt für Haifischflossensuppe, auch für Saucen und Dips, *schwarzer Essig* – der berühmteste ist *Chinkiang-Essig* – für sauer-scharfe Suppen. Schwarzen Reisessig können Sie durch Aceto balsamico, den italienischen Balsamessig, ersetzen. Ob man weißen und roten Reisessig durch Weißwein- und Apfelessig beziehungsweise Rotweinessig ersetzen kann, ist unter Feinschmeckern umstritten: Manche meinen, daß europäische Essigsorten einfach zu sauer sind. Doch gegen gute französische Sorten ist gewiß nichts einzuwenden.

Reisflocken sind gedämpfte, in Walzen gepreßte Körner aus Naturreis oder weißem Reis. Sie werden wie Haferflocken verwendet – fürs Müsli, zum Binden von Suppen und Saucen.

Reiskekse ißt man in Japan zu Sake oder Bier. Die knusprigen »Senbei« werden mit Sojasauce und dem Meeresgemüse Nori gewürzt.

Reiskuchen gibt es in verschiedenen Formen: einmal als gepreßten Reis, der industriell hergestellt und bei uns in Asienläden angeboten wird. Diese Variante kommt ursprünglich aus der Arme-Leute-Küche, in der man auch noch Reisreste verwendet hat, die am Topfboden kleben geblieben waren – ähnlich wie bei uns Brotsuppe, die man mit alt gewordenem Brot zubereitet. Japanischen Reiskuchen – *Mochi* – bekommen Sie vakuumverpackt auch in manchen Naturkostläden. Er kann in Fett gebraten, gebacken oder fritiert und als Beilage gegessen werden. Runde Mochi – ein üppiges Festtagsgebäck aus süßem Klebreis – gibt es in Japan zu Neujahr. Eine ceylonesische Spezialität ist *Bibikan,* ein Kuchen, den die Singhalesen aus Reismehl, Palmzucker, Kokosnuß, Cashewnüssen Eiern und Gewürzen zubereiten.

Reismehl ist gemahlener weißer Reis als Bindemittel für Süßspeisen, Suppen und Saucen. Reismehl können Sie in der Getreidemühle natürlich selbst herstellen. Da es kein Klebereiweiß enthält, eignet sich Reismehl allein nur zum Backen von flachen Kuchen und Fladenbroten. Zu gleichen Teilen mit Weizen(vollkorn)mehl gemischt können Sie es aber auch für Kuchenteig verwenden: Hefeblechkuchen und Mürbeteigböden zum Beispiel macht es knusprig, im Sandkuchen sorgt es für die begehrte »sandige«, mürbe Krume.

Reisnudeln aus Reismehl bleiben beim Zubereiten weiß und undurchsichtig – im Gegensatz zu den transparenten und leicht glibberigen Glasnudeln, die aus Mungobohnen hergestellt werden. Sie brauchen die Nudeln nicht zu kochen, sondern nur mit kochendem Wasser zu übergießen, zwei bis fünf Minuten – je nach Dicke – ziehen zu lassen und abgetropft anzurichten. Reisnudeln gibt es als Bandnudeln oder »Spaghetti« in Asienläden, den Lebensmittelabteilungen großer Kaufhäuser oder in Feinkostläden.

Reisstärke wird aus Reis gewonnen, weitgehend von Eiweiß, Fett und Ballaststoffen befreit und zum Andicken von Suppen und Saucen verwendet. Statt dessen können Sie auch Kartoffel- oder Maisstärke nehmen.

Getränke aus Reis

Flüssig und mehr oder weniger hochprozentig – auch dafür ist Reis bestens geeignet. Denn alles, was Kohlenhydrate enthält, läßt sich in Alkoholisches verwandeln: Durch einen bestimmten Prozeß wird aus der Reisstärke einfacher Zucker. Und in einem weiteren, ziemlich komplizierten biochemischen Ablauf wandeln Hefezellen und Enzyme diesen Zucker in gasförmiges Kohlendioxid und flüssigen Alkohol um. Deshalb produziert man Wein und Bier, Whisky, Likör und Schnaps auch auf der Basis von Reis.

Reis-Whisky stammt aus Thailand, ist selten älter als 10 Jahre und unter dem Namen »Mekhong« bekannt. Der Alkoholgehalt liegt bei 20%. Spirituosen schätzt man nicht nur als Getränk: Im Norden Chinas zum Beispiel gibt es gedämpfte Brötchen, die in Reisschnaps eingeweicht sind – wärmend für Leib und Seele an unwirtlichen Wintertagen.

Arrak, der sicher bekannteste Reisschnaps mit mindestens 38 Vol.% wird in Sri Lanka und Südostasien getrunken – nicht unbedingt pur, sondern meist mit Wasser verdünnt oder mit Obstsäften und eventuell zerkleinerten Früchten zum Cocktail gemischt. Neben Reis enthält Arrak Zuckerrohrmelasse und Palmwein; er ist hell wie Wasser oder zartgelb und schmeckt ähnlich aromatisch wie Rum. Zu kaufen in Feinkostgeschäften und asiatischen Läden.

Reiswein entsteht aus vergorenem Reis und enthält zwischen 15 und 20 Vol. % Alkohol. Je nach Herstellungsverfahren und Dauer der Lagerung – Reisweine müssen genau wie unsere Traubenweine »reifen«, wodurch sie an Geschmack und Aroma gewinnen – gibt es unterschiedliche Sorten. Manche erinnern im Geschmack an Sherry, manche schmecken rauchig, andere Spezialitäten werden mit Rosenblättern oder Lorbeerblättern aromatisiert. Diese Sorten bekommt man bei uns gewöhnlich nicht, jedoch ist einfacher Reiswein in gut sortierten Feinkostgeschäften und natürlich in Asienläden erhältlich Man serviert ihn vor oder nach dem Essen, und zwar lauwarm, damit er sein Aroma voll entfaltet. An kalten Tagen schmeckt er auch heiß, weil er den ganzen Körper wärmt. Immer sollten Sie ihn aus kleinen (Porzellan-)Gefäßen trinken – das ist nicht nur stilecht, sondern auch »mengenmäßig« genau richtig, denn Reiswein hat's in sich!
Getrunken wird er in allen asiatischen Ländern: auf Bali heißt Reiswein »Brem«, in China ist die allgemeine Bezeichnung dafür »Jui«, die allerdings auch für andere Alkoholika verwendet wird. Seit dem 7. Jahrhundert gerühmt für seine Qualität wird der chinesische Reiswein aus Shaoxing, einer Millionenstadt südlich von Shanghai. Von diesem »Shaoxing« produziert man pro Jahr die stattliche Menge von etwa 37.000.000 Litern. Freilich ist Shaoxing nicht nur Getränk, sondern gehört zur Shanghai-Küche als Würze – wie bei uns Wein und Sherry, der auch der annehmbarste Ersatz für Shaoxing ist.

Sake, Nationalgetränk Japans, und bei uns Synonym für Reiswein, ist für Japaner alles: Apéritif vor einem festlichen Essen oder Digestif danach. Entspannungsdrink für den Herrn des Hauses, der seinen Arbeitstag beendet hat und aufs Abendessen wartet. Oder das, was man bei uns »noch rasch auf ein Bierchen gehen« nennt: die flüssige Ergänzung zum Gespräch mit Freunden in der Kneipe, in Japan der Sake-Schenke, wo man »sakana« knuspert, salzige Snacks zumeist aus Fisch, oder süßsaure Garnelenhäppchen, deren leichter Rauchgeschmack besonders gut mit Sake harmoniert. Er ist der späte Drink vor dem Nachhausegehen, wenn man noch an der Imbißbude auf Rädern hängenbleibt und eine gegrillte Kleinigkeit verspeist.

Aber Sake ist noch viel mehr als Wein, mit dem man sich einen Schwips einhandeln kann – was bei 14 bis 16 Vol. % ohne Schwierigkeiten gelingt. Früher galt er als Medizin, gesandt von den Göttern, die nach japanischem Glauben die gesamte belebte Natur beseelen. Er war und ist Opfer für die Götter, wird noch heute alljährlich von Shinto-Priestern in Kyoto geweiht. Früher hatte der Kaiserhof das Monopol der Sakegärung, und als man es zuerst den Klöstern, dann den Handwerker-Gilden überließ, entwickelte sich Sake vom »Göttertrank« zum Volksgetränk. Das wirkt sich natürlich auf die Produktion aus: In Japan wird nur noch etwa 1 % echter Reissake gebraut. Alles andere ist Verschnitt, um den Preis niedrig zu halten.

Trotzdem ist der alte Glanz geblieben: Sake gehört zur japanischen Hochzeitszeremonie: Nach einem bestimmten Ritual leeren Braut und Bräutigam drei Täßchen kalten Sake.

Auch der Rausch kommt von den Göttern, weshalb man sich nicht – wie bei uns – »schämt«, hat man mal zu tief in die Sake-Schale geblickt. Als wirksames Mittel gegen übermäßigen Sake-Genuß gilt – folgerichtig – das »Göttliche Feuer«, wie die leuchtend orangerote Kakifrucht poetisch heißt.

Der nüchterne Europäer mag die Verbindung von schlichtem alkoholischem Getränk und mythischem Bezug zum Göttlichen verwundert zur Kenntnis nehmen. Doch erinnern wir uns: weniger als 1500 Jahre ist es her, da haben die Griechen ihrem Dionysos, die Römer ihrem Bacchus geopfert. Ihnen galt Wein als Unsterblichkeitstrank und Lebenselixier. Und dem gläubigen Christen verwandelt sich bei jeder Eucharistiefeier der Wein in Christi Blut.

Mirin ist die liebliche und sanftere Version des stärkeren, trocknen und doch so weichen Sake. Der süße Wein aus Reis, Reishefe und Wasser mit einem Alkoholgehalt von etwa 14 Vol. % schmeckt ähnlich wie Medium Sherry. Heute verwendet man ihn fast nur zum Kochen. Wie bei jeder alkoholischen »Speisewürze« verflüchtigt sich der Alkohol nach einer Garzeit von mehr als 30 Minuten, und das Aroma wird besonders intensiv. Mirin bekommen Sie nur in Spezialgeschäften für asiatische Lebensmittel. Als Ersatz nehmen Sie Sherry oder lieblichen Weißwein mit etwas Zucker.

Exotische Zutaten der internationalen Reisküche

Wenn Sie neue Rezepte aus fremden Küchen kosten wollen, brauchen Sie ein paar Zutaten, die Ihnen vielleicht noch nicht so vertraut sind. Alle bekommen Sie in Asienläden, viele in Feinkostgeschäften und manche sogar im Supermarkt.

Algen: siehe Meeresgemüse, Seite 61.

Austernsauce: dicke, würzige Sauce aus pürierten Austern, Sojasauce und Salz.

Bockshornklee gehört zu den ältesten Nutzpflanzen. Die Samen sind Brotgewürz im Orient und Bestandteil des indischen *Garam Masala*. Die frischen Blätter gehören als Würzkraut und als Gemüse vor allem zur iranischen Küche. Wer indisch kochen will, nimmt getrocknete Samen mit ihrem charakteristischen Geruch nach gebranntem Zucker und dem leicht bitteren Geschmack. Am besten zerreibt man sie im Mörser, denn gemahlen muß man sie so vorsichtig wie Muskatnuß dosieren – die Penetranz der meisten fertig gekauften Currypulver kommt von der reichlichen Beimischung gemahlener Bockshornklee-Samen. Für orientalische Gerichte verwendet man auch frische Blätter: Egal, ob Samen oder Kraut – das Aroma entwickelt sich erst beim Garen. Ganze oder gemahlene Samen gibt es in Reformhäusern, Naturkostläden und asiatischen Lebensmittelgeschäften zu kaufen. Für frische Blätter müssen Sie Bockshornklee selbst anbauen.

Chili-Öl besteht aus Sesamöl und Chili; gibt es in Asienläden, kann man aber auch selbst herstellen: Sesamöl in einer Pfanne erhitzen und reichlich geschnittene Chilischoten hineingeben. In eine Flasche abgefüllt einige Tage an einem dunklen Ort stehenlassen.

Chilipulver aus dem Gewürzhandel besteht aus gemahlenen Chilischoten mit oder ohne Beimischung anderer Gewürze; reines Chilipulver kann grobkörnig oder fein gemahlen, aus hellen oder dunklen Schoten, extrem scharf oder milder sein. Die Schärfe ist auf der Packung vermerkt. Chilipulver aus mexikanischen *Ancho-Chillies* mit Gewürzen ist milder. Kreuzkümmel, Knoblauch, Oregano, Zwiebeln, Piment, Salz und andere Gewürze können enthalten sein. Die Zusammensetzung steht auf der Verpackung.

Chutneys sind süßscharfe, mit Essig angenehm gesäuerte Mischungen aus verschiedenen Obst- und/oder Gemüsesorten.

Sie haben etwa die Konsistenz von Marmelade und schmecken zu asiatischen Currygerichten mit Reis.

Curryblätter *(Neem)* riechen und schmecken aromatisch nach wirklich feinem Currypulver. Frisch zupft man sie vom Zweig, brät sie in Öl an, gart sie dann mit und nimmt sie erst vor dem Servieren wieder heraus. Getrocknete Curryblätter müssen Sie fein zerkleinern, sonst ist die Würzkraft zu gering. Die Menge richtet sich nach der Personenzahl: pro Person nimmt man ein bis eineinhalb frische oder drei getrocknete Blätter. Getrocknete Blätter bekommen Sie in Asienläden, die sich auf Lebensmittel für die indische, indonesische und pazifische Küche spezialisiert haben. Frische Blätter gibt es – oft nur auf Bestellung – in Asienläden, die Gemüse, Obst und Kräuter importieren. Frische Blätter verbraucht man möglichst rasch oder friert sie an den Zweigen ein. Getrocknete Blätter kann man – gut verschlossen – kühl und dunkel aufbewahren.

Currypulver verdanken wir den Engländern; sie haben dieses indische Masala international berühmt gemacht und industriell vorgefertigt. Kolonialbeamte lernten durch ihre einheimischen Köche die indische Küche kennen und schätzen. Während der langen Schiffsreise nach Hause und erst recht im kühlen England standen die Gewürze nicht zur Verfügung. So kam ein findiger Mensch auf die Idee, das südindische »Kari« in ein Pulver zu verwandeln – streufähig wie Salz, leicht zu dosieren und immer fertig gemixt. Heute ist Curry-Powder auf den europäischen Geschmack abgestimmt und kann bis zu 15 verschiedene Gewürze enthalten. Meist besteht es aus Koriander, Kreuzkümmel, Piment, Paprika, Ingwer, Pfeffer, Kardamom, Nelken, Bockshornkleesamen, Muskatblüte, Zimt und Cayennepfeffer. Gelbe Kurkuma für die schöne Farbe ist immer dabei, weißer Mohn zum Andicken kann drin sein. Fertiges Currypulver röstet man bei schwacher Hitze in Butter, Butterschmalz oder Öl etwa 5 Minuten an – entweder solo oder mit den anderen Zutaten –, bevor man die Flüssigkeit zugießt. Es harmoniert gut mit Kokoscreme, Sahne und Crème fraîche. Bei industriell gefertigtem Currypulver können Sie zwei Variationen wählen – benannt nach den indischen Regionen, die durch ihr Spezial-»Kari« berühmt geworden sind: scharfer oder mild-aromatischer »Madras-Curry« und würzig-scharfer »Bombay-Curry«.

Fischsauce (*Nuoc Mam* oder *Nam Pla*): dünnflüssige, salzige Sauce, schmeckt intensiv nach Fisch und ist ein wichtiges Gewürz in Südostasien.

Fünf-Gewürze-Mischung: In der Küche Chinas ist diese Mischung meist aus Sternanis, Pfeffer, Zimt oder Kassia, Gewürznelken und Fenchel oder Mandarinenschale zusammengesetzt. Man verwendet sie auch für vietnamesische Gerichte, die von China beeinflußt sind. Die indische Variante – *Panch Phoron* – ist das typische »Masala« der bengalischen Küchen, gemischt aus Anis, Bockshornklee, Kreuzkümmel, Schwarzkümmel und Senfsamen. Die Anleitungen für die Verwendung sind ebenfalls unverbindlich: Manche empfehlen die Mischung nur für Marinaden, andere auch für Schmorgerichte mit Fleisch und als Speisewürze bei Tisch. Bengalisches Panch Phoron wird genau wie europäisches Currypulver oder indisches Garam in Öl, Ghee oder Butterschmalz sanft geschmort und niemals roh über die Speisen gestreut. Chinesische Fünf-Gewürze-Mischung bekommen Sie in Asienläden, Supermärkten und Kaufhäusern mit Asien- und/oder Feinkostabteilungen. Das indische Panch Phoron mischen Sie aus den angegebenen Gewürzen zu gleichen Teilen.

Galgant kam vermutlich schon im 9. bis 12. Jahrhundert durch die Araber nach Europa. Und auch Hildegard von Bingen berichtete in ihren Schriften bereits über seine Heilwirkungen. Aufgrund seines ingwerähnlichen Geschmacks lag Galgant voll im Trend der würzfreudigen Renaissanceküche. Als das Essen milder wurde, haben die Köche ihn vergessen. Unserer Vorliebe für die südostasiatische Küche verdankt er nun sein Comeback: Er besitzt Würze mit ausgewogener Schärfe und einen zarten Duft nach Rosen; die großartige thailändische Küche zieht ihn dem Ingwer vor. *Echter* oder *Kleiner Galgant* – wichtige Zutat auch in der südchinesischen Küche – ist aromatischer und schärfer als *Großer Galgant*. Beide Galgantsorten werden geschält oder geschabt und in Scheiben geschnitten oder geraspelt. Falls Sie nur getrockneten oder Galgantpulver bekommen können, ersetzen Sie ihn lieber durch frischen Ingwer. Den großen Galgant finden Sie in allen Asienläden, den echten meist nur in Spezialgeschäften für indonesische Lebensmittel.

Garam Masala ist eine der drei typischen Würzmischungen des indischen Subkontinents: *Garam Masala* gehört zur nordindischen Küche, wie *Panch Phoron* zur bengalischen Küche des Ostens und »*Kari*«, von dem unser Currypulver abstammt, in den Süden Indiens. Übersetzt heißt Garam Masala »heiße Gewürze«; es ist eine Mischung aus 8 bis 13 aromatischen Gewürzen, die den Körper von innen wärmen und deshalb im Herbst und Winter verwendet werden. In der traditionsbewußten Küche Indiens bereitet man Garam Masala frisch zu: Die Gewürze werden etwa zehn Minuten sanft geröstet, bis sie duften, und nach dem Abkühlen im Mörser oder in einer Gewürzmühle fein zerrieben. Heute jedoch verwendet man auch in Indien die Mischungen, die es fertig gemixt für verschiedene Gerichte gibt. Selbstgemischtes, geröstetes und gemahlenes Garam Masala behält sein Aroma in einem fest verschlossenen Schraubglas, kühl und dunkel aufbewahrt, etwa drei Monate. Fertiges Garam Masala gibt es in Indien-Shops. Beste Qualität bekommen Sie da, wo man die Gewürze je nach Gericht für Sie zusammenstellt und frisch mahlt.

Harissa ist typisch für die nordafrikanische Küche, wird auch in Israel und den arabischen Ländern verwendet. Es ist eine Paste aus getrockneten roten Chillies, Knoblauch, Kreuzkümmel, Koriandersamen und Salz, manchmal auch Zitrone oder Minze. Sie bekommen es in Tuben oder Gläsern.

Hoisinsauce besteht aus Sojasauce, Chilischoten, Zucker und Salz, schmeckt süß-scharf. Paßt gut zu allen asiatischen Reisgerichten, zu Salaten und als Tunke für Reisrollen.

Ingwer gehört zu den ältesten Gewürzen, die Menschen verwenden: Seit etwa 4000 Jahren baut man ihn an – zuerst in seiner Heimat Südostasien, später in Indien und Ostafrika. Heute wächst er vom tropischen Asien bis nach Nordaustralien. Anbaugebiet und Alter bestimmen Geschmack und Qualität: Jamaika- und Indieningwer mit feinem Zitronenaroma gelten als die besten, westafrikanischer Ingwer würzt am schärfsten. Es kommt auf das Alter und die Frische der Stücke an: Junger Ingwer ist fruchtig, zart und saftig, älterer scharf und grobfaserig. Frischer Ingwer schmeckt milder und ist gesünder als getrocknete Stücke oder Ingwerpulver. Frischen Ingwer gibt es beim Gemüsehändler, in Asienläden, Feinkostläden und manchen Supermärkten. Die Knollen müssen gleichmäßig weißlich oder gelb-braun und prall sein. Das Alter der Knolle erkennen Sie nur beim Aufschneiden: je älter, desto faseriger das Fleisch. Zum Aufbewahren wickelt man frischen Ingwer zuerst in Küchenpapier, dann fest in einen Folienbeutel und legt das Ganze ins Gemüsefach des Kühlschranks.

Kardamom ist ein sehr altes Gewürz und eines der feinsten dazu: Es taucht in der arabischen Kochliteratur des Mittelalters auf, gehört zu Garam Masala, zu manchen authentisch südindischen Currymischungen und spielt in arabischen Ländern als Kaffeegewürz eine große Rolle. Mit Kardamom werden industriell hergestellte Currypulver, Würste, Brot und Lebkuchen aromatisiert. Die Kapseln kaut man in Indien für reinen Atem nach dem Essen; sie besitzen einen wunderbar süßen, stark aromatischen Duft und leicht brennenden, sehr würzigen Geschmack mit einem Hauch Eukalyptus. Die ganzen grünen Kapseln würzen mild, die frisch ausgelösten und zerriebenen Samenkörner intensiver: Kapseln im Mörser leicht zerquetschen, damit sie aufspringen, und die papierartige Fruchtschale entfernen. Gebleichte weiße Kapseln, dunkelbraune Kapseln von Ceylon-Kardamom, gekaufte Samen und Pulver enthalten nicht soviel Aroma und müssen stärker dosiert werden. Kardamom verwendet man immer gegart; am besten entfaltet sich das Aroma, wenn Sie ihn in Fett leicht anrösten. Die Kapseln gibt es in Asien-, Gewürz- oder Feinkostläden; sie halten das Aroma etwa ein Jahr. Kardamomsamen und Pulver bekommen Sie in Supermärkten. Kardamomblätter – in Asien ein Würzkraut – können Sie bei uns nur selbst ziehen: die Samen gibt es in Gartencentern.

Koriander ist schon sehr lange bekannt; er gehörte zu den Kräutern, die Pharaonen dem Tempel spendeten, und in Tutanchamuns Grab wurden auch Korianderkörner gefunden. Die Römer waren ganz wild auf Koriander – das Kochbuch des Apicius empfiehlt Kraut und Körner zu fast allen Gerichten, und der römische Naturwissenschaftler Plinius bezeichnet ägyptischen Koriander als den besten. Die arabisch-islamische Küche des Mittelalters würzte sogar mit dem ausgepreßten Saft von Koriandergrün. Bis heute ist Koriander der Kosmopolit unter den Kräutern geblieben: Blätter und Körner, oft auch die Wurzeln sind notwendige Ingredienzen der afrikanischen und östlichen Mittelmeerküche, Thailands und Lateinamerikas.

Bis gegen Ende des letzten Jahrhunderts war Koriandergrün auch in Mittel- und Westeuropa ganz normales Küchenkraut. Vor einigen Jahren kehrte es mit mexikanischen, vietnamesischen und thailändischen Gerichten wieder zurück. Die frischen Blätter müssen mit einem scharfen Messer oder der Küchenschere ganz sauber geschnitten werden, dann riecht und schmeckt das Kaut wunderbar würzig. In der Kräutermühle zerkleinert oder gehackt, entwickelt es sich eher unangenehm und macht seinem Spitznamen »Wanzenkraut« alle Ehre. Die Wurzeln schmecken noch etwas intensiver als das Kraut; sie werden gewaschen und ebenfalls fein gehackt. Korianderkraut bekommen Sie am besten in mexikanischen Läden, mit den Wurzeln in asiatischen oder speziell in philippinischen Läden.

Kreuzkümmel gehört zur selben Pflanzenfamilie wie Kümmel und Koriander. Während »unser« Kümmel auf Mittel- und Nordeuropa beschränkt blieb, ist Kreuzkümmel von seiner Heimat am Mittelmeer nach Asien und später in die Neue Welt. gewandert. In Marokko, den arabischen Ländern, Südostasien und Mexiko ist Kreuzkümmel eines der wichtigsten Gewürze. Er ist Bestandteil aller drei indischen Gewürzmischungen: *Kari (Curry), Garam Masala* und *Panch Phoron*. Auch die Küche der Kanaren verwendet ihn, das spanische Festland dagegen nicht. Kräftiges Rösten in einer schweren Pfanne ohne Fettzugabe macht die scharfen, leicht bitteren Körner – egal, ob ganz oder gemahlen – noch aromatischer. Kaufen Sie nur ganze Samen zum Selbermahlen. Das Aroma von Kreuzkümmel-Pulver ist eher penetrant und erinnert an schlechte Currymischungen.

Kurkuma, die Ingwerverwandte mit zartgelben Blüten und safrangelben Wurzelstöcken, wird schon so lange in Indien und Südostasien kultiviert, daß ihre Ursprünge vergessen sind. Vermutlich war die Kurkuma einst nur wichtig, weil sie alles so intensiv gelb färbt. Doch die Farbe verblaßt sehr schnell, denn Kurkumin, der gelbe Farbstoff, ist lichtempfindlich. Es lag also nahe, nur ohnehin Vergängliches damit zu färben – nämlich das Essen. Und dabei hat man vermutlich die Würzkraft kennen und schätzen gelernt. In der arabischen Küche des Mittelalters war Kurkuma Ersatz für wertvollen Safran und teuren Ingwer. Nach Europa hat Kurkuma den Weg nur über Currypulver und Worcestersauce gefunden. Das scharfe Gewürz mit sanft bitterem Unterton und einer Nuance Ingwer gehört in erster Linie zur Küche Nordafrikas und der arabischen Länder, Irans, Indiens und Südostasiens. Der größte Teil kommt als Pulver in den Handel: Die frisch geernteten Wurzelstöcke werden gereinigt, gekocht und getrocknet. Dann entfernt man die äußeren Gewebeschichten und vermahlt die Rhizome zu einem leuchtend gelben Pulver. Kurkumapulver gibt es inzwischen auch in gut sortierten Supermärkten, frische, junge Kurkumaknollen im Asienladen. Man schält und zerkleinert sie wie Ingwer.

Meeresgemüse: Zur Küche Ostasiens gehören verschiedene eßbare Algen, wie beispielsweise *Wakame* für Mariniertes, Salate und Suppen. Für die Zubereitung weicht man sie ein und schneidet eventuell harte Rippen heraus. Sie können sie auch wie Spinat eine halbe Minute sprudelnd kochen und eiskalt abschrecken, damit sie die schöne grüne Farbe behalten. Instant-Wakame streut man gleich aus der Packung in Suppen oder gedünstetes Gemüse. Wakame ist frei von Kalorien, doch – wie jedes Meeresgemüse – sehr reich an Calcium, Jod, Vitamin B1 und Vitamin C. Die zweite Algensorte ist *Kombu, Konbu* oder *Kelp,* ein Meeresgemüse für Brühen – meist zusammen mit Bonito, einer Thunfischart, die es getrocknet als Flocken oder Pulver zu kaufen gibt. Die besten Kombublätter sind dick, dunkelgrün und ganz flach – ein Zeichen, daß sie richtig getrocknet wurden. Das Kombustück schneidet man ein, setzt es mit kaltem oder handwarmem Wasser auf, erhitzt das Ganze und entfernt den Kombu knapp vor dem Aufkochen. *Nori,* die dritte der auch in Europa bekannten Algen der Ostasienküche, nimmt man vor allem für Sushi. Die papierdünnen Platten aus getrocknetem, gepreßtem Seetang dienen dem Reis als Hülle, geben Reis- und Nudelgerichten Aroma.

Okra: Fingerlange grüne bis gelbliche Schotenfrucht, auch *Bamie* oder *Gombo* genannt. Erinnert geschmacklich etwas an grüne Bohnen und wächst in tropischen Gegenden, aber auch ums Mittelmeer an mannshohen Sträuchern. Gute Qualität findet man in indischen oder pakistanischen Läden.

Pesto stammt aus Genua und wird in der Originalfassung aus viel frischem Basilikum, Parmesan, Pinienkernen und Olivenöl hergestellt. Schmeckt auch mit anderen Kräutern, Nüssen und Käse und paßt gut zu Reisgerichten mit Gemüse und/oder Fisch.

Rosenwasser: Probieren Sie es anfangs lieber tropfenweise – etwa wie die flüssigen Backaromen aus dem Supermarkt. Wenn Sie den Geschmack mögen, können Sie es auch in Teelöffeln oder gar Eßlöffeln abmessen. In Indien und in den Mittelmeerländern nimmt man Rosenwasser vorwiegend für Süßspeisen, Gebäck und Kaffee, würzt aber auch Fleisch damit. In Europa verwendet man es vor allem für selbstgemachten Likör und Konfekt. Sie bekommen es in türkischen und griechischen Läden, Apotheken und Reformhäusern. Sagen Sie beim Einkauf, daß Sie das Wasser für kulinarische und nicht für kosmetische Zwecke brauchen und achten Sie darauf, daß man Ihnen wirklich Rosenwasser gibt. Rosenessenz ist für die Kosmetik bestimmt. Rosenwasser hält sich auch im geöffneten Fläschchen nahezu unbegrenzt.

Rote Bohnenpaste ist eine wichtige Zutat der chinesischen Küche. Sie wird aus Dicken Bohnen oder Sojabohnen, Chillies und Salz hergestellt. Es gibt sehr scharfe und mildere Sorten, aber alle etwa so salzig wie Sojasauce.

Safran war schon immer das teuerste Gewürz, und er ist einzigartig: Safran ist eine Blume wie unser Krokus mit hellvioletten Blüten. In der Mitte jeder Blüte sitzt ein kurzer Griffel mit orangenroter, etwa 2 cm langer Narbe. Diese Narben werden während der Blütezeit im Herbst mit der Hand gepflückt und anschließend getrocknet. Dabei verlieren sie etwa 80 Prozent ihres Gewichtes. Das Gewirr dunkelroter Fäden – aus rund 150.000 Blüten pro Kilogramm – wird in kleinsten Mengen (von 0,08 Gramm aufwärts) verpackt und verkauft. Safran ist ein typisches Gewürz für die mediterrane, iranische und indische Küche.
Drei wichtige Regeln: in kleinen Mengen verwenden, wie Salz auflösen und mitkochen oder backen. Zum Auflösen werden die im Mörser zerriebenen Fäden oder das Pulver in warmes Fett oder warme Flüssigkeit gerührt. Sobald das Ganze schön gelb-orange ist, wird es mit den anderen Zutaten gemischt. Kaufen Sie möglichst die Fäden – sie schmecken aromatischer und halten das Aroma auch viel länger als Pulver. Als beste Qualität gelten der spanische »Coupé«, ganz ohne Griffel und »Mancha« mit bis zu 5 Prozent Griffel und Blütenresten. Safran immer gut verschlossen in einem dunklen Glasgefäß aufbewahren, denn er zieht Feuchtigkeit an, und sein Aroma verträgt kein Licht.

Sambals gehören zur indonesischen Küche. Man ißt sie nicht nur zur Reistafel, wie es oft heißt, sondern verwendet sie als Küchen- und Tischgewürz für Bratreis, Fleisch, Eier und Fisch, Gemüse und Kartoffeln, Hülsenfrüchte und Tofu. Scharfes *Sambal oelek* ist Grundlage und die bekannteste dieser vielen Würzpasten. Sie enthält außer roten Chillies auch braunen Zucker und Salz.

Schnittknoblauch stammt aus China, der Mongolei, Indien, Ostasien und den pazifischen Inseln; kultiviert wird er schon lange in Indien, China, Südostasien und Kalifornien. Inzwischen ist er auch bei uns schon heimisch – zumindest in größeren Städten, wo es genügend ausländische Lebensmittelgeschäfte und Restaurants gibt. Die Blätter sehen aus wie von Schnittlauch, sind aber nicht röhrenförmig, sondern plattgedrückt. Er »knofelt« milder als Knoblauch, steuert das schöne Grün von Schnittlauch und die milde Schärfe der Schalotte bei. Wie bei Lauchzwiebeln können Sie die grünen und weißen Teile verwenden. Natürlich gehört er auch zur Küche Indiens, Chinas und Südostasiens. Als Bundware bekommen Sie Schnittknoblauch das ganze Jahr über in allen Asienläden, die auch frische Lebensmittel verkaufen, bei gut sortierten Gemüsehändlern und auf großen Märkten. Am einfachsten ist es aber, ihn selbst anzubauen.

Sichuan-Pfeffer ist Bestandteil der Fünf-Gewürze-Mischung und eines Pfeffersalzes für Gegrilltes, Ausgebackenes und für Marinaden. Die kleinen rötlichen Beeren mit den schwarzen Samen sind nicht mit dem Pfeffer verwandt, schmecken aber pfeffrig-scharf und aromatisch. Ihr Duft erinnert an Mandarinen, und in der chinesischen Küche wird Sichuan-Pfeffer in Fleischgerichten häufig mit Mandarinenschalen kombiniert. Im Tütchen mit getrocknetem Sichuan-Pfeffer sind immer kleine rötliche, aufgesprungene Kapseln, schwarze Körner und dünne Stielchen. Unzerkleinert hält er sich kühl und trocken gelagert in einem dunklen Schraubglas jahrelang ohne starken Aromaverlust. In die Pfeffermühle für den täglichen Bedarf gehört Sichuan-Pfeffer übrigens nicht, denn in größeren Mengen kann er gesundheitsschädlich sein. Sie dürfen ihn also nicht so verschwenderisch wie echten Pfeffer verwenden!

Sojasauce ist vermutlich in China erfunden worden. Inzwischen gehört sie zu den wichtigsten Würzsaucen in Ost- und

Südostasien. Es gibt helle, dunkle und tiefdunkelbraune Sojasauce zu kaufen: helle und mittelbraune wird aus Sojabohnen und Getreide, dunkle vorwiegend aus Sojabohnen gebraut. Dazu kommen Wasser und Salz. Grundsätzlich schmeckt helle Sauce salzig, dunkle eher süß.

Sternanis gehört vor allem zur Küche des Ostens: Er ist Bestandteil des chinesischen Fünf-Gewürze-Pulvers, wird in China und der chinesischen Thaiküche für Schweinefleisch, Huhn und Ente genommen. Die Vietnamesen verwenden ihn hauptsächlich für Brühen und Gekochtes. Grob zerkleinert und als Pulver ist Sternanis Europäern ohnehin vertraut – als Beimischung zu Lebkuchen- und Glühweingewürz. Zu Sternanis passen am besten Pfeffer, Knoblauch, Fenchel, Nelken und Ingwer. Sternanis bekommen Sie in Asien- und Naturkostläden. Die ungemahlenen Sternchen halten ihr Aroma in einem Schraubglas etwa 3 Jahre, Pulver wird viel rascher fade.

Sumach: Aus seinen Beeren kann man mit Wasser einen sauren Sud kochen, den man zum Würzen von Salatsauce, Gemüse, Fleisch und Fisch nimmt – ähnlich wie Tamarindenwasser in Südostasien. Für den Sud übergießt man 1 Eßlöffel getrocknete Beeren mit 1 Tasse heißem Wasser. Wenn Sie nur das Pulver haben: 1 gehäuften Kaffeelöffel in einen Teefilterbeutel geben und in $^1/_2$ Tasse heißem Wasser ziehen lassen, bis der Sud wieder abgekühlt ist. Die getrockneten Beeren und das Pulver bekommen Sie in türkischen Lebensmittelgeschäften, das Pulver auch in speziellen Gewürzläden und in der Apotheke. Häufig enthält es etwa 10 % Kochsalz, deshalb beim Würzen vorsichtig sein und das Pulver fest verschlossen und trocken in einem Schraubglas aufbewahren.

Tahin, eine Creme aus Sesamsamen ähnlich wie Erdnußbutter, gibt es in Mittelmeer- und Asienläden, Naturkostläden und

Reformhäusern. Öl, das sich auf der Creme abgesetzt hat, vor der Verwendung unterrühren. Damit Tahin in Salatsaucen glatt und sämig wird, verdünnt man es zuerst mit Joghurt oder Wasser und würzt es danach mit Zitronensaft.

Tamarinde gehört in Indien, Indonesien, Malaysia und auf den Philippinen zu den alltäglichen Gewürzen. Der Extrakt aus Fruchtfleisch und Kernen ist der Essig vieler asiatischer Küchen. Schoten und Fruchtmark mit harten rotbraunen Samen kommen frisch oder getrocknet als Würze in den Handel. Tamarindenmark ohne Kerne, als Block im Plastikbeutel abgepackt, bekommen Sie in Thailäden. Im geschlossenen Beutel können Sie es bis zum aufgedruckten Datum lagern. Wenn der Beutel offen ist, machen Sie am besten Tamarindenwasser und frieren es ein. Tamarinde verwendet man wie Zitronensaft oder Essig: Man nimmt sieben frische Samen aus den Hülsen oder bricht etwa 20 Gramm vom Block ab, legt es in eine Schüssel, gießt $1/8$ Liter warmes Wasser dazu und drückt alles mit den Fingern oder einem Löffel, bis das Wasser dick und braun ist. Dann gießt man das Wasser durch ein Sieb und drückt die festen Teile noch mal gut aus, bevor man sie wegwirft.

Wasabi kennt man in Japan seit etwa einem Jahrtausend. Die Staude mit den herzförmigen Blättern und der durchdringend scharfen, rübenähnlichen Wurzel wächst wie unsere Brunnenkresse an fließenden Gewässern in kühlen Regionen. Man ißt Blätter und Wurzeln auf der Basis von Reisessig zu einem scharfen Senf verarbeitet. Nach Europa kam Wasabi als Beilage zu Sashimi oder Sushi. Leider muß man sich gewöhnlich mit Wasabipulver begnügen, denn die frische Wurzel gibt es kaum zu kaufen. Für die Zubereitung mischt man das Pulver aus der gemahlenen Wurzel zu gleichen Teilen mit lauwarmem Wasser und läßt es zugedeckt zehn Minuten ziehen. Wasabi aus der Tube können Sie gleich verwenden.

Zwei Risotti (Rezepte siehe Seiten 135 und 145)

Zitronenblätter werden von verschiedenen Zitrusarten verwendet. Am häufigsten nimmt man die dunkelgrünen, glänzenden Blätter der Kaffirlimette. Die Zitronenart aus Indien, China und Indonesien, die auch wegen ihrer dicken, würzigen Schale und des leicht bitteren Saftes kultiviert wird, gehört zur Küche Südostasiens und der pazifischen Inseln. Frische oder getrocknete Zweige mit Zitronenblättern gibt es in Asienläden. Frische Blätter kann man einfrieren.

Zitronengras verleiht Speisen ein feines Zitronenaroma. Sie können die frischen Halme ganz oder gehackt verwenden. Halme legt man auf die Arbeitsfläche und klopft sie kräftig mit der Nudelrolle flach, damit die Fasern aufbrechen und das Aroma frei wird. Und damit sie sich im Essen nicht in die Fasern auflösen, verknotet man sie ein- oder zweimal wie einen Bindfaden. Bei gehacktem Zitronengras nimmt man nur den unteren, saftigen weißen Teil, der Rest ist zu faserig. Zitronengras paßt besonders gut zu Kokosmilch und Chillies. Da es sich – lose in Plastikbeutel gesteckt und kühl gelagert – etwa 10 Tage frisch hält, kriegen Sie es nicht nur am Tag der Gemüse- und Kräuterlieferung, sondern (fast) immer. Bei *Zitronellagras* (Citronelle) wird es schon schwieriger; man bekommt es praktisch nur in indonesischen Spezialgeschäften. Getrocknete, zerkleinerte Zitronengrashalme vor der Verwendung etwa 30 Minuten in etwas warmem Wasser einweichen. Ein Teelöffel der eingeweichten Halme entspricht etwa der Würzmenge eines frischen. **Sereh,** getrocknete, gemahlene Halme, können Sie gleich verwenden.

Internationale
Reisrezepte

Vorspeisen, Salate und Snacks

Ungarischer Reissalat

100 g gekochtes Rindfleisch · 2 Dillgurken
2 rote Paprikaschoten · 150 g gegarter Langkornreis
1 TL scharfer Senf · 2–3 EL Weinessig · Salz
$1/2$ TL scharfe Paprikaflocken oder $1/4$ TL Paprikapulver
4 EL Sonnenblumenöl · 1 EL frisch gehackte Petersilie
1 EL Schnittlauchröllchen

Rindfleisch in feine Streifen schneiden, Dillgurken klein würfeln. Paprikaschoten waschen, halbieren, von Stielansatz und Trennwänden befreien und ebenfalls würfeln. Alle Zutaten mit dem Reis in einer Schüssel mischen. Senf mit Essig, Salz, Pfeffer und Öl verrühren. Dressing unter den Salat mischen, Salat mit Kräutern bestreut servieren.

Mexikanischer Avocado-Reis-Salat

150 g Langkornreis · 300 ccm Wasser
Salz · 2 rote Paprikaschoten · 1 reife Avocado
½ Handvoll Koriandergrün · ½ Grapefruit
1 TL scharfer Senf · Cayennepfeffer · 2 EL Öl

Reis in einem Sieb unter fließendem kaltem Wasser abspülen, bis die ablaufende Flüssigkeit klar bleibt. Mit Wasser und Salz zum Kochen bringen und zugedeckt bei schwacher Hitze in etwa 20 Minuten körnig ausquellen lassen. Inzwischen Paprikaschoten waschen, halbieren, von Stielansatz und Trennwänden befreien und in schmale Streifen schneiden. Avocado ebenfalls halbieren, den Stein herauslösen und das Avocadofleisch in mundgerechte Stücke schneiden. Mit Paprika und Reis in einer Schüssel mischen. Koriandergrün waschen, trockentupfen und mit einem scharfen Messer fein schneiden. Für das Dressing die Grapefruit auspressen und den Saft mit Senf, Salz und Cayennepfeffer verrühren. Öl unterrühren, das Dressing mit dem Koriander unter den Salat heben, Den Salat sofort servieren, damit die Avocado sich nicht verfärbt.

Schwedischer Reissalat

150 g Langkornreis · 300 ccm Wasser
Salz · 1 Paket TK-Erbsen und Möhren (300 g)
1 kleine Dose Spargelspitzen · 150 g gekochter Schinken
1 EL Kräutersenf · 1 EL Zitronensaft · 1 Eigelb
schwarzer Pfeffer · $1/8$ l Sonnenblumenöl · 2 EL Joghurt
1 EL frisch gehackte Petersilie oder Schnittlauchröllchen

Reis mit Wasser und Salz zum Kochen bringen und zugedeckt bei schwacher Hitze in etwa 20 Minuten körnig ausquellen und anschließend auskühlen lassen. Erbsen und Möhren in wenig kochendem Salzwasser bißfest garen und abtropfen lassen. Abgekühlt mit den Spargelspitzen und kleingeschnittenem Schinken unter den Reis mischen. Senf mit Zitronensaft, Salz und Pfeffer verrühren. Öl tropfenweise unterschlagen, bis eine dicke Mayonnaise entstanden ist. Mayonnaise mit Joghurt verrühren und unter den Reis ziehen. Salat mit Petersilie oder Schnittlauch bestreut servieren.

Philippinischer Reissalat mit Shrimps

250 g Langkornreis · ½ l Wasser · Salz
1 Orange · 2 Limetten · 3 Knoblauchzehen · 1 TL Honig
1 TL Chili-Öl · 2 EL Erdnußöl · 1 kleiner Staudensellerie
1 Cantaloupe- oder Honigmelone · 1 Apfel
½ Römersalat · 2 Bund Schnittlauch
250 g ausgelöste Shrimps

Reis mit Wasser und Salz zum Kochen bringen und zugedeckt bei schwacher Hitze in etwa 20 Minuten körnig ausquellen und anschließend auskühlen lassen. Für die Salatsauce Orangen- und Limettensaft, zerdrückten Knoblauch, Honig, Salz, Chili- und Erdnußöl verrühren. Staudensellerie putzen, eventuell dünn schälen und in feine Stücke schneiden. Sellerie, Reis und Salatsauce vermischen. Melone halbieren, entkernen und das Fruchtfleisch in feine Scheiben schneiden. Apfel heiß abspülen, trockenreiben und entkernen. Ebenfalls in feine Scheiben schneiden. Salat putzen und in Streifen schneiden. Schnittlauch kleinschneiden. Alle Salatzutaten und Shrimps locker unter den Reis mischen. Etwas durchziehen lassen und vor dem Servieren eventuell mit Salz abschmecken.

Reissalat indische Art

200 g Langkornreis · 400 ccm Wasser
Salz · 200 g gegarter Schweinebraten · 1 Stange Lauch
2 Scheiben frische Ananas (oder ungezuckerte aus der Dose)
1 Orange · 1 EL Mango-Chutney (Glas)
1 EL Tomatenpaprika (Glas) · 125 g saure Sahne
1 EL Crème fraîche · 1 EL Ananassaft
1 EL Chilisauce (Glas) · Cayennepfeffer
1 EL gehackte Petersilie

Reis in einem Sieb unter fließendem kaltem Wasser abspülen, bis das ablaufende Wasser klar bleibt. Dann mit dem Wasser und Salz zum Kochen bringen und bei schwacher Hitze zugedeckt in etwa 20 Minuten körnig ausquellen lassen. Inzwischen Schweinebraten von allem Fett befreien und in Streifen schneiden. Lauch putzen, gründlich waschen und in Ringe teilen. Abgetropfte Ananas und geschälte Orange in Stücke schneiden. Alle Zutaten mit dem abgekühlten Reis mischen. Mango-Chutney und Tomatenpaprika hacken und zugeben. Saure Sahne mit Crème fraîche und Ananassaft verrühren. Mit Salz, Chilisauce und Cayennepfeffer pikant abschmecken und locker unter den Salat heben. Salat mit Petersilie bestreut servieren.

Gemüsesalat mit Reis

2 dünne Stangen Lauch
1 Paket grüne Bohnen (TK) · Salz
6 Artischockenherzen (Glas) · 100 g gegarter Langkornreis
1 Päckchen gemischte Kräuter der Provence
1 EL Dijonsenf · 1 EL Zitronensaft · weißer Pfeffer
4 EL Olivenöl · 1 hartgekochtes Ei

Lauch putzen, waschen und mit allen saftigen grünen Blättern in etwa 3 cm lange Stücke schneiden. In reichlich Salzwasser etwa 4 Minuten sprudelnd kochen. Mit einem Schaumlöffel herausnehmen und in eine Schüssel geben. Bohnen im selben Salzwasser bißfest garen und abgießen. Artischockenherzen vierteln. Lauch, Bohnen und Artischocken ganz locker mit dem Reis und den Kräutern mischen. Senf mit Zitronensaft, Salz, Pfeffer und Öl verrühren. Unter den Salat ziehen. Ei schälen, achteln und den Salat damit garnieren.

Feiner Reissalat italienische Art

---
250 g gegarter Kalbsbraten · 1 große Fleischtomate
---
1 Bund gemischte Kräuter (Petersilie, Fenchelgrün, Schnittlauch, Oregano und Pimpinelle)
---
200 g Champignons oder Egerlinge · 5 EL Olivenöl
---
2 EL Zitronensaft · 200 g gegarter Langkornreis
---
50 g Kapern · 1 EL mittelscharfer Senf · 1 Prise Zucker

Salz · Cayennepfeffer · 3 EL Kräuteressig

4–5 EL Sonnenblumenöl · 1 Bund Schnittlauch

Kalbsbraten vom Fett befreien und in feine Streifen schneiden. Fleischtomate waschen, abtrocknen und in kleine Würfel schneiden. Kräuter waschen, trockentupfen und fein zerkleinern. Pilze putzen, in Scheiben teilen und in 2 EL Öl bei starker Hitze braun braten. Mit Zitronensaft beträufeln, mit Reis, Fleisch, Tomate, Kräutern und Kapern mischen. Senf, Zucker, Salz, Cayennepfeffer, Essig und das restliche Öl verrühren. Salat damit mischen und servieren.

Spanischer Reissalat mit Muscheln und Tintenfisch

500 g TK-Tintenfisch · 500 g Miesmuscheln
¼ l Weißwein · ¼ l Wasser · Salz
1 unbehandelte Zitrone · 1 Lorbeerblatt
1 EL Instant-Gemüsebrühe · 125 g Mittelkornreis
1 Zwiebel · 2 Knoblauchzehen · 3 EL Weißweinessig
frisch gemahlener Pfeffer · 1-2 TL Zucker
7 EL Olivenöl · 1 Bund Petersilie · 150 g Krabbenfleisch

Tintenfisch auftauen lassen. Muscheln unter fließendem Wasser bürsten. Alle Muscheln, die sich dabei nicht schließen, wegwerfen. Wein mit Salz, einem Stück Zitronenschale, dem ausgepreßten Saft, Lorbeerblatt und Brühe aufkochen. Tintenfisch zufügen und bei kleiner Hitze 5 Minuten gar ziehen lassen. Mit einer Schaumkelle herausheben und abgekühlt in mundgerechte Stücke schneiden. Muscheln in den Sud geben, zugedeckt 5 Minuten garen und wieder herausnehmen. Brühe gegebenenfalls mit Wasser auf ¼ l auffüllen. Reis darin 20 Minuten kochen. Alle Muscheln, die sich beim Garen nicht öffnen, ebenfalls wegwerfen. Muschelfleisch aus den Schalen lösen. Abkühlen lassen. Für das Dressing Zwiebelwürfel, fein zerkleinerten Knoblauch, Essig, Salz, Pfeffer und Zucker verrühren. Olivenöl mit einer Gabel unterschlagen. Gehackte Petersilie in das Dressing rühren. Tintenfisch, Muscheln und Krabben unter den Reis heben. Mit der Sauce übergießen und zehn Minuten durchziehen lassen.

Süßscharfer Krabbensalat

½ Paket TK-Erbsen · Salz · 2 feste Bananen

Saft von 1 Zitrone · 200 g Krabben

150 g gegarter Langkornreis · 1 EL Currysauce (Glas)

⅛ l süße Sahne · 1 EL Salatmayonnaise

einige Spritzer Tabascosauce · ½ TL Currypulver

1 Prise Ingwerpulver

Erbsen nach Packungsaufschrift in wenig Salzwasser garen. Abschrecken und abtropfen lassen. Bananen schälen, in Scheiben schneiden und mit Zitronensaft beträufeln. Mit Erbsen, Krabben und Reis mischen. Currysauce mit Sahne und Salatmayonnaise verrühren, mit Tabascosauce, Curry, Salz und Ingwer pikant abschmecken. Sauce vorsichtig unter den Salat mischen und sofort servieren.

Reissalat mit Huhn und Krabben

---
150 g Langkornreis · 300 ccm Wasser · Salz

1 entbeinte Hühnerbrust

200 g frische oder tiefgefrorene, aufgetaute Krabben

2 Knoblauchzehen · 1–2 EL Olivenöl · weißer Pfeffer

2 Bund Petersilie · 1 EL Zitronensaft

1 EL Weißweinessig · 1 TL Senf · 4 EL Olivenöl

Reis in einem Sieb kalt abspülen, bis die ablaufende Flüssigkeit klar bleibt. Dann mit Wasser und Salz zum Kochen bringen. Zugedeckt bei schwacher Hitze in etwa 20 Minuten körnig ausquellen und anschließend abkühlen lassen. Inzwischen Hühnerbrust häuten und in Streifen schneiden. Krabben waschen und mit Küchenpapier trockentupfen. Knoblauch schälen und fein hacken, im erhitzten Öl glasig braten. Hühnerfleisch und Krabben zugeben und unter Rühren mitbraten, bis sich das Hühnerfleisch weiß färbt. Mit Salz und Pfeffer würzen. Petersilie waschen, trockenschwenken und ohne die groben Stiele fein hacken. Mit Huhn und Krabben unter den gegarten Reis mischen. Zitronensaft mit Essig, Senf, Salz und Pfeffer verrühren. Olivenöl tropfenweise unterschlagen. Sauce unter den Reissalat mischen.

Reissalat mit Sprossen

500 g Putenbrustfilet am Stück
1 Bund Suppengrün · 1 Zwiebel · 1 Knoblauchzehe
2 Gewürznelken · 1 Zweig frischer Thymian
4 weiße Pfefferkörner · 1 Lorbeerblatt · Salz
250 g Langkornreis · ½ l Wasser
1 TL gekörnte Gemüsebrühe · 2 Bund Frühlingszwiebeln
3 Bund Radieschen · 1 Handvoll Kerbel
100 g gekeimte Mungobohnen · 1 Zitrone
2 EL kaltgepreßtes Olivenöl

Putenfleisch kalt abspülen und in einen Topf legen. Suppengrün putzen, waschen und grob zerkleinern. Zwiebel und Knoblauch schälen und halbieren. Suppengrün, Zwiebel, Knoblauch, Nelken, Thymian, Pfefferkörner und Lorbeerblatt zum Fleisch geben. Soviel kaltes Wasser zugießen, daß das Fleisch gerade davon bedeckt ist. Langsam zum Kochen bringen. Brühe salzen und das Fleisch knapp unter dem Siedepunkt in etwa 40 Minuten gar ziehen lassen. Inzwischen Reis mit Wasser und Gemüsebrühe zum Kochen bringen und zugedeckt bei schwacher Hitze in etwa 20 Minuten garen. Reis zum Abtropfen in ein Sieb schütten. Das gegarte Fleisch aus der Brühe nehmen und in mundgerechte Stücke schneiden. Frühlingszwiebeln putzen, waschen, trockenschwenken und mit zwei Drittel des Grüns in dünne Ringe schneiden. Radieschen waschen, von Blättern und Wurzelansätzen befreien und in Scheibchen schneiden. Kerbel verlesen, waschen und fein hacken. Gekeimte Bohnen kalt abspülen. $^1/_4$ l Brühe abmessen und zum Kochen bringen. Bohnenkeime darin 3 Minuten blanchieren. Fleisch und Mungobohnen einschließlich der Brühe mit dem lauwarm abgekühlten Reis vermischen. Zwiebelringe, Radieschen und Kerbel zufügen. Zitrone auspressen, Saft mit Salz verrühren. Olivenöl unterschlagen. Dressing über den Salat geben und alles vorsichtig mischen.

Reissalat mit Tofu

125 g Mungobohnen, Sonnenblumenkerne, Kichererbsen und Dinkelkörner gemischt
4 getrocknete Chinapilze (Mu-Err oder Shiitake)
$^1/_8$ l Gemüsebrühe · 100 g Langkornreis
200 ccm Wasser · Salz · 250 g Tofu · 2 EL helle Sojasauce
1 EL Zitronensaft · 1 kleine rote Zwiebel
2 kleine Tomaten · 3 EL japanischer Reisessig
schwarzer Pfeffer · 5 EL Öl · 1 Bund Petersilie

Die Mungobohnen, die Sonnenblumenkerne, die Kichererbsen und den Dinkel 3 Tage keimen lassen. Die Pilze etwa 4 Stunden in der kalten Gemüsebrühe einweichen. Danach die Pilze herausnehmen und in Streifen schneiden. Die Brühe durch eine Kaffeefiltertüte gießen. Während die Pilze quellen, den Reis mit Wasser und Salz aufkochen und zugedeckt bei schwächster Hitze in etwa 45 Minuten garen. Den Tofu würfeln, mit der Sojasauce und dem Zitronensaft vermischen und ziehen lassen, bis der Salat zubereitet ist. Die gefilterte Brühe aufkochen. Die Pilze und die Sprossen darin unter Rühren etwa 3 Minuten blanchieren. Die Zwiebel schälen, halbieren und in dünne Ringe schneiden. Die Tomaten waschen, abtrocknen und würfeln, dabei die Stielansätze herausschneiden. Reis, Sprossen-Pilz-Mischung, Zwiebel und Tomaten in einer Schüssel vermischen. Den Essig, Salz, Pfeffer und 3 EL Öl darübergießen und unterheben. Den Salat auf Tellern anrichten. Tofuwürfel im restlichen Öl bei starker Hitze braun braten und über dem Salat verteilen. Die Petersilie waschen, trockentupfen, hacken und darüberstreuen.

Reissalat mit Löwenzahn

125 g Mittelkornreis · $^1/_4$ l doppeltstarke Gemüsebrühe
1 Putenschnitzel (etwa 150 g)
200 g möglichst frisch gepflückter Löwenzahn
3 EL Öl · 3 EL Hühnerbrühe (Instant)
100 g Champignons · 2 EL Zitronensaft
50 g Pistazienkerne · $^1/_2$ Bund Schnittlauch
1 EL milder Essig · weißer Pfeffer

Den Reis mit der Gemüsebrühe aufkochen und zugedeckt bei schwacher Hitze in etwa 20 Minuten körnig weich garen. Lauwarm abkühlen lassen. Inzwischen das Fleisch in dünne Streifen schneiden. Den Löwenzahn waschen und in Streifen schneiden. In einer Pfanne 2 EL Öl erhitzen. Das Fleisch darin bei starker bis mittlerer Hitze etwa 3 Minuten braten, bis es durchgegart und leicht gebräunt ist. Auf einen Teller geben. Die Löwenzahnstreifen im Bratfett bei mittlerer Hitze unter Rühren etwa 1 Minute anbraten. Die Hühnerbrühe dazugeben und einmal aufkochen. Zum Fleisch geben und alles lauwarm abkühlen lassen. Die Pilze putzen, waschen und in Scheiben schneiden. Mit dem Zitronensaft vermischen. Pistazienkerne und Schnittlauch fein zerkleinern. Mit Reis, Fleisch, Löwenzahn und den Pilzen vermischen. Salat mit Essig, dem restlichen Öl, Salz und Pfeffer abschmecken.

Reissalat mit Lachs

200 g Langkornreis · 400 ml Wasser
Salz · 150 g Räucherlachs · 2 reife Kiwis
1 kleines Bund Dill · 2 EL Maiskeimöl · weißer Pfeffer

Reis mit Wasser und Salz aufkochen, zugedeckt bei schwacher Hitze in etwa 20 Minuten weich garen und abkühlen lassen. Inzwischen den Lachs in Streifen schneiden. Kiwis schälen und würfeln, Dill waschen, trockentupfen und fein hacken. Reis mit Lachs, Kiwis, Dill und Öl vermischen, mit Salz und Pfeffer abschmecken und sofort servieren.

Thailändischer Reissalat

Für 8 Personen:
---
200 g Langkornreis · 400 ccm Wasser
---
250 g Putenbrustfilet · 1 rote Zwiebel · 2 Tomaten
---
1 kleine rote Chilischote · ¼ Bund Koriandergrün
---
50 g Erdnußkerne · 5 EL Erdnußöl
---
4 EL thailändischer Reisessig · Salz · Zucker

Reis mit dem Wasser aufkochen, in etwa 20 Minuten körnig weich garen und lauwarm abkühlen lassen. Das Fleisch in knapp fingerbreite Streifen schneiden. Die rote Zwiebel schälen und in feine Ringe schneiden. Tomaten abziehen und achteln. Chilischote halbieren, Trennwände und Kerne entfernen, Schote in feine Streifen schneiden. Koriander waschen, trockentupfen und mit einem scharfen Messer fein schneiden. Die Nüsse hacken. Das Öl in einer Pfanne erhitzen. Das Fleisch darin bei starker Hitze unter Wenden etwa 2 Minuten kräftig rösten. Essig untermischen. Alles lauwarm abkühlen lassen. Mit Reis, Zwiebel, Tomaten, Chilistreifen, Koriander und den Erdnüssen in eine Schüssel geben. Salat mit Salz und Zucker abschmecken.

Gemüse-Reis-Salat

---
2 kleine Zucchini (200 g) · 5 EL Sonnenblumenöl
---
500 g Tomaten · 1 Zwiebel · 1 Knoblauchzehe
---
1 kleine rote Pfefferschote · 150 g gegarter Langkornreis
---
3 EL Essig · Salz
---
je 2 EL gehackte Petersilie und Schnittlauchröllchen

Zucchini waschen, von Stiel- und Blütenansätzen befreien und in Stifte schneiden. In 2 EL Sonnenblumenöl braten, bis sie halbweich und rundherum gebräunt sind. Auf Küchenpapier abfetten und etwas auskühlen lassen. Tomaten waschen und würfeln, dabei Stielansätze und Kerne entfernen. Zwiebel und Knoblauch schälen und fein hacken. Die Pfefferschote vom Stielansatz befreien, halbieren und alle Kerne entfernen. Die Hälften waschen und in feine Streifen schneiden. Alle Zutaten mit dem Reis, Essig, Salz, den Kräutern und dem restlichen Öl mischen.

Reissalat mit Speck

---
150 g Langkornreis · 300 ccm Gemüsebrühe
---
je 1 Zweig frischer Rosmarin und Thymian

Salz · 3 EL Weißweinessig · 1 Knoblauchzehe
---
2 TL scharfer Senf · 1 Prise Zucker · schwarzer Pfeffer
---
3 EL Sonnenblumenöl · 8 Scheiben Frühstücksspeck
---
1 Bund Schnittlauch

Reis mit Brühe, abgespülten Kräutern und Salz zum Kochen bringen und zugedeckt bei schwacher Hitze in etwa 20 Minuten körnig ausquellen lassen. Dabei, wenn nötig, noch etwas

Wasser zugießen. Inzwischen Knoblauch schälen und durch die Presse drücken. Mit Essig, Senf, Zucker, Salz und Pfeffer verrühren. Öl tropfenweise unterschlagen. Speckscheiben ohne weitere Fettzugabe knusprig braten. Gegarten Reis mit der Marinade mischen und mit Speckscheiben belegen. Schnittlauch waschen, trockentupfen und in feine Röllchen schneiden, dann über den Salat streuen.

Grüner Reissalat

---

250 g Langkornreis · ½ l Fleischbrühe

150 g braune Egerlinge · 20 g Butter · Saft von ½ Zitrone

100 g gekochter Schinken · 1 Tomate

50 g gemischte Kräuter (z. B. Thymian, Zitronenmelisse, Petersilie, Schnittlauch)

1 EL Kräuteressig · 200 g Crème fraîche

3 EL Joghurt · 2 TL scharfer Senf

Salz · weißer Pfeffer

Reis in einem Sieb unter fließendem kaltem Wasser abspülen, bis das ablaufende Wasser klar bleibt. Dann mit der Fleischbrühe zum Kochen bringen und bei schwacher Hitze zugedeckt in etwa 20 Minuten körnig ausquellen lassen. Egerlinge putzen, gegebenenfalls kurz waschen, und blättrig schneiden. In der erhitzten Butter mit dem Zitronensaft weich dünsten. Schinken vom Fettrand befreien und würfeln. Tomate waschen und ebenfalls würfeln, dabei Stielansatz und Kerne entfernen. Kräuter waschen, trockenschwenken und fein hacken. Essig mit Crème fraîche, Joghurt und Senf verrühren und mit Salz und Pfeffer abschmecken. Reis, Pilze, Schinken und Tomate mit der Salatsauce mischen.

Reis in Lotosblättern

2 getrocknete Lotosblätter (siehe Anmerkung)
je 100 g Hähnchenbrust und Schweinefilet · 2 Möhren
3 EL Erdnußöl · 2 EL Zucker · 3 EL Austernsauce
1/4 l Gemüsebrühe (Instant) · 250 g gegarter Klebreis
150 g Krabbenfleisch · 2 EL helle Sojasauce · eventuell Salz

Lotosblätter über Nacht in reichlich Wasser einweichen. Fleischstreifen und Möhrenwürfel in heißem Öl braun braten. Mit dem Zucker bestreuen. Austernsauce und Brühe zugießen und zehn Minuten schmoren. Reis und Krabben unterrühren, mit Sojasauce, Salz und Zucker abschmecken. Lotosblätter halbieren. Reis darauf verteilen. Blätter zusammenfalten und mit Küchengarn zu kleinen »Paketen« formen. Auf einem Dämpfeinsatz 15 Minuten im Wasserdampf garen. Pakete öffnen und den Reis aus den Blättern essen.

Anmerkung: Klebreis mit Fleisch, Möhren, Krabben und Gewürzen in Lotosblättern gedämpft, gehören zu den berühmten *Dim Sum* der chinesischen Küche. Die Blätter ißt man nicht mit; sie sollen nur ihr leicht rauchiges Aroma beisteuern. Lotosblätter, Klebreis mit besonders viel Stärke, Austernsauce und salzige helle Sojasauce bekommen Sie in Asienläden.

Sushi

Für 6 Personen:
200 g Sushi-Reis oder weißer Rundkornreis
320 ccm Wasser · 60 ccm japanischer Reisessig
½ TL Salz · 2 TL Zucker · 200 g rohes Lachsfilet
100 g Salatgurke · 1 lange Möhre (60 g)
3 Shiitake-Pilze · 4 Noriblätter
1 Stück frische Ingwerwurzel, etwa 2 cm lang
100 ccm Sojasauce
2 EL japanischer Reiswein (Sake, ersatzweise trockener Sherry)
1 TL Wasabi (japanischer Meerrettich, ersatzweise 2 TL Meerrettich aus dem Glas)

Den Reis kalt abspülen und etwa 30 Minuten abtropfen lassen, bis die Körner weiß sind. Mit dem Wasser bei mittlerer bis starker Hitze zum Kochen bringen und 1 Minute sprudelnd kochen. Zugedeckt bei schwächster Hitze 15 Minuten garen. Den Reisessig mit dem Salz und dem Zucker erhitzen. Den Reis in eine Schüssel geben, die Essiglösung zugießen und mit einem Holzspatel untermischen. Dabei nicht richtig rühren, sondern den Spatel wie ein Messer halten und durch den Reis führen. Den Reis abkühlen lassen. Das Lachsfilet trockentupfen und mit einer Pinzette von allen Gräten befreien. Den Fisch quer zu den Fasern in etwa halbfingerbreite Streifen schneiden. Die Salatgurke waschen und der Länge nach in knapp bleistiftdicke Stifte schneiden, dabei die Kerne entfernen. Die geschälte Möhre und die Pilzhüte möglichst ebenso dünn aufschneiden. Ein Noriblatt auf ein Küchentuch legen. Darauf eine Schicht Reis verteilen. An der oberen Längsseite des Noriblattes einen etwa 3 cm breiten Streifen frei lassen, damit der Reis beim Aufrollen nicht herausquillt. Den Reis mit Lachs-, Gurken-, Möhren-

und Pilzstreifen belegen. Das Noriblatt mit Hilfe des Küchentuchs von der unteren Längsseite her aufrollen, mit einem dünnen, scharfen Messer in etwa 5 cm lange Stücke schneiden und aufrecht auf eine Platte setzen. Die restlichen Blätter ebenso füllen, aufrollen und anrichten. Den Ingwer schälen und auf der Rohkostreibe fein raspeln. Mit der Sojasauce, dem Reiswein und dem Meerrettich verrühren und als Dip zu den Sushi servieren.

Sushi mit Spargel, Lachs und Forellenkaviar

(siehe Foto Seite 33)

Für 18 Stück:
FÜR DIE SPARGELRÖLLCHEN:
3 lange, dünne Stangen grüner Spargel
Salz · 1 EL Sojasauce · 1 EL Reisessig
FÜR DIE LACHSRÖLLCHEN:
1 großes Blatt Sauerampfer
50 g geräucherter Lachs in dünnen Scheiben
1 Msp Wasabi (grüner Meerrettich)
FÜR DIE KAVIARRÖLLCHEN:
¼ TL Wasabi · 8 Blätter Zitronenmelisse
3 TL (50 g) Forellenkaviar
AUSSERDEM:
360 g gekochter, abgekühlter Sushi-Reis (siehe Seite 90)
3 Nori-Blätter

Für die Spargelröllchen die Spargelenden abschneiden, den Spargel in kochendem Salzwasser 8 Minuten garen, auf einen

Teller legen und noch warm mit Sojasauce und Reisessig beträufeln. Abkühlen lassen.

Inzwischen für die Lachsröllchen das Sauerampferblatt waschen und trockentupfen. 100 g Sushi-Reis mit feuchten Händen gleichmäßig auf einem Nori-Blatt verteilen. Den Sauerampfer auf die untere Längsseite des Nori-Blatts legen, die Lachsscheiben darauflegen und dünn mit Wasabi bestreichen. Das Nori-Blatt von der Längsseite her fest aufrollen. Am besten geht das mit einer speziellen Sushi-Matte aus Bast. Die Rolle mit einem scharfen Messer in 6 Stücke schneiden – jeweils ca. 3,5 cm breit.

Für die Kaviarröllchen 130 g Sushi-Reis gleichmäßig auf einem Nori-Blatt verteilen und von der Längsseite her fest aufrollen. Die Rolle schräg in 6 Stücke schneiden, die Schnittflächen dünn mit Wasabi bestreichen und mit jeweils 1 Melissenblatt und 1/2 TL Kaviar belegen.

Für die Spargelröllchen den restlichen Sushi-Reis (130 g) gleichmäßig auf dem dritten Nori-Blatt verteilen. Spargelstangen auf die untere Längsseite legen, das Blatt zu einer festen Rolle aufwickeln. Die Rolle mit einem scharfen Messer in 6 Stücke schneiden.

Sushi-Reis

Für 100 g gekochten Sushi-Reis:

30 g Sushi-Reis · 1 TL Reiswein · 1 TL Reisessig

2 Prisen Salz · ¼ TL Zucker

Den Reis in einem Sieb mit kaltem Wasser abspülen und abtropfen lassen. Mit 65 ccm Wasser und dem Reiswein in einem Topf kurz aufkochen und bei kleiner Hitze 25 Minuten ausquellen lassen. Reisessig, Salz und Zucker in einer Schüssel verrühren, bis sich der Zucker vollständig aufgelöst hat. Beiseite stellen, den Reis vom Herd ziehen. Ein sauberes Küchenhandtuch zwischen Topf und Deckel klemmen und den Reis 10 Minuten stehenlassen. Dann in einer Holzschüssel mit der Reisessig-Marinade vermischen und abkühlen lassen.
Sushi-Reis kann schon am Vortag zubereitet werden. Damit er keine trockene Kruste bekommt, mit einem feuchten Küchenhandtuch abdecken. Über Nacht im Kühlschrank aufbewahren.

Lauchpäckchen

(siehe Foto Seite 33)

Für 6 Stück:

120 g ausgelöstes weißes Heilbuttfilet

Saft von 1 Limette · 1 TL Sojasauce · Salz

schwarzer Pfeffer · 2 dicke Stangen Lauch

125 g gekochter, abgekühlter Sushi-Reis (siehe oben)

2 Bund Schnittlauch

Heilbutt in 12 Scheiben schneiden. Limettensaft, Sojasauce, 3 Prisen Salz und etwas Pfeffer verrühren; über den Fisch träufeln. Ca. 10 Minuten ziehen lassen. Lauch putzen, auf 18 cm Länge kürzen. Insgesamt 11 äußere Blätter ablösen, dabei darauf achten, die Blätter nicht zu verletzen, da man sie sonst nicht mehr füllen kann. Von den Lauchblättern 10 quer halbieren, das 11. Blatt sowie 2 halbierte Blätter längs in jeweils 6 Streifen schneiden. Lauchstreifen (6 lange und 12 kurze) und halbierte Lauchblätter (18 Stück) in reichlich kochendem Wasser 1 Minute blanchieren, auf ein Sieb abgießen, kalt abspülen und auf einem sauberen Küchentuch ausbreiten. Je 3 Lauchblätter überlappend zu je 1 Rechteck (ca. 14 x 18 cm, insgesamt 6 Stück) legen. Auf die untere Längskante jeweils 1 gehäuften TL Sushi-Reis geben, dabei an den Seitenkanten einen 3 cm breiten Rand frei lassen. Schnittlauch auf 12 cm kürzen, auf dem Reis verteilen. Fischstreifen aus der Marinade nehmen, jeweils 2 Streifen auf den Schnittlauch legen. Lauchrechtecke von der Längsseite her aufrollen. Beide Enden jeweils mit 1 kurzen Lauchstreifen wie ein Bonbon zubinden. Die Mitte der Päckchen jeweils mit einem langen Streifen zubinden, so daß die Füllung nicht austreten kann. Lauchpäckchen portionsweise dämpfen. Dafür in einem Topf mit Dämpfeinsatz oder Sieb nur so viel Wasser aufkochen, daß der Einsatz nicht im Wasser hängt, sonst werden die Lauchpäckchen feucht und weich. Jeweils 2 oder 3 Päckchen in den Einsatz legen, in den Topf hängen und zugedeckt bei mittlerer Hitze ca. 2 Minuten im Dampf garen. Die Lauchpäckchen warm oder kalt servieren.

Reisfrikadellen mit Couscous

250 g Rundkornreis · ³/₄ l Wasser
125 g Couscous (grober Hirse- oder Maisgrieß)
1 großes Bund Suppengrün · 1 TL getrockneter Majoran
2 Zweige frischer Thymian · 1 Knoblauchzehe · 1 Eigelb
Salz · schwarzer Pfeffer · Öl zum Braten

Reis mit Wasser aufkochen und zugedeckt bei schwacher Hitze 15 Minuten kochen. Couscous zugeben und alles auf der abgeschalteten Kochstelle noch 5 Minuten ziehen, dann im offenen Topf abkühlen lassen. Suppengrün putzen, waschen und fein zerkleinern. Majoran zwischen den Fingern zerreiben, Knoblauch hacken. Alle diese Zutaten mit Eigelb, Salz und Pfeffer zur Reismischung geben und gut durchkneten. Mit angefeuchteten Händen Laibchen formen. Das Öl in einer großen Pfanne erhitzen. Die Frikadellen darin etwa 4 Minuten bei mittlerer Hitze braten, bis sie sich leicht vom Pfannenboden lösen. Wenden und auf der zweiten Seite fertig braten.
Fladenbrot, Tsatsiki und Salat dazu servieren.

Reisbällchen mit Käse

Für 6 Personen:

200 g Rundkornreis · ½ l Wasser · 1 TL Salz

50 g frisch geriebener Pecorinokäse · 1 Ei · Cayennepfeffer

Muskatnuß · ½ TL getrockneter Oregano

100 g Mozzarella-Käse · 50 g Paniermehl

1 l Öl zum Fritieren

Reis mit der Hälfte des Wassers und Salz aufkochen und zugedeckt bei schwacher Hitze 45 Minuten garen. Dabei immer wieder mit einer Gabel durchrühren und nach und nach das restliche Wasser dazugießen. Pecorino mit der Gabel daruntermischen, Reis abkühlen lassen und dabei immer wieder umrühren. Ei, Cayennepfeffer, Muskatnuß und Oregano unter den Reis mischen. Mit der Gabel rühren, bis der Teig etwa so wie Frikadellenmasse bindet. Mozzarella abtropfen lassen und in kleine Würfel schneiden. Paniermehl auf einem Teller bereitstellen. Vom Reisteig mit einem Eßlöffel Portionen abnehmen, mit angefeuchteten Händen zu Bällchen formen und dabei einen Mozzarellawürfel als Füllung in die Mitte geben. Bällchen im Paniermehl wenden. Das Öl zum Fritieren erhitzen. Bällchen darin portionsweise bei mittlerer Hitze etwa 5 Minuten fritieren, bis sie braun und knusprig sind; dabei immer wieder im heißen Fett wenden. Mit einem Schaumlöffel herausnehmen, auf Küchenpapier abtropfen lassen und bei 50°C im Backofen warm halten, bis alle Bällchen gebacken sind.

Teigtaschen mit Spinat und Reis

Für 6 Personen:
400 g Mehl · 1 Päckchen Trockenhefe · Salz
1 Ei · 200 ccm lauwarmes Wasser · 100 ccm Olivenöl
Mehl für die Arbeitsfläche · 150 g Langkornreis
300 ccm Gemüsebrühe · 2 Knoblauchzehen
3 Bund Basilikum · 2 EL Pinienkerne · $^1/_8$ l Olivenöl
75 g geriebener Parmesan · 500 g Blattspinat · weißer Pfeffer
1 EL Butter oder Margarine · 1 Eigelb · 2 EL süße Sahne

Mehl mit Hefe, 1 Prise Salz, Ei, Wasser und Olivenöl vermischen. Teig auf der leicht bemehlten Arbeitsfläche etwa 5 Minuten kräftig durchkneten, dann in einer Schüssel mit einem Tuch bedeckt so lange ruhen lassen, bis er sein Volumen verdoppelt hat. Inzwischen den Reis in einem Sieb unter fließendem kaltem Wasser abspülen, bis die ablaufende Flüssigkeit klar bleibt. Mit Fleischbrühe zum Kochen bringen und zugedeckt bei schwacher Hitze in etwa 20 Minuten körnig ausquellen lassen. Knoblauchzehen schälen und durch die Knoblauchpresse drücken. Basilikum waschen, trockenschwenken und die Blättchen sehr fein hacken. Pinienkerne fein mahlen und mit dem Knoblauch und dem Basilikum zu einer Paste vermischen. Olivenöl nach und nach unterrühren, zum Schluß Käse untermischen. Spinat verlesen, waschen und in reichlich sprudelnd kochendem Salzwasser 2 Minuten blanchieren. Spinat dann kalt abschrecken, abtropfen lassen und fein hacken. Mit der Basilikumpaste unter den gegarten Reis mischen und alles mit Salz und Pfeffer abschmecken. Aufgegangenen Hefeteig noch einmal durchkneten, dann auf der bemehlten Arbeitsfläche dünn ausrollen. Teig in 12 gleich große Quadrate teilen, jeweils mit Reisfüllung belegen und diagonal zusammenklappen. Die Ränder mit einer Gabel sehr gut festdrücken. Hefeteigtaschen auf ein gefettetes Backblech legen und noch einmal 15 Minuten gehen lassen. Dann im vorgeheizten Backofen bei 200°C etwa 25 Minuten backen. Nach der Hälfte der Backzeit Eigelb mit Sahne verquirlen und die Teigtaschen damit bepinseln. Heiß oder lauwarm servieren.

Gefüllte Weinblätter

1 kleine Zwiebel · 6 EL Olivenöl
100 g Mittelkornreis · $^1/_4$ l Wasser · Salz
frischgemahlener schwarzer Pfeffer · $^1/_2$ Bund Minze
5 schwarze Oliven · 50 g Pinienkerne · 50 g Korinthen
etwa 35 Weinblätter in Salzlake · 1 Msp Instant-Hühnerbrühe
2 EL Zitronensaft · 1 Limette oder Zitrone

Die Zwiebel hacken und in 1 EL Öl bei schwacher Hitze glasig braten. Den Reis einige Sekunden mitbraten. 200 ccm Wasser, Salz und Pfeffer zufügen, aufkochen und den Reis zugedeckt bei schwacher Hitze in etwa 20 Minuten körnig weich garen. Die Minze hacken, die Oliven entsteinen und fein zerkleinern. In einer Pfanne 1 weiteren EL Öl erhitzen. Die Pinienkerne darin bei schwacher Hitze unter Rühren goldbraun rösten. Die Minze, die Oliven, die Pinienkerne und die Korinthen unter den gegarten Reis mischen. Die Weinblätter kalt abspülen, um das überschüssige Salz zu entfernen. Jeweils ein Blatt flach auf der Arbeitsfläche ausbreiten und mit einem gehäuften Teelöffel Reisfüllung belegen. Das Blatt rechts und links an den Seiten umschlagen und aufrollen. Die restlichen Blätter ebenso verarbeiten. Blätter, die beim Füllen reißen, können Sie hacken und unter die Füllung mischen. Den Rest von Öl und Wasser mit der Hühnerbrühe und dem Zitronensaft aufkochen. Die gefüllten Weinblätter nebeneinander hineinlegen, zugedeckt bei schwacher Hitze 20 Minuten ziehen, dann im Sud abkühlen lassen. Die Weinblätter lauwarm oder kalt mit Limetten- oder Zitronenschnitzen anrichten. Dazu paßt griechisches Fladenbrot oder Toast.

Anmerkung: Frische Weinblätter bekommen Sie im Frühling und Sommer in griechischen oder türkischen Läden, manchmal auch auf Märkten. Vor der Zubereitung einige Minuten in kochendem Salzwasser blanchieren, bis sie geschmeidig genug zum Rollen, aber noch nicht so weich sind, daß sie reißen.

Gedämpfte Wirsingröllchen

Für 6 Personen:
100 g Klebreis · 1 kleine rote Zwiebel · 1 Knoblauchzehe
1 EL Sesamöl · 300 ccm Geflügelbrühe
etwa 12 Wirsingblätter · Salz · weißer Pfeffer
1 TL rote Bohnenpaste · 1 EL Austernsauce
einige Halme Schnittknoblauch

Reis in einem Sieb unter fließendem kaltem Wasser abspülen, bis die ablaufende Flüssigkeit klar bleibt, dann abtropfen lassen. Zwiebel und Knoblauch schälen und sehr fein hacken. Im erhitzten Öl glasig braten. Reis zugeben und mitbraten, bis alle Körner vom Öl überzogen sind. Geflügelbrühe zugießen und zum Kochen bringen. Reis zugedeckt bei schwacher Hitze in etwa 20 Minuten weich kochen. Inzwischen Wirsing waschen und die dicken Blattrippen flachschneiden. Wirsingblätter in reichlich sprudelnd kochendem Salzwasser etwa 5 Minuten blanchieren, bis sie sich leicht aufrollen lassen. Kalt abschrecken und zum Abtropfen nebeneinander auf Küchentüchern ausbreiten. Reis mischen, mit Salz, Pfeffer, Bohnenpaste und Austernsauce abschmecken. Jedes Wirsingblatt mit etwas Füllung belegen und zu kleinen Päckchen aufrollen. Ein Bambuskörbchen mit geöltem Pergamentpapier auslegen. Die Wirsingrollen nebeneinander hineinlegen. In einem hohen Topf etwa drei Finger hoch Wasser zum Kochen bringen. Eine Tasse umgekehrt in den Topf setzen, das Bambuskörbchen daraufstellen, den Deckel auflegen und den Topf schließen. Die Röllchen etwa 15 Minuten dämpfen.

Suppen mit Reis und Reisnudeln

Currysuppe mit Reis und Mandeln

1 Zwiebel · 1 Knoblauchzehe
1 rote Pfefferschote · 1 EL Sonnenblumenöl
1 TL Currypulver · 50 g Langkornreis
³/₄ l Gemüse- oder Fleischbrühe · Salz · weißer Pfeffer
1 Paket TK-Erbsen (300 g) · 50 g Mandelblättchen
¹/₈ l süße Sahne · 1 EL frisch gehackte Petersilie

Zwiebel und Knoblauch schälen und fein hacken. Pfefferschote halbieren und alle Kerne entfernen. Die Schotenhälften kalt abspülen, dann in feine Streifen schneiden. Zwiebel und Knoblauch im erhitzten Öl glasig braten. Pfefferschote, Currypulver und Reis zugeben und kurz mitbraten. Brühe zugießen und zum Kochen bringen. Mit Salz und Pfeffer würzen und zugedeckt bei schwacher Hitze 15 Minuten garen. Die gefrorenen Erbsen in die Suppe geben, aufkochen und weitere 5 Minuten garen. Mandelblättchen in einer Pfanne ohne Fettzugabe goldbraun rösten. Suppe mit Sahne vermischen und erhitzen, aber nicht mehr aufkochen. Mit Pfeffer abschmecken, mit Mandelblättchen und Petersilie bestreut sofort servieren.

Indonesische Hühnersuppe

1 Zwiebel · 2 Knoblauchzehen
1 EL Sonnenblumenöl · 50 g Langkornreis
1 TL gemahlene Kurkuma (Gelbwurz)
¼ TL gemahlener Kreuzkümmel · ¼ TL Zimtpulver
¾ l Geflügelbrühe · 400 ml Kokosmilch (Dose)
1 Paket TK-Erbsen (300 g) · 1 entbeinte Hühnerbrust
1 EL Erdnußöl · 1 EL Schnittlauchröllchen

Zwiebel und Knoblauch schälen, fein hacken und im erhitzten Öl anbraten. Reis, Kurkuma, Kreuzkümmel und Zimt zugeben und kurz mitbraten. Kokosmilch und Brühe zugießen und zum Kochen bringen. Reis zugedeckt bei schwacher Hitze etwa 15 Minuten garen. Die Erbsen in die Suppe geben und alles weitere 5 Minuten kochen. Inzwischen die Hühnerbrust häuten und in Streifen schneiden. In dem erhitzten Fett unter Rühren braten, bis sich das Fleisch grau färbt. In die Suppe geben, Suppe mit Salz und Pfeffer abschmecken. Mit Schnittlauch bestreut servieren.

Paprikasuppe mit Reis

---
500 g rote, grüne und gelbe Paprikaschoten, gemischt
50 g Langkornreis · 1 Zwiebel · 2 Knoblauchzehen
1 EL geschmacksneutrales Pflanzenöl · 1 l Fleischbrühe
200 g gegartes Rindfleisch · 1 kleine Dose Tomatenmark
$^1/_8$ l trockener Rotwein · Salz · schwarzer Pfeffer
1 TL scharfes Paprikapulver · 1 EL frisch gehackte Petersilie
---

Paprikaschoten waschen und halbieren. Stielansätze und Trennwände sowie die Kerne entfernen und die Schotenhälften in Streifen schneiden. Reis in einem Sieb unter fließendem kaltem Wasser abspülen, bis die ablaufende Flüssigkeit klar bleibt und abtropfen lassen. Zwiebel und Knoblauch schälen und fein hacken. Im erhitzten Öl glasig braten. Reis zugeben und mitbraten, bis alle Körner vom Fett überzogen sind. Die Fleischbrühe zugießen und zum Kochen bringen. Reis zugedeckt bei schwacher Hitze in etwa 20 Minuten körnig ausquellen lassen. Inzwischen Rindfleisch in kleine Würfel schneiden und in der Suppe erhitzen. Tomatenmark mit dem Rotwein verrühren und unter die Suppe mischen. Suppe mit Salz, Pfeffer und Paprikapulver abschmecken und mit der Petersilie bestreut sofort servieren.

Risotto mit Putenleber und Austernpilzen (Rezept siehe Seite 140)

Suppe mit Reisnudeln und Tofu

---
100 g Tofu · 2 EL Sojasauce · 2 Stangen Lauch
250 g Möhren · 1 EL Öl · ³/₄ l Gemüsebrühe
1 EL trockener Sherry · 2 EL frisch gehackte Petersilie
1 Bündel breite Reisnudeln

Tofu in Würfel schneiden, mit 1 EL Sojasauce mischen und 30 Minuten marinieren. Lauch putzen, gründlich waschen und in Ringe teilen. Möhren schaben, waschen und in Stifte schneiden. Tofuwürfel abtropfen lassen und im erhitzten Öl etwa 5 Minuten braten. Gemüse in der heißen Suppe in 4 Minuten garen. Suppe mit Sherry und der restlichen Sojasauce abschmecken. Reisnudeln und Tofuwürfel untermischen und die Suppe etwa 1 Minuten ziehen lassen, bis die Nudeln weich sind. Mit Petersilie bestreut servieren.

Legierte Reissuppe mit Huhn und Lauch

---
60 g Mittelkornreis, grob geschrotet
1 EL Butter oder Margarine · 1 l Hühnerbrühe
1 doppelte Hühnerbrust · 2 große Stangen Lauch
Salz · weißer Pfeffer · Cayennepfeffer
1 EL frische Schnittlauchröllchen

Reisschrot im erhitzten Fett unter Rühren anbraten. Hühnerbrühe dazugießen, zum Kochen bringen und die Suppe zugedeckt bei schwacher Hitze etwa 20 Minuten garen. Inzwischen die Hühnerbrust entbeinen, häuten und in feine Streifen schneiden. Lauch putzen, gründlich waschen und mit dem zarten Grün in feine Ringe schneiden. Fleisch in der Suppe 3 Minuten ziehen lassen. Lauch nur darin erhitzen. Suppe mit Salz, Pfeffer und Cayennepfeffer abschmecken und mit dem Schnittlauch bestreut servieren.

Bohnensuppe

500 g grüne Bohnen · ¾ l Gemüse- oder Fleischbrühe
Salz · weißer Pfeffer · 1 EL Zitronensaft
1 Bund Bohnenkraut · 3 Knoblauchzehen · 3 EL Olivenöl
75 g geriebener Parmesan · 100 g gegarter Langkornreis
200 g Crème fraîche

Bohnen putzen, waschen und in etwa 3 cm lange Stücke schneiden. Die Brühe mit Salz, Pfeffer und Zitronensaft zum Kochen bringen. Bohnen zugeben und zugedeckt bei mittlerer Hitze gerade bißfest garen. Inzwischen Bohnenkraut waschen, trockenschwenken, die Blättchen von den Stielen zupfen und fein hacken. Knoblauch schälen und durch die Knoblauchpresse drücken. Mit Bohnenkraut, Olivenöl und Parmesan zu einer Paste verrühren. Diese mit Reis und Crème fraîche zu der Bohnensuppe geben und erhitzen, aber nicht mehr kochen lassen. Suppe eventuell noch einmal mit Salz und Pfeffer abschmecken.

Russische Rote-Bete-Suppe

500 g kleine rote Bete · 1 große Zwiebel
1–2 EL Butter oder Margarine · 1 l Fleischbrühe
75 g gegarter Langkornreis · 1 EL Zitronensaft · Salz
weißer Pfeffer · Cayennepfeffer · ¹/₈ l süße Sahne
1 EL frisch gehackte Petersilie

Rote Bete schälen und klein würfeln. Zwiebel schälen, fein hacken und im erhitzten Fett glasig braten. Rote Bete zugeben und unter Rühren anbraten. Fleischbrühe zugießen, einmal aufkochen und die Suppe bei schwacher Hitze etwa 15 Minuten köcheln, bis die roten Bete gerade eben bißfest sind. Reis zugeben und erhitzen, aber nicht mehr kochen lassen. Suppe mit Zitronensaft, Salz, Pfeffer und Cayennepfeffer abschmecken. Saure Sahne mit der Petersilie mischen und als Kleckse auf die Suppenportionen setzen.

Reissuppe mit Eierstich und Schinken

Für 6 Personen:
4 Eier · Salz · weißer Pfeffer · Muskatnuß
5 EL Milch · 2 EL geriebener Parmesan
2 EL frisch gehackte Petersilie · ¹/₂ EL Butter oder Margarine
1 große Zwiebel · 100 g gekochter Schinken
50 g Langkornreis · 1 EL geschmacksneutrales Öl
1 ¹/₄ l Fleischbrühe · 2 EL Schnittlauchröllchen

Eier mit Salz, Pfeffer, Muskat und Milch verquirlen. Käse und Petersilie untermischen. Eine feuerfeste Form ausfetten, die Eiermasse einfüllen, die Form in einen mit Wasser gefüllten Topf stellen und den Eierstich zugedeckt im vorgeheizten Backofen bei 160°C in etwa 45 Minuten garen. Inzwischen Zwiebel schälen und fein hacken. Schinken von Fetträndern befreien und in kleine Würfel schneiden. Reis in einem Sieb unter fließendem kaltem Wasser abspülen, bis die ablaufende Flüssigkeit klar bleibt, dann gründlich abtropfen lassen. Zwiebel und Schinken im erhitzten Öl glasig braten. Reis zugeben und mitbraten, bis alle Körner vom Fett überzogen sind. Fleischbrühe zugießen, zum Kochen bringen, mit Pfeffer würzen und den Reis zugedeckt bei schwacher Hitze in etwa 20 Minuten körnig ausquellen lassen. Eierstich mit einem spitzen Messer vom Rand der Form lösen, stürzen und in Würfel schneiden. Auf 6 Suppenteller verteilen und mit der Reissuppe begießen. Suppe mit Schnittlauchröllchen bestreut servieren.

Risottosuppe mit Gemüse

1 Zwiebel · 1 Knoblauchzehe · 1 EL Butter
1 EL Sonnenblumenöl · 50 g Rundkornreis
1 TL Paprikaflocken · 1 l Gemüsebrühe · 1 Lauchzwiebel
250 g Mangold · Salz · weißer Pfeffer

Zwiebel und Knoblauch schälen und fein hacken. Butter und Öl erhitzen. Zwiebel und Knoblauch darin glasig braten. Reis und Paprikaflocken zugeben und mitbraten, bis die Körner vom Fett überzogen sind. Gemüsebrühe zugießen und zum Kochen bringen. Bei schwacher Hitze zugedeckt etwa 20 Minuten garen. Inzwischen die Lauchzwiebel putzen, gründlich waschen und in etwa 1 cm lange Stücke schneiden. Mangold waschen und in fingerbreite Streifen teilen. Beide Zutaten zur Suppe geben, einmal kräftig aufkochen und 2 Minuten ziehen lassen. Suppe mit Salz und Pfeffer abschmecken.

Petersiliensuppe mit Reis

4 Bund Petersilie · 1 große Zwiebel · 2 Knoblauchzehen
2 EL Butter oder Margarine · ³/₄ l Fleischbrühe
Salz · weißer Pfeffer · 50 g gegarter Langkornreis
¹/₈ l süße Sahne · 1 frisches Eigelb

Petersilie waschen, trockenschwenken und fein hacken. Zwiebel und Knoblauch schälen und fein würfeln. In dem erhitzten Fett glasig braten. Petersilie zugeben und zusammenfallen lassen. Fleischbrühe zugießen und mit Salz und Pfeffer abschmecken. Reis untermischen und nur heiß werden lassen. Sahne mit Eigelb verquirlen, in die Suppe rühren und erhitzen, aber nicht mehr aufkochen.

Chinasuppe mit Reisnudeln

250 g Rinderfilet · 2 EL helle Sojasauce
2 Zwiebeln · 2 rote Paprikaschoten · ³/₄ l Fleischbrühe
1 Bündel dünne Reisnudeln · schwarzer Pfeffer
Cayennepfeffer

Rinderfilet im Gefrierfach etwas anfrieren lassen, dann in sehr dünne Streifen schneiden. In 4 Suppenteller verteilen, mit Sojasauce beträufeln und zugedeckt etwa 30 Minuten ziehen lassen. Zwiebel schälen, halbieren und in Scheiben schneiden. Paprikaschote putzen, waschen und in Streifen teilen. Fleischbrühe zum Kochen bringen. Zwiebel, Paprikaschote und Reisnudeln zugeben und 3 Minuten erhitzen. Mit Pfeffer und Cayennepfeffer abschmecken und kochendheiß über die Fleischstreifen gießen. Sofort servieren.

Tomatensuppe mit Reis

1 kg Tomaten · 2 Schalotten · 2 Knoblauchzehen
2 EL Olivenöl · $^1/_2$ l Gemüsebrühe · Salz · weißer Pfeffer
1 Prise Zucker · 100 g gegarter Langkornreis · 1 Bund Dill
100 g Crème fraîche oder saure Sahne

Tomaten mit kochendheißem Wasser übergießen und kurz darin ziehen lassen. Kalt abschrecken, häuten und in kleine Stücke schneiden. Dabei die Stielansätze entfernen. Schalotten und Knoblauch schälen und fein hacken. Im erhitzten Öl glasig braten. Tomaten zugeben und mitbraten, bis die Flüssigkeit verdampft ist, Fleischbrühe zugießen, die Suppe mit Salz, Pfeffer und Zucker würzen und zugedeckt bei schwacher Hitze etwa 20 Minuten garen, bis die Tomaten zerfallen sind. Reis zugeben und 5 Minuten in der Suppe erhitzen. Dill waschen, trockenschwenken und fein hacken. Die Tomatensuppe mit Crème fraîche oder Sahne verfeinern und mit Dill bestreut servieren.

Sie können diese Suppe auch mit einer großen Dose geschälter Tomaten zubereiten.

Minestrone mit Pesto

Für 6 Personen:
75 g durchwachsener Räucherspeck · 1 Zwiebel
4 Knoblauchzehen · 200 g Möhren · 150 g Kohlrabi
1 Stange Lauch · 250 g Weißkohl · 250 g grüne Bohnen
3 EL Olivenöl · 1 große Dose geschälte Tomaten (800 g)
2 l heiße Fleischbrühe · 1 Zweig frischer Rosmarin
1 Bund Petersilie · 1 Lorbeerblatt · Salz · schwarzer Pfeffer
100 g Rundkornreis · 1 Paket TK-Erbsen (300 g)
3 Bund Basilikum · 2 EL Pinienkerne · $^1/_8$ l Olivenöl
75 g geriebener Parmesan

Speck von Schwarte und Knorpeln befreien und würfeln. Zwiebel und 2 Knoblauchzehen schälen und fein hacken. Möhren und Kohlrabi schälen und würfeln. Lauch, Weißkohl und Bohnen putzen und gründlich waschen. Lauch in Ringe, Weißkohl in Streifen schneiden. Bohnen einmal durchbrechen. Speck im Öl knusprig braun braten. Zwiebel und Knoblauch zugeben und glasig dünsten. Alle Gemüse unter Rühren mitbraten. Tomaten mit Saft und die Fleischbrühe zugießen. Rosmarin, Petersilie und Lorbeerblatt einlegen. Suppe mit Salz und Pfeffer würzen und zugedeckt bei schwacher Hitze 20 Minuten köcheln. Reis in einem Sieb unter fließendem kaltem Wasser abspülen, zugeben und in weiteren 20 Minuten körnig kochen. 10 Minuten vor Ende der Garzeit die Erbsen mitkochen. Während die Minestrone gart, den *Pesto* zubereiten: Restlichen Knoblauch schälen und mit etwas Salz und Pfeffer zerdrücken. Basilikum waschen, trockenschwenken und fein zerkleinern. Mit den gemahlenen Pinienkernen zum Knoblauch geben und alles zu einer glatten Paste verarbeiten. Olivenöl nach und nach unterrühren. Parmesan untermischen. Kräuter und Lorbeerblatt aus der Suppe nehmen. Pesto getrennt zur Suppe reichen.

Gemüsebrühe mit Reis und Kräutern

200 g Lauch · 300 g Möhren · 1 Petersilienwurzel
1 kleine Fenchelknolle · 400 g Stangensellerie · 1 Zwiebel
1 Knoblauchzehe · 2 Bund Petersilie
einige Zweige frischer Thymian · 1 Lorbeerblatt
4 weiße Pfefferkörner · 2 Wacholderbeeren · 2 Gewürznelken
1 l Wasser · Salz · 150 g Langkornreis · 1 Bund Schnittlauch
1 Bund Zitronenmelisse · weißer Pfeffer

Lauch putzen, gründlich waschen und in Ringe schneiden. Möhren und Petersilienwurzel schälen und fein würfeln. Fenchel putzen, waschen, halbieren, vom Strunk befreien und ebenfalls würfeln. Sellerie waschen und von eventuell vorhandenen harten Fasern befreien, dann in kleine Stücke schneiden. Zwiebel und Knoblauch schälen und halbieren. 1 Bund Petersilie und den Thymian waschen. Alle Zutaten mit Lorbeerblatt, Pfefferkörnern, Wacholderbeeren und Gewürznelken in einen Topf geben. Wasser zugießen und zum Kochen bringen. Brühe zugedeckt bei schwacher Hitze etwa 30 Minuten köcheln lassen. Durch ein Sieb gießen, das Gemüse ausdrücken und wegwerfen. Brühe mit Salz abschmecken. Reis mit der Brühe zum Kochen bringen und zugedeckt bei schwacher Hitze in etwa 20 Minuten ausquellen lassen. Kräuter waschen, trockenschwenken und fein hacken. Suppe mit Salz und Pfeffer abschmecken, Kräuter untermischen und die Suppe sofort servieren.

Kalte Gurkensuppe

---
2 Salatgurken (600 g) · 1 Zwiebel · 3 Knoblauchzehen
---
1 Becher Joghurt (175 g) · $^1/_8$ l saure Sahne

$^1/_8$ l süße Sahne · $^1/_8$ l Gemüse- oder Fleischbrühe

Salz · weißer Pfeffer · 100 g gegarter Langkornreis

1/2 EL Sonnenblumenöl · 2 Bund Dill
---
einige Blätter frischer Borretsch · 1 Bund Schnittlauch

Salatgurke schälen und längs halbieren. Die Kerne mit einem Teelöffel herauskratzen. Hälften in Stücke schneiden. Zwiebel und 2 Knoblauchzehen schälen. Mit den Gurkenstücken im Mixer pürieren. Joghurt mit saurer und süßer Sahne sowie Brühe verquirlen und mit dem Gurkenpüree mischen. Mit Salz und Pfeffer abschmecken. Restliche Knoblauchzehe schälen und fein hacken. Zusammen mit dem Reis im erhitzten Öl braten, bis der Reis leicht gebräunt ist. Etwas abkühlen lassen, dann unter die Gurkensuppe mischen. Kräuter waschen, trockentupfen und ohne die harten Stiele fein schneiden. Einen Teil davon unter die Suppe mischen, die restlichen Kräuter darüberstreuen und die Suppe servieren. Eventuell vorher einige Zeit kühl stellen.

Geröstete Reissuppe

---
60 g grob geschroteter Reis · 1 EL Butter oder Margarine
---
³/₄ l Gemüsebrühe · 2–3 Frühlingszwiebeln
---
¹/₂ Bund Petersilie · Salz

Reisschrot in dem erhitzten Fett unter Rühren anbraten. Gemüsebrühe zugießen und unter weiterem Rühren zum Kochen bringen. Bei schwacher Hitze zugedeckt etwa 10 Minuten garen. Dabei immer wieder umrühren. Inzwischen Frühlingszwiebeln putzen, waschen und in Ringe schneiden. Petersilie waschen, trockenschwenken und fein hacken. Suppe mit Salz würzen, mit den Frühlingszwiebeln und der Petersilie bestreut servieren.

Chinesische Hühnersuppe

---
10 getrocknete chinesische Pilze · 1 Zwiebel
---
1 Knoblauchzehe · 125 g Lauch
---
100 g Bambussprossen (Dose) · 100 g Sojabohnenkeime (Glas)
---
50 g Tomatenpaprika (Glas) · 2 EL Butter
---
1 l Hühnerbrühe · 1 EL Sojasauce · 1 EL Essig

Salz · 1 Prise Zucker · Currypulver · Ingwerpulver
---
50 g gegarter Langkornreis · 350 g entbeinte Hähnchenbrust

Pilze mit Wasser bedecken und 2 Stunden quellen lassen. Zum Abtropfen auf ein Sieb schütten. Zwiebel und Knoblauch schälen und fein hacken. Lauch putzen, gründlich waschen und in Ringe schneiden. Abgetropfte Bambussprossen in Streifen teilen. Alles mit den Sojabohnenkeimen und dem Tomatenpaprika in 1 EL Butter anbraten. Hühnerbrühe zugießen, mit Sojasauce, Essig, Zucker, Curry und Ingwer abschmecken und zum Kochen bringen. Reis in der Suppe erhitzen. Hähnchenbrust gegebenenfalls häuten, trockentupfen und in Streifen schneiden. In der restlichen Butter anbraten. Mit Curry und Ingwer würzen, in die Suppe geben und 2 Minuten darin ziehen lassen.

Griechische Zitronensuppe

50 g Langkornreis · 1 $^1/_4$ l Hühnerbrühe
500 g gegartes Hühnerfleisch · $^1/_8$ l süße Sahne
2 frische Eigelb · Saft von 1 Zitrone · Salz · weißer Pfeffer
1 TL frisch gehackte Zitronenmelisse
1 EL frisch gehackte Petersilie

Reis mit der Hühnerbrühe zum Kochen bringen und bei schwacher Hitze in etwa 20 Minuten körnig ausquellen lassen. Hühnerfleisch gegebenenfalls häuten, entbeinen und in mundgerechte Stücke schneiden. In der Suppe heiß werden lassen. Sahne mit Eigelb verquirlen und die nicht mehr kochende Suppe damit legieren. Suppe mit Zitronensaft, Salz und Pfeffer abschmecken. Mit Zitronenmelisse und Petersilie bestreut servieren.

Spinatsuppe mit Lamm

---
500 g Lammschulter · 1 ½ l Wasser · 1 Möhre
---
1 Stück Knollensellerie (etwa 50 g)
---
1 kleine Petersilienwurzel · 1 Zwiebel · 1 Knoblauchzehe
---
1 Lorbeerblatt · 1 Zweig frischer Thymian
---
300 g Langkornreis · 500 g Blattspinat · ¼ l süße Sahne
---
1 frisches Eigelb · Salz · schwarzer Pfeffer

Lammschulter mit Wasser zum Kochen bringen. Bei schwacher Hitze 1 Stunde garen. Inzwischen Möhre, Sellerie und Petersilienwurzel putzen, waschen und fein zerkleinern. Zwiebel und Knoblauch schälen und fein hacken. Zusammen mit Gemüse, Lorbeerblatt und gewaschenem Thymian in die Suppe geben. Reis in einem Sieb unter fließendem kaltem Wasser abspülen und ebenfalls in die Suppe geben. 20 Minuten mitgaren. Lammfleisch herausnehmen, in mundgerechte Stücke schneiden und in der Suppe wieder erhitzen. Spinat verlesen, waschen und grob hacken. In der Suppe in wenigen Minuten zusammenfallen lassen. Sahne mit Eigelb verquirlen und die heiße, aber nicht mehr kochende Suppe damit legieren. Suppe mit Salz und Pfeffer abschmecken.

Anglo-indische Mulligatawny

Für 6 Personen:
3 Zwiebeln · 300 g gekochter Schinken
1 EL Butter oder Margarine
je $^1/_2$ TL Kurkuma, Chilipulver, gemahlener Ingwer, Koriander und Kreuzkümmel
1 $^1/_2$ l Hühnerbrühe · 500 g gegartes Hühnerfleisch
300 g gegarter Langkornreis · Salz · 1 EL Zitronensaft

Zwiebeln schälen und fein hacken. Schinken von den Fetträndern befreien und würfeln. Butter oder Margarine erhitzen, die Zwiebeln und den Schinken darin anbraten. Gewürze darüberstreuen. Hühnerbrühe zugießen und alles etwa 5 Minuten garen. Inzwischen das Hühnerfleisch häuten, wenn nötig, entbeinen und in mundgerechte Stücke schneiden. Fleisch zusammen mit dem Reis in die Brühe geben und erhitzen, aber nicht mehr kochen lassen. Suppe mit Salz und Zitronensaft abschmecken und sofort servieren.

Scharfe Gemüsesuppe aus Spanien

1 Gemüsezwiebel · 4 EL Olivenöl
1 scharfe rote Pfefferschote · ¹/₂ Staudensellerie (ca. 200 g)
1 kleiner Weißkohl · 200 g Möhren · 1 kleine Stange Lauch
1 Lorbeerblatt · 2 Zweige Thymian · 1 ¹/₂ l Gemüsebrühe
100 g Langkornreis · Cayennepfeffer · Salz · Muskat
1 Bund glatte Petersilie · 200 g Schmant
1 große reife Tomate · 1 Knoblauchzehe

Zwiebel abziehen, fein hacken und im heißen Olivenöl unter Rühren glasig dünsten. Pfefferschote halbieren, waschen, von allen Kernen und Scheidewänden befreien und in Streifen schneiden. Gemüse putzen und waschen oder schälen. Sellerie und Kohl in kleine Stücke, Möhren in Stifte, Lauch in Ringe schneiden. Gemüse, Lorbeer und Thymian zur Zwiebel geben und ebenfalls andünsten. Brühe zugießen und alles 20 Minuten bei kleiner Hitze köcheln. Nudeln unterrühren und weitere zehn Minuten kochen. Suppe mit Cayennepfeffer, Salz, Zucker und Muskat abschmecken. Petersilie hacken, die Hälfte davon unter die Suppe rühren. Schmant mit zerdrücktem Knoblauch, der abgezogenen, zerkleinerten Tomate und Salz verrühren. Auf den Suppenportionen verteilen und mit der restlichen Petersilie bestreuen.

Schwarze Bohnensuppe aus Brasilien

Für 6 Personen:
250 g schwarze Bohnen · knapp 2 l Wasser
1 EL Gemüsebrühextrakt · ½ TL Oregano · 2 Lorbeerblätter
4 Knoblauchzehen · 1 mittelgroße Zwiebel · 2 EL Olivenöl
60 g gegarter Rundkornreis · Salz · schwarzer Pfeffer
1 Frühlingszwiebel

Die Bohnen über Nacht in reichlich Wasser einweichen. Einweichwasser abgießen und die Bohnen mit dem Wasser, dem Gemüsebrühextrakt, Oregano und Lorbeerblättern in einen Topf geben. Aufkochen und zugedeckt bei schwacher Hitze in etwa 1 ½ Stunden weich garen. Inzwischen Knoblauchzehen und Zwiebel abziehen. Die Knoblauchzehen mit etwas Salz zerdrücken, die Zwiebel fein hacken. Mit dem Olivenöl in der Pfanne glasig braten und zu den Bohnen geben. Topf von der Kochstelle nehmen und die Lorbeerblätter entfernen. Die Suppe im Mixer pürieren, durch ein Sieb passieren. Die pürierte Bohnensuppe wieder in den Topf geben und nochmals aufkochen. Reis untermischen und zugedeckt 10 Minuten ziehen lassen. Suppe mit Salz und Pfeffer abschmecken. Frühlingszwiebel putzen, waschen und mit allen saftigen grünen Blättern in Ringe schneiden. Bohnensuppe in heiße Teller verteilen und mit Zwiebelringen anrichten.

Chinesische Entensuppe mit Reisnudeln

1 Entenbrust (etwa 300 g) · 20 g Erdnußöl
1 Frühlingszwiebeln · Salz · 1 EL Honig
1 Stück frischer Ingwer (etwa 2 cm lang)
1 ½ l Gemüsebrühe · 4 EL dunkle Sojasauce
250 g Brokkoli · 250 g Weißkohl · 1 grüne Paprikaschote
50 g dünne Reisnudeln · ½ Salatgurke
schwarzer Pfeffer · 1 TL Sesamöl

Entenbrust häuten und soviel Fett wie möglich abschneiden. Fleisch in feine Streifen schneiden und in heißem Öl rundherum braun anbraten. Frühlingszwiebel putzen, waschen und in Ringe schneiden. Zum Fleisch geben und kurz mitbraten. Ingwer schälen und auf der Rohkostreibe fein raspeln. Ebenfalls zum Fleisch geben, mit Salz, Honig und Ingwer würzen. Gemüsebrühe und Sojasauce zugießen und alles 5 Minuten kochen. Brokkoli in Röschen teilen, Weißkohl und Paprika in feine Streifen schneiden. Das Gemüse zur Suppe geben und noch zehn Minuten weiterkochen. Glasnudeln mit einer Küchenschere in 3 cm lange Stücke schneiden. Gurke schälen, entkernen und in Streifen schneiden. Beides zufügen, Suppe einmal aufkochen und mit Salz, Pfeffer, Sojasauce und Sesamöl abschmecken.

Chinasuppe mit Krabben

100 g Krabben · 1 EL Zitronensaft
1 Bündel dünne Reisnudeln
1 großes Stück unbehandelte Zitronenschale
¼ Bund Petersilie · 1 Knoblauchzehe
2 große, feste braune Egerlinge · 1 Möhre
50 g Salatgurke · ¾ l Hühnerbrühe · 2 EL Sojasauce
1 EL trockener Sherry (ersatzweise Orangensaft) · Salz

Krabben mit Zitronensaft vermischen. Reisnudeln mit kochendem Wasser übergießen. Die Zitronenschale, gewaschene Petersilie und abgezogenen Knoblauch fein zerkleinern. Gewaschene Pilze, geschälte Möhre und Gurke in hauchfeine Streifen schneiden. Brühe mit Sojasauce und Sherry zum Kochen bringen. Alle zerkleinerten Zutaten darin einmal kräftig aufkochen. Krabben und Reisnudeln untermischen und erhitzen, aber nicht mehr kochen. Suppe mit Salz abschmecken.

Feine Fischsuppe mit Safran

2 rohe Hummerkrabbenschwänze (Tiefseegarnelen)
1 Bund Suppengrün · 1 kleine Zwiebel · 3 Zweige Dill
1 EL Sichuan-Pfeffer · 1 EL Olivenöl
1 TL Safranfäden · ¼ l Wasser · 100 g Steinbuttfilet
100 g Lachsfilet · 1 l Fischfond (Glas) · 50 g gegarter Reis
3 EL trockener Wermut · 2 EL Orangensaft · Salz

Hummerkrabben kalt abspülen. Panzer am Rücken mit einer Küchenschere aufschneiden, abziehen und für die Brühe bei-

Nasi Goreng – Gebratener Reis mit Spiegelei (Rezept siehe Seite 158)

seite legen. Den Darm entfernen, der wie ein schwarzer Faden am Rücken der Krabben entlangläuft. Suppengrün putzen, Zwiebel schälen, Dillstiele abschneiden. Diese Zutaten grob zerkleinern. Sichuan-Pfeffer verlesen: Die kleinen schwarzen Körner entfernen, die roten Pfefferkügelchen mit einer Messerklinge zerdrücken. Öl in einem Topf erhitzen. Hummerkrabbenpanzer, Suppengrün, Zwiebel, Dillstiele, zerdrückten Sichuan-Pfeffer und Safran darin bei mittlerer Hitze unter Rühren etwa 2 Minuten braten. Wasser zugießen, aufkochen und die Brühe zugedeckt 20 Minuten bei schwacher Hitze kochen. Inzwischen Hummerkrabben, Steinbutt und Lachs in etwa fingerbreite Stücke schneiden. Dillblättchen fein hacken. Fischbrühe durch ein feines Sieb in einen anderen Topf gießen. Panzer und Gemüse mit einem Löffel etwas ausdrücken und wegwerfen. Fischfond, Wermut, Orangensaft und eine kräftige Prise Salz zur Brühe geben und unter Rühren aufkochen. Topf von der Kochstelle nehmen. Fischstücke, Hummerkrabben und Reis in die Suppe geben und zugedeckt 5 Minuten ziehen lassen; dabei die Suppe bei schwächster Hitze heiß halten, aber nicht kochen lassen. Suppe auf vorgewärmte Teller verteilen und mit dem Dill bestreut sofort servieren.

Reisnudelsuppe mit Eierblumen

1 Stange Sellerie · $^1\!/_2$ Bund Schnittlauch
2 Eier · 40 g Reisnudeln · 1 l Geflügelbrühe
1 Msp Chili-Öl · 1 Prise Zimtpulver
1 Prise gemahlener Sternanis · Salz · Cayennepfeffer

Selleriestange waschen und mit einem scharfen kleinen Messer in sehr feine Streifen schneiden. Schnittlauch in feine Röllchen schneiden. Eier in einer Schüssel mit dem Schneebesen verrühren. Glasnudeln mit kochendem Wasser übergießen und nach Wunsch mit einer Küchenschere in kleinere Stücke schneiden. Geflügelbrühe mit Ingwer, Zimt und Anis in einem Topf zum Kochen bringen. Sellerie darin aufkochen. Eier einrühren. Topf sofort von der Kochstelle ziehen. Suppe mit Salz und Cayennepfeffer abschmecken. Die Reisnudeln abgießen und gut trockenschwenken. Mit den Schnittlauchröllchen auf heiße Teller verteilen. Suppe darübergießen.

Griechische Ostersuppe

Für 8 Personen:
2 Zwiebeln · 3 Knoblauchzehen · 2 Bund Suppengrün
1 Petersilienwurzel · 2 Tomaten · 1 Suppenhuhn von ca. 2,4 kg
3 l Wasser · Salz · 1 Kopfsalat · 2 Lauchzwiebeln
1 Handvoll gemischte Kräuter wie Petersilie, Kerbel, Pimpinelle, Minze, Zitronenmelisse
$1/8$ l süße Sahne · 2 frische Eigelb · 100 g Langkornreis
2 EL Limetten- oder Zitronensaft · weißer Pfeffer

Die Zwiebeln, Knoblauchzehen, Suppengrün, Petersilienwurzel und Tomaten waschen und grob zerkleinern. Diese Zutaten mit Huhn und Wasser in einen Topf geben und langsam zum Kochen bringen. Huhn zugedeckt bei schwächster Hitze 4 Stunden garen. Herausnehmen, Haut und sichtbares Fett entfernen. Fleisch von den Knochen lösen und in mundgerechte Stücke schneiden. Brühe durchsieben, erkalten lassen und entfetten. Mitgekochtes Gemüse wegwerfen. Salat putzen, waschen und in feine Streifen schneiden. Lauchzwiebeln von den Wurzelansätzen und den welken Blättern befreien, waschen und mit dem Zwiebelgrün in dünne Ringe schneiden.

Kräuter waschen, trockentupfen und fein hacken. Die Sahne mit den Eigelben verrühren. Brühe mit Reis und Salz wieder aufkochen. Reis zugedeckt bei schwacher Hitze 10 Minuten garen, bis er halb weich ist. Fleischstücke, Salat und Lauchzwiebeln in die Suppe geben, aufkochen und zugedeckt bei schwächster Hitze 5 Minuten ziehen lassen. Eiersahne mit etwas Brühe vermischen und in die Suppe rühren. Kräuter untermischen. Suppe mit Limettensaft, Salz und Pfeffer abschmecken und sofort servieren.

Schweinefleischsuppe mit Reisnudeln

10 g getrocknete Mu-Err-Pilze · 1 l Wasser
30 g Reisnudeln · 4 TL Instant-Hühnerbrühe
250 g Schweinefilet · 1 TL Speisestärke · 2 EL Wasser
2 EL helle Sojasauce · 2 EL Reiswein · Salz
Cayennepfeffer · 1 TL Zitronensaft
4 Halme Schnittknoblauch

Pilze im Wasser 30 Minuten einweichen. Nudeln in fingerlange Stücke brechen, mit Instant-Brühe zu den Pilzen geben und 5 Minuten kochen. Schweinefilet in dünne Scheiben, dann in schmale Streifen schneiden und in der Suppe bis knapp unter den Siedepunkt erhitzen. Zugedeckt bei schwacher Hitze 3 Minuten ziehen lassen. Speisestärke mit dem Wasser verrühren, in die Suppe mischen und erneut kräftig sprudelnd aufkochen. Suppe mit Sojasauce, Reiswein, Salz, Cayennepfeffer und Zitronensaft scharf abschmecken und mit dem feingeschnittenen Schnittknoblauch bestreuen.

Pilzsuppe mit Kokosmilch

500 g Austernpilze · 3 asiatische Schalotten
400 ml Kokosmilch (Dose) · 150 ml Wasser
1 TL Salz · 10 dünne Galgantscheiben · 1 Tomate
50 g gegarter Reis · 5 Zitronenblätter · 1 EL Zitronensaft
2 EL Fischsauce (z. B. Nuoc Mam)

Pilzhüte von den zähen Stielen schneiden und würfeln. Die Schalotten abziehen und halbieren. Die Kokosmilch in einem Topf mit dem Wasser verrühren. Salz zufügen und kurz aufkochen. Pilze, Schalotten, Galgant und Zitronenblätter zugeben und alles 5 Minuten kochen. Tomate abziehen und achteln. Zusammen mit dem Reis in der Suppe heiß werden lassen. Suppe mit Zitronensaft und Fischsauce abschmecken.

Kräutersuppe aus dem Kaukasus

Für 6 Personen:
75 g Parboiled-Reis · knapp $^1/_4$ l Wasser
1 TL Instant-Gemüsebrühe · 1 Bund Dill
1 Bund Petersilie · $^1/_2$ Bund Schnittlauch
1 Bund Lauchzwiebeln · 500 g Joghurt (3,5 % Fett)
1 Ei · 1 EL Mehl · $^3/_4$ l Wasser · Salz
1 EL Paprikaflocken

Reis mit Wasser und Gemüsebrühe aufkochen und zugedeckt bei schwacher Hitze 15 Minuten garen. Gewaschene Kräuter und geputzte Lauchzwiebeln getrennt fein zerkleinern. Joghurt, Ei und Mehl in einem Topf mischen, nach und nach das

Wasser unterrühren und bei mittlerer Hitze unter ständigem Rühren zum Kochen bringen. Die Suppe einmal aufkochen, Lauchzwiebeln und Reis zugeben und bei mittlerer bis schwacher Hitze etwa 3 Minuten garen. Die Kräuter unterrühren, die Suppe mit Salz und Paprikaflocken abschmecken.

Reissuppe mit Tomaten

4 Knoblauchzehen · 2 EL Olivenöl
50 g Parboiled-Reis · $1/2$ l Gemüsebrühe · 500 g Tomaten
1 Bund Majoran · 2 EL Crème double · Salz
1 Prise Zucker · Cayennepfeffer

Knoblauch abziehen und hacken. Öl in einem Topf erhitzen. Knoblauch und Reis darin bei mittlerer Hitze unter ständigem Rühren etwa 1 Minute anbraten. Gemüsebrühe zugießen, Suppe einmal aufkochen und zugedeckt bei schwacher Hitze etwa 15 Minuten garen, bis der Reis gerade eben weich ist. Inzwischen die Tomaten abziehen und würfeln, die Stielansätze dabei herausschneiden. Den Majoran fein schneiden. Tomaten und Crème double in die Suppe rühren, erneut aufkochen und zugedeckt etwa 1 Minute kochen. Die Suppe mit Salz, Zucker sowie einer kräftigen Prise Cayennepfeffer abschmecken und mit dem Majoran bestreut anrichten.

Sauerscharfe Gemüsesuppe

5 Mu-Err-Pilze · 1 Bündel dünne Reisnudeln
je 1 mittelgroße grüne und rote Paprikaschote
100 g Sojabohnensprossen · 100 g Tofu
2 Lauchzwiebeln · 2 TL Speisestärke · 1 TL Reiswein
Salz · 1 TL Öl · 5 EL Reisessig · 4 EL Sojasauce
1 TL Pfeffer · 2 TL rote Bohnenpaste · 1 l Wasser

Die Mu-Err-Pilze mit kochendem Wasser übergießen und 30 Minuten quellen lassen. Die Reisnudeln in kaltem Wasser 10 Minuten einweichen. Paprikaschoten waschen, putzen und grob zerkleinern. Sojabohnensprossen kalt abspülen, Tofu in dünne Streifen schneiden. Lauchzwiebeln putzen, waschen, trockentupfen und in feine Ringe schneiden. Speisestärke, Reiswein, Salz, Öl, Reisessig, Sojasauce, Pfeffer und Bohnenpaste in einem Schälchen verrühren. Die eingeweichten Pilze auf ein Sieb abgießen, waschen und in dünne Streifen schneiden. Reisnudeln ebenfalls abgießen und in Stücke schneiden. Das Wasser in einem Topf zum Kochen bringen. Würzmischung im Schälchen, Paprikaschoten, Sprossen, Reisnudeln und Tofu unterrühren und etwa 2 Minuten bei mittlerer Hitze kochen.

Paksoi-Suppe mit Reisnudeln

300 g Paksoi (Japankohl)
2 Stengel Koriandergrün mit Wurzeln
2 Lauchzwiebeln · 2 Knoblauchzehen · 1 EL Erdnußöl
1 l Hühnerbrühe · 1 ½ TL Salz · schwarzer Pfeffer
1 TL Zucker · 1 Bündel breite Reisnudeln

Paksoi waschen und in knapp fingerbreite Streifen schneiden. Koriandergrün von den Wurzeln trennen und beiseite legen. Wurzeln waschen und ganz fein schneiden. Lauchzwiebeln putzen, waschen und in feine Ringe schneiden. Knoblauch abziehen, hacken und im heißen Öl goldbraun braten. Aus der Pfanne nehmen. Die Brühe mit Salz, Pfeffer und Zucker aufkochen. Paksoi, Koriandewurzeln, Lauchzwiebeln und Reisnudeln zugeben und etwa 4 Minuten kochen.

Süßscharfe Gemüsesuppe

1 Stück frische Ananas (ca. 250 g) · 2 Tomaten
1 kleine Möhre · 1 Lauchzwiebel
1 l Gemüsebrühe · 1-2 TL scharfe Bohnenpaste
50 g gegarter Langkornreis
1 EL Röstzwiebeln (fertig gekauft)

Ananas schälen und in kleine Würfel schneiden. Tomaten abziehen und achteln, dabei die Stielansätze entfernen. Möhre schälen und in dünne Stifte schneiden. Lauchzwiebel putzen, waschen und mit allen saftigen grünen Blättern in dünne

Ringe schneiden. Brühe erhitzen, Bohnenpaste, Ananas und Gemüse untermischen. Einmal aufkochen, den Reis zufügen und etwa 1 Minute stark erhitzen. In vorgewärmte Suppenschalen füllen, mit den Röstzwiebeln bestreuen und sehr heiß servieren.

Reisnudelsuppe mit Pilzen

6 getrocknete Shiitake-Pilze · 1 Stange Sellerie
1 Stange Lauch · $^1/_2$ l Wasser · 1 TL Instant-Gemüsebrühe
1 Bündel dünne Reisnudeln · $^1/_2$ EL Speisestärke
1 EL Wasser · Salz · schwarzer Pfeffer · $^1/_4$ TL Zucker
je 1 EL helle Sojasauce und Austernsauce

Pilze in sprudelnd kochendem Salzwasser 15 bis 20 Minuten garen. Abtropfen lassen, die harten Stiele abschneiden, die Hüte würfeln. Sellerie waschen und in dünne Scheibchen schneiden. Lauch putzen, waschen und mit den saftigen grünen Blättern schräg in Streifen schneiden. Das Wasser mit Gemüsebrühe zum Kochen bringen, Pilzwürfel, Möhren- und Lauchstreifen zugeben und etwa 3 Minuten garen. Reisnudeln mit kochendem Wasser übergießen, kurz darin ziehen, abgießen und abtropfen lassen. Die Speisestärke mit dem kalten Wasser verrühren und untermischen. Die Suppe mit Salz, Pfeffer, Zucker, Soja- und Austernsauce abschmecken und sofort servieren.

Risotti und Eintöpfe

Mailänder Risotto

2 Rindermarkknochen · 1 Zwiebel
250 g Carnaroli oder Arborio-Reis
etwa $^3/_4$ l heiße Fleischbrühe · $^1/_2$ TL Safranfäden
$^1/_2$ EL Butter · 2–3 EL geriebener Parmesan
Salz · weißer Pfeffer

Das Rindermark aus den Knochen lösen und fein würfeln. Bei schwacher Hitze unter Rühren ausbraten, dann durch ein feines Sieb gießen, damit alle Rückstände entfernt werden. Zwiebel schälen und fein hacken. Rinderfett wieder erhitzen und die Zwiebel darin glasig braten. Reis zugeben und mitbraten, bis alle Körner vom Fett überzogen sind. Einen Teil der Brühe zugießen und den Risotto zugedeckt bei schwacher Hitze etwa 30 Minuten garen. Dabei je nach Bedarf immer wieder etwas Brühe nachgießen und den Reis mit einer Gabel durchrühren, damit er schön sämig wird. Kurz vor Ende der Garzeit Safran in der erhitzten Butter unter Rühren auflösen. Mit dem Parmesan unter den fertigen Risotto mischen und alles mit Salz und Pfeffer abschmecken.

Risotto mit Tomaten

1 Zwiebel · 2 Knoblauchzehen
400 g Tomaten · 1 EL Olivenöl
400 g Rundkornreis (am besten Carnaroli oder Arborio)
etwa 1 l Gemüse- oder Fleischbrühe
4 Zweige frischer Thymian · 75 g frisch geriebener Parmesan
1 EL Butter oder Margarine · Salz · schwarzer Pfeffer

Zwiebel und Knoblauch schälen und fein hacken. Tomaten mit kochendheißem Wasser überbrühen, kurz darin ziehen lassen, kalt abschrecken, häuten und würfeln, dabei Kerne und Stielansätze entfernen. Öl erhitzen, Zwiebel und Knoblauch darin glasig braten. Reis zugeben und mitbraten, bis alle Körner vom Fett umschlossen sind. Tomaten untermischen und kurz anschwitzen. Die Hälfte der Brühe zugießen, einmal aufkochen und den Reis etwa 30 Minuten garen. Nach und nach die restliche Brühe zugießen, sobald der Reis die Flüssigkeit aufgesogen hat. Reis immer wieder durchrühren, damit er schön sämig wird. Thymian waschen und trockentupfen. Blättchen abstreifen und unter den Risotto mischen. Parmesan und Butter oder Margarine mit einer Gabel unterziehen. Risotto mit Salz und Pfeffer abschmecken und sofort – mit einem gemischten Salat – servieren.

Spargelrisotto

---
500 g grüner Spargel · 1 l Wasser · 1 TL Salz
---
1 Schalotte · 1 EL Olivenöl
---
250 g Rundkorn-Reis (am besten Carnaroli oder Arborio)
---
200 ccm trockener Weißwein · 100 g Parmesankäse
---
3 EL Butter · Salz · frisch gemahlener Pfeffer
---
4 Stengel Dill

Die unteren Drittel der Spargelstangen schälen und die Enden abschneiden. Spargel waschen und in mundgerechte Stücke schneiden. Die Spargelstücke in Wasser mit Salz 10 Minuten kochen. Absieben, dabei den Spargelsud auffangen. 700 ccm davon für den Risotto abmessen. Zwiebel und Knoblauch abziehen, hacken und im heißen Öl andünsten. Reis und Wein zugeben und bei mittlerer Hitze kochen, bis die Flüssigkeit verdampft ist. Spargelbrühe nach und nach zugießen. Reis bei schwacher Hitze etwa 25 Minuten garen, bis er sämig ist. Käse reiben. Spargelköpfe in 1 EL Butter 4 Minuten unter Rühren braten. Risotto mit Salz und Pfeffer würzen. Spargelstücke, Spargelköpfe, übrige Butter und Käse unterrühren. Zum Essen den restlichen Käse über den Risotto verteilen. Dill waschen, trockentupfen, Blättchen fein hacken und über das Gericht streuen.

Reistopf mit roten Beten und Joghurtsauce

200 g Rundkornreis · 400 ccm Wasser · Salz
8 kleine rote Bete (etwa 1 kg) · 250 g Joghurt (3,5 %)
Cayennepfeffer · 2 Lauchzwiebeln · 1 EL Crème fraîche
frisch gemahlener weißer Pfeffer · 2 EL gehackte Petersilie

Reis mit Wasser und Salz in einem Topf aufkochen und zugedeckt bei schwacher Hitze 20 Minuten garen. Die roten Bete waschen und in wenig Wasser in etwa 40 Minuten weich kochen. Abgießen, abtropfen lassen, schälen und würfeln. Den Joghurt mit Salz und Cayennepfeffer kräftig verrühren und bis zum Servieren kühlen. Lauchzwiebeln putzen, waschen und mit den saftigen grünen Blättern in feine Ringe schneiden. Den Knoblauch fein hacken. Beide Zutaten, rote Bete und die Crème fraîche unter den gegarten Reis mischen, einmal aufkochen, mit Pfeffer abschmecken und auf vorgewärmte Teller verteilen. Die Petersilie darüberstreuen, Joghurt dazu servieren.

Käserisotto

150 g Fontinakäse · $^1/_2$ l Milch · 1 Zwiebel
60 g Butter oder Margarine
300 g Rundkornreis, am besten Vialone Nano oder Arborio
1 l Gemüsebrühe · 2 Eigelb · 50 g Parmesankäse
1/2 Bund Basilikum · 1 Tomate

Käse würfeln und mit der Milch vermischt mindestens zwei Stunden im Kühlschrank stehenlassen. Zwiebel abziehen, würfeln und in der Hälfte des heißen Fetts glasig dünsten. Reis zugeben und mitdünsten, bis alle Körner vom Fett überzogen sind. Brühe nach und nach angießen, den Reis 45 Minuten bei schwacher Hitze garen. 2 EL Milch vom Käse abnehmen und mit dem Eigelb verrühren. Käse mit Milch im warmen Wasserbad rühren, bis er sich aufgelöst hat und eine dicke Creme bildet. Restliches Fett zerlassen und mit der Eiermilch vermischt nach und nach unter ständigem Rühren zur Käsemilch geben. Die Käsecreme mit dem Reis mischen. Basilikum und abgezogene Tomate fein zerkleinern und locker unter den Risotto ziehen.

Knoblauchrisotto mit Champignons

1 Päckchen getrocknete Steinpilze oder Mischpilze (ca. 20 g)
$1/8$ l lauwarmes Wasser · 1 Zwiebel · 3 Knoblauchzehen
100 g Champignons · 3 EL Olivenöl
1 TL getrockneter Oregano · 400 g Rundkornreis
1 $1/4$ l Gemüsebrühe · 50 g Butter · 75 g Roquefortkäse
Salz · weißer Pfeffer aus der Mühle

Trockenpilze im Wasser mindestens 15 Minuten einweichen. Zwiebel und Knoblauch abziehen und fein hacken.
Champignons putzen und in Viertel schneiden. Öl und Oregano erhitzen, Pilze darin bei starker Hitze etwa 2 Minuten kräftig rösten. Herausnehmen und auf einem Teller beiseite stellen. Zwiebel und Knoblauch im heißen Öl bei schwacher Hitze glasig braten. Reis untermischen und einige Male umrühren. Die eingeweichten Pilze mit dem Einweichwasser und etwa ein

Drittel der Brühe zugießen. Risotto langsam zum Kochen bringen und zugedeckt bei schwacher Hitze 10 Minuten garen. Risotto offen in 20 bis 30 Minuten fertig garen. Dabei die restliche Brühe zugießen. Risotto zuerst mit Butter und fein zerbröckeltem Roquefort, dann mit den gebratenen Champignons mischen, mit Salz und Pfeffer aus der Mühle abschmecken.

Risotto mit Artischockenböden

6 junge Artischocken · Salz
1 Zitrone · 4 Schalotten · 6 EL Olivenöl
200 g Rundkornreis, am besten Vialone Nano oder Arborio
frisch gemahlener Pfeffer · $^1/_2$ l Geflügelbrühe
1 Bund Petersilie

Von den Artischocken die harten Außenblätter abschneiden und den Stiel herausbrechen. Artischocken kalt abspülen und in reichlich kochendes Salzwasser mit Zitronenscheiben legen. Im geschlossenen Topf etwa 40 Minuten kochen. Im Dampfdrucktopf dauert es – je nach Größe der Früchte – nur 10 bis 12 Minuten. Die Artischocken herausnehmen. Schalottenwürfel in 3 EL heißem Öl glasig dünsten. Reis zugeben und kurz mitdünsten. Mit Salz und Pfeffer würzen, Geflügelbrühe angießen und bei schwacher Hitze zugedeckt etwa 20 Minuten garen. Inzwischen von den Artischocken die Blätter sowie das faserige »Heu« entfernen und die Böden in Stücke schneiden. Im restlichen heißen Öl etwa 2 Minuten dünsten. Unter den Reis mischen und mit gehackter Petersilie bestreuen.

Tip: Die Artischockenblätter als Vorspeise in eine Vinaigrette gedippt essen.

Risotto mit Muscheln und Tomaten

500 g frische Miesmuscheln
1 Bund Suppengrün · 5 EL Olivenöl
400 ml Fischfond (Glas) · 100 ml trockener Wermut
½ l Wasser · 1 große Dose geschälte Tomaten
1 Zwiebel · 1 Knoblauchzehe
400 g Rundkornreis, am besten Vialone Nano oder Arborio
Salz · weißer Pfeffer · ½ Bund Petersilie

Muscheln unter fließendem kaltem Wasser bürsten. Alle Muscheln wegwerfen, die sich dabei nicht schließen. Suppengrün waschen, putzen und fein zerkleinern. In 2 EL Olivenöl bei schwacher Hitze etwa 2 Minuten anbraten. Fischfond und Wermut zugießen und aufkochen. Muscheln zugeben, erneut aufkochen und im fest geschlossenen Topf bei starker Hitze garen, bis sich alle Muscheln geöffnet haben. Noch geschlossene Muscheln müssen ebenfalls weggeworfen werden. Muscheln durch ein Sieb abgießen, den Sud auffangen und mit dem Wasser mischen. Das Muschelfleisch aus den Schalen lösen und auf einem Teller beiseite stellen. Tomaten in Stücke schneiden, Zwiebel und Knoblauch abziehen und fein hacken. 2 EL Öl erhitzen. Reis, Zwiebel und Knoblauch darin bei schwacher Hitze anbraten. Ein Drittel der Muschelsud-Mischung zugießen und aufkochen. Bei schwacher Hitze etwa 10 Minuten zugedeckt garen, bis der Reis die Flüssigkeit aufgesogen hat. Reis im offenen Topf weitere 30 bis 40 Minuten garen, bis er körnig weich ist. Dabei nach und nach den Rest der Brühe zugeben und den Risotto immer wieder mit einer Gabel durchrühren. Tomaten im restlichen Öl bei starker Hitze unter Rühren etwa 5 Minuten schmoren. Risotto mit Tomaten und Muscheln mischen und zugedeckt 5 Minuten ziehen lassen. Mit Salz und Pfeffer abschmecken. Petersilie waschen, trockentupfen, fein hacken und unter den Risotto mischen.

Risotto mit Meeresfrüchten
(siehe Foto Seite 67)

250 g Tintenfische (frisch oder TK) · 400 g Venusmuscheln
250 g Möhren · 100 g Lauch · 2 Schalotten
1 Knoblauchzehe · 2 EL Olivenöl
250 g Risottoreis, am besten Arborio oder Vialone Nano
150 ccm Weißwein · 600 ccm Fischfond aus dem Glas
8 ausgelöste Scampi · 50 g Butter · Salz · Pfeffer
½ Bund Zitronenmelisse
einige Streifen Zitronenschale (unbehandelt)

Gefrorene Tintenfische langsam auftauen lassen, frische waschen und in dünne Ringe schneiden. Muscheln unter fließendem Wasser gut waschen. Möhren schälen, Lauch putzen, waschen und alles in feine Scheiben schneiden. Schalotten und Knoblauchzehe schälen und fein hacken. Öl in einem schweren Topf erhitzen, Schalotten und Knoblauch andünsten, Möhren und Lauch zufügen und 2 Minuten mitbraten. Reis einrühren, bis alle Körner mit Fett überzogen sind. Den heißen Fischfond nach und nach angießen. Immer wieder umrühren, 10 Minuten kochen. Tintenfische und Muscheln dazugeben und weitere 10 Minuten mitgaren. Scampi in der Hälfte der Butter kurz schwenken, salzen und pfeffern. Zitronenmelisse feinstreifig schneiden. Zitronenschale und 25 g Butter unter den Risotto mischen. Mit Salz und Pfeffer abschmecken, auf Tellern anrichten, mit Scampi und Zitronenmelisse garnieren.

Risotto mit Rucola

300 g Rucola · 1 Zwiebel · 1 EL Olivenöl
250 g süße Sahne · 400 g Rundkornreis · 1 l Gemüsebrühe
1 EL Butter · 50 g geriebener Parmesan
Salz · weißer Pfeffer

Rucola waschen und in Streifen schneiden. Zwiebel abziehen und fein hacken. Beide Zutaten bei mittlerer Hitze im heißen Öl etwa zwei Minuten schmoren. Sahne zugießen. Reis untermischen. Etwa ein Drittel der Brühe angießen und langsam zum Kochen bringen. Risotto zugedeckt bei schwacher Hitze zehn Minuten garen. Risotto im offenen Topf weitere 20 bis 30 Minuten garen, bis er körnig weich ist. Dabei den Rest der Brühe zugießen. Butter und Parmesan unterziehen. Mit Salz und Pfeffer aus der Mühle abschmecken.

Risotto mit Käse und Kräutern

1 kleine Zwiebel · 1 Knoblauchzehe · 2 EL Olivenöl
400 g Arborio-Reis · 1 l Gemüsebrühe · Salz · weißer Pfeffer
300 g Tomaten · 200 g Kaffeesahne · 100 g Parmesankäse
½ Päckchen tiefgeforene italienische Kräutermischung
1 EL Butter

Die Zwiebel und den Knoblauch fein hacken. Das Öl in einem Topf erhitzen. Die Zwiebel, den Knoblauch und den Reis darin bei mittlerer Hitze unter Rühren etwa 3 Minuten braten. Die Hälfte der Gemüsebrühe dazugießen, salzen und pfeffern. Den Reis einmal aufkochen und zugedeckt bei schwacher Hitze 25 Minuten garen. Während der Garzeit die restliche

Gemüsebrühe nach und nach zugießen, jeweils sobald der Reis die Flüssigkeit aufgesogen hat. Den Reis häufig mit einer Gabel durchrühren. Die Tomaten häuten und würfeln. Mit der Sahne zum Reis geben und den Risotto bei starker Hitze unter Rühren schmoren, bis die Tomaten heiß, aber nicht zerfallen sind. Den geriebenen Käse, die Kräuter und die Butter mit einer Gabel unter den Risotto ziehen. Den Risotto mit Salz und Pfeffer abschmecken und auf heißen Tellern anrichten.

Frühlingsrisotto

1 Zwiebel · 1 Knoblauchzehe · 1 EL Sonnenblumenöl
400 g Rundkornreis · 1 ¼ l Gemüsebrühe
⅛ l trockener Weißwein · 250 g Zuckerschoten
250 g junge Kohlrabi · 50 g Butter · 50 g geriebener Parmesan
Salz · weißer Pfeffer

Zwiebel und Knoblauch abziehen, fein hacken und im heißen Öl bei schwacher Hitze glasig braten. Reis untermischen und einige Male umrühren. Etwa ein Drittel der Brühe zugießen und langsam zum Kochen bringen. Reis zugedeckt bei schwacher Hitze 10 Minuten garen. Reis offen in 20 bis 30 Minuten fertig garen. Dabei Wein und Brühe zugießen. Während der Reis gart, Zuckerschoten waschen. Die Stiel- und Blütenansätze abschneiden. Kohlrabi schälen und würfeln. Butter in einem Topf schmelzen, aber nicht bräunen. Kohlrabi darin bei schwacher Hitze anbraten und zugedeckt 10 Minuten schmoren. Zuckerschoten zugeben, ebenfalls anbraten und weitere 5 Minuten schmoren. Gemüse einschließlich der Butter im Topf und den Parmesan unter den Reis mischen. Mit Salz und Pfeffer aus der Mühle abschmecken.

Risotto mit Spinat

1 Schalotte · 1 Knoblauchzehe · 60 g Butter oder Margarine
400 g Rundkornreis (am besten Carnaroli oder Arborio)
etwa 1 l Gemüse- oder Fleischbrühe · $^1/_4$ l trockener Weißwein
400 g Blattspinat · 75 g frisch geriebener Parmesankäse
Salz · weißer Pfeffer

Schalotte und Knoblauch schälen und fein hacken. 1 EL Butter oder Margarine erhitzen. Schalotte und Knoblauch darin glasig braten. Reis zugeben und mitbraten, bis alle Körner vom Fett überzogen sind. Die Hälfte der Brühe und den Wein zugießen. Einmal aufkochen, dann den Reis etwa 20 Minuten köcheln lassen. Dabei, sobald der Reis die Flüssigkeit aufgesogen hat, nach und nach die restliche Brühe zugießen. Den Reis immer wieder durchrühren, damit er schön sämig wird. Inzwischen den Spinat verlesen, waschen und trockenschwenken. Spinat fein hacken und unter den Reis mischen. Alles weitere 10 Minuten garen. Das restliche Fett und den Parmesan mit einer Gabel unter den Risotto mischen. Risotto mit Salz und Pfeffer abschmecken und sofort servieren.

Risotto mit Huhn

250 g Zuckererbsen · 200 g Zucchini · 3 Tomaten
1 Zwiebel · 2 doppelte Hühnerbrüstchen
1 Rindermarkknochen · 50 g Butter
400 g Rundkornreis (am besten Carnaroli oder Arborio)
1 l Hühnerbrühe · Salz · weißer Pfeffer · 1 Bund Basilikum
1 Bund Schnittlauch · 60 g geriebener Parmesan

Zuckererbsen waschen, abtropfen lassen, putzen und quer halbieren. Zucchini waschen, von Stiel- und Blütenansätzen befreien und würfeln. Tomaten mit kochendem Wasser übergießen, kurz darin ziehen lassen, dann kalt abschrecken, häuten, von Stielansätzen und Kernen befreien und in kleine Stücke schneiden. Zwiebel schälen und hacken. Hühnerbrüstchen entbeinen und in Streifen schneiden. Rindermark aus dem Knochen lösen, würfeln und in etwa einem Drittel der Butter ausbraten. Reis zugeben und mitbraten, bis er vom Fett überzogen ist. Die Hälfte der Brühe zugießen und einmal aufkochen. Reis bei schwacher Hitze garen, bis er die Flüssigkeit aufgesogen hat. Restliche Brühe zugießen und den Reis bißfest garen. Dabei immer wieder mit einer Gabel durchrühren, damit der Risotto schön sämig wird. Mit Salz und Pfeffer würzen. Gemüse im zweiten Drittel der Butter garen. Hühnerfleisch in der restlichen Butter rundherum etwa 3 Minuten braten. Kräuter waschen, trockenschwenken und fein zerkleinern. Reis mit Gemüse, Fleisch, Kräutern und Parmesan mischen und den Risotto sofort servieren.

Risotto mit Putenleber und Austernpilzen

(siehe Foto Seite 101)

Für 2 Personen:
150 g Risotto-Reis (Arborio, Vialone Nano oder Carnaroli)
1 EL Olivenöl · 2 Frühlingszwiebeln · 1 Knoblauchzehe
³/₈ l Hühnerbrühe (Glas) · 170 g Putenleber
3 frische Salbeiblätter · 1 TL Butter · 2 EL Apfelessig
100 g Austernpilze · 1 EL Öl · etwas Zitronensaft
Salz · Pfeffer

Frühlingszwiebeln putzen, waschen und das Grün in feine Ringe schneiden. Knoblauchzehe schälen und fein hacken. Olivenöl in einem Topf erhitzen, Frühlingszwiebeln, Knoblauch und Reis darin andünsten, bis alle Reiskörner mit einer Fettschicht überzogen sind. Erst ¹/₈ l Brühe angießen, umrühren und nach und nach die restliche Brühe zugießen, bis der Reis gar ist. Dabei immer weiterrühren.

Putenleber putzen und halbieren. Salbei in feine Streifen schneiden. Butter in einer beschichteten Pfanne erhitzen und die Leber von jeder Seite 3 Minuten anbraten. Den Salbei kurz mitbraten. Die Putenleber herausnehmen und in Streifen schneiden. Bratenfond in der Pfanne mit Essig loskochen, Leber wieder in die Pfanne geben, Risotto untermischen und zugedeckt bei schwacher Hitze ziehen lassen. Mit Salz und Pfeffer würzen.

Austernpilze putzen, Stielenden abschneiden, große Pilze halbieren. Öl in einer Pfanne stark erhitzen und die Pilze anbraten, salzen, pfeffern und mit Zitronensaft beträufeln. Risotto mit den Pilzen auf Tellern anrichten.

Risotto mit Thunfisch

1 Zwiebel · 1 Knoblauchzehe
250 g Tomaten · 1–2 EL Olivenöl
350 g Rundkornreis (am besten Carnaroli oder Arborio)
etwa $^3/_4$ l Gemüse- oder Fischbrühe
einige Zweige frischer Thymian · Salz · weißer Pfeffer
1 Dose Thunfisch im eigenen Saft (200 g)
3 EL frisch geriebener Parmesan

Zwiebel und Knoblauch schälen und fein hacken. Tomaten mit kochendheißem Wasser überbrühen, kurz darin ziehen lassen, dann kalt abschrecken und häuten. Tomaten klein würfeln, dabei die Stielansätze und Kerne entfernen. Olivenöl erhitzen und Zwiebel und Knoblauch darin glasig braten. Reis zugeben und mitbraten, bis alle Körner vom Fett überzogen sind. Dann die Tomaten untermischen und einen Teil der Brühe zugießen. Thymian waschen, trockenschwenken, von den Stielen streifen und ebenfalls zugeben. Risotto mit wenig Salz und Pfeffer würzen und zugedeckt bei schwacher Hitze etwa 30 Minuten garen, dabei immer wieder etwas Brühe nachgießen und den Risotto mit einer Gabel durchrühren, damit er schön sämig wird. 10 Minuten vor Ende der Garzeit den Thunfisch abtropfen lassen, mit einer Gabel fein zerpflücken und untermischen. Käse mit einer Gabel unter den fertigen Risotto ziehen, alles noch einmal mit Salz und Pfeffer abschmecken und sofort servieren.

Mangoldgemüse oder ein gemischter Salat passen gut dazu.

Risotto mit Fisch

1 große Zwiebel · 2 Knoblauchzehen
400 g Schollenfilet · 2 EL Olivenöl
400 g Rundkornreis (am besten Carnaroli oder Arborio)
Saft von 1 Zitrone · $^1/_8$ l trockener Weißwein
$^3/_4$ l Gemüsebrühe · 1 Bund Dill · Salz · weißer Pfeffer

Zwiebel und Knoblauch schälen und fein hacken. Schollenfilet waschen, trockentupfen und sehr fein zerkleinern. Olivenöl erhitzen. Zwiebel und Knoblauch zugeben und glasig braten. Reis ebenfalls zugeben und mitbraten, bis alle Körner vom Fett überzogen sind. Den Fisch untermischen und mitbraten, bis er sich weiß verfärbt. Alles mit dem Zitronensaft beträufeln. Wein und Brühe mischen und etwa die Hälfte zum Reis gießen. Einmal aufkochen, dann den Reis bei schwacher Hitze etwa 20 Minuten garen. Dabei immer wieder Brühe nachgießen und den Reis mit einer Gabel durchrühren, damit er schön sämig wird. Inzwischen den Dill waschen, trockentupfen und fein hacken. Den fertigen Risotto mit Salz und Pfeffer abschmecken, den Dill untermischen, dann sofort, am besten mit einem gemischten Salat, servieren.

Risotto mit Steinpilzen

---
1 Zwiebel · 2 Knoblauchzehen · 1 EL Olivenöl
---
1 EL Butter oder Margarine
---
200 g Rundkornreis (am besten Carnaroli oder Arborio)

½ l heiße Hühnerbrühe · 4 EL trockener Weißwein
---
1 Msp Safran · 250 g frische Steinpilze · 1 EL Butter

½ Bund Petersilie · 2 EL Crème fraîche oder saure Sahne

Salz · weißer Pfeffer

Zwiebel und Knoblauch schälen und fein hacken. Öl und Butter oder Margarine erhitzen und Zwiebel und Knoblauch darin glasig braten. Reis zugeben und mitbraten, bis alle Körner vom Fett überzogen sind. Hühnerbrühe mit Wein und Safran zugießen. Reis bei schwacher Hitze in etwa 30 Minuten ausquellen lassen, bis die Flüssigkeit verdampft ist. Inzwischen Steinpilze putzen und in Scheiben schneiden. In der erhitzten Butter anbraten. Petersilie waschen, trockenschwenken und fein hacken. Mit der Crème fraîche oder der Sahne zu den Pilzen geben, alles mit Salz und Pfeffer pikant abschmecken und unter den Reis mischen. Den Risotto sofort servieren.

Gemüserisotto

1 Zwiebel · 2 EL Sonnenblumenöl
300 g Naturrundkornreis · 1 ¼ l Gemüsebrühe
je 200 g Möhren, Brokkoli und Porree · 100 g Crème fraîche
1 EL Butter · 75 g geriebener Pecorinokäse
Salz · weißer Pfeffer

Zwiebel abziehen, hacken und im heißen Öl glasig braten. Reis zugeben und unter Rühren mitbraten, bis die Körner vom Öl überzogen sind. Ein Drittel der Brühe zugießen, Reis aufkochen und zugedeckt bei schwächster Hitze 10 Minuten garen. Gemüse putzen, schälen, waschen, fein zerkleinern und mit einem guten Schuß Gemüsebrühe unter den Reis mischen. Erneut aufkochen und im offenen Topf bei mittlerer Hitze unter häufigem Rühren 20 bis 30 Minuten garen, bis der Reis körnig weich ist. Dabei nach und nach den Rest der Brühe und die Crème fraîche zugießen. Butter und Pecorino unter den Risotto mischen, mit Salz und Pfeffer abschmecken.

Risotto mit Zucchini

(siehe Foto Seite 67)

10 g getrocknete Steinpilze · 50 ccm Madeira
2 Schalotten · 1 Knoblauchzehe · 50 g Räucherspeck
400 g Zucchini · 200 g Austernpilze
200 g Kalbsschnitzel · 2 EL Olivenöl
300 g Risottoreis (Arborio, Carnaroli oder Vialone Nano)
3 Stengel Thymian · 1 Zweig Rosmarin
$1/4$ l Hühnerbrühe aus dem Glas · 3 EL Butter
Salz · Pfeffer · 8 Zucchiniblüten · $1/2$ Zitrone

Madeira mit Wasser auf $1/8$ l auffüllen und die Pilze darin 1 Stunde einweichen, abgießen und die Einweichflüssigkeit auffangen. Pilze fein hacken, Schalotten und Knoblauch schälen, fein hakken. Speck fein würfeln, Zucchini waschen, putzen und in feine Stifte schneiden. Austernpilze putzen und zerkleinern. Fleisch in feine Streifen schneiden.

1 EL Öl in einem schweren Topf erhitzen, Speck im Öl auslassen und Schalotten und Knoblauch darin andünsten. Den Reis einrühren, glasig rösten und die Steinpilze untermischen. Mit dem Einweichwasser der Pilze ablöschen und rühren, bis die Flüssigkeit verdampft ist. Kräuter fein hacken und untermischen. Brühe erhitzen und $1/4$ l angießen, einkochen und nach und nach die restliche Brühe zufügen, bis der Reis gar ist.

Zucchini in 2 EL Butter 3 Minuten dünsten, Austernpilze zugeben, salzen und pfeffern. Gemüse unter den Risotto mischen, 10 Minuten mitgaren. Je 1 EL Öl und Butter erhitzen und die Fleischstreifen anbraten. Zucchiniblüten abspülen, vier davon grob zerteilen und mit dem Fleisch zum Risotto geben. Mit Salz, Pfeffer und Zitronensaft würzen. Auf Tellern anrichten und mit je einer Zucchiniblüte garnieren.

Djuvec-Reis

1 mittelgroße Möhre · 1 rote Paprikaschote
1 grüne Paprikaschote · 1 kleine Aubergine · 2 Lauchzwiebeln
100 g Okraschoten · 2 Fleischtomaten
400 g Langkornreis · Salz · 2 EL edelsüßes Paprikapulver
200 g durchwachsener Räucherspeck
2 EL Olivenöl · $^3/_4$ l Wasser

Alle Gemüse waschen und putzen. Möhre schälen, Tomaten abziehen und grob hacken, Stielansätze dabei entfernen. Möhren, Paprikaschoten und Aubergine in etwa $^1/_2$ cm große Würfel schneiden. Lauchzwiebeln in etwa $^1/_2$ cm breite Stücke schneiden. Okraschoten nicht zerkleinern. Tomaten abziehen und würfeln. Reis mit dem zerkleinerten Gemüse, Salz und Paprikapulver mischen und in einen Topf geben. Speck darauflegen, Olivenöl und Wasser zugießen. Alles aufkochen. Deckel mit einem Küchentuch umwickeln, fest auf den Topf drücken und beschweren. Djuvec-Reis auf diese Weise zugedeckt etwa 30 Minuten bei schwächster Hitze garen.

Türkischer Auberginen-Reis

3 kleine Auberginen · 1 Gemüsezwiebel
2 Knoblauchzehen · 500 g Lammschulter
4–5 EL geschmacksneutrales Öl
1 kleine Dose Tomaten (400 g) · ½ l Fleischbrühe
1 rote Pfefferschote · Salz
1-2 TL scharfe Paprikaflocken · 150 g Langkornreis
10 Stengel Pfefferminze

Auberginen waschen, von den Stielansätzen befreien, abtrocknen und würfeln. Zwiebel und Knoblauch schälen und fein hacken. Lammfleisch von Fett und Sehnen befreien und in mundgerechte Stücke schneiden. Öl in einem Schmortopf erhitzen, Fleisch darin portionsweise rundherum braun anbraten und wieder herausnehmen. Auberginenwürfel mit Küchenpapier trockentupfen und im restlichen Öl bei schwacher Hitze anbraten. Zwiebel und Knoblauch zugeben und glasig braten. Fleisch wieder untermischen. Tomaten grob zerkleinern und mit dem Saft und der Hälfte der Fleischbrühe zugeben. Paprikaflocken und Salz zufügen. Alles zugedeckt bei schwacher Hitze etwa 1 Stunde schmoren lassen. Dann den Reis in einem Sieb unter fließendem kaltem Wasser abspülen, bis die ablaufende Flüssigkeit klar bleibt. Mit der restlichen Fleischbrühe zum Eintopf geben und alles weitere 25 Minuten garen, bis der Reis körnig weich ist. Pfefferminzblätter abzupfen, fein zerkleinern und unter den Eintopf mischen.

Kräuterreis mit Bohnen

---

400 g rote Bohnen · 2 Gemüsezwiebeln

2 Knoblauchzehen · 100 g durchwachsener Räucherspeck

¹/₈ l Gemüsebrühe · 250 g Langkornreis · ¹/₂ l Wasser

Salz · 1 Bund Petersilie · 1 Bund Schnittlauch

¹/₈ l saure Sahne · weißer Pfeffer · edelsüßes Paprikapulver

30 g Butter oder Margarine

Bohnen mit Wasser bedecken und über Nacht einweichen. Am nächsten Tag im Einweichwasser zum Kochen bringen und 1 ¹/₂ Stunden bei schwacher Hitze zugedeckt köcheln lassen. Im Dampfdrucktopf kommen Sie mit einer Garzeit von 30 bis 40 Minuten aus – je nach Alter und Sorte der Hülsenfrüchte. Zwiebeln und Knoblauch schälen und fein hacken. Speck von Schwarte und Knorpeln befreien und fein würfeln. In einem Topf ohne weitere Fettzugabe unter Rühren ausbraten. Zwiebeln und Knoblauch zugeben und glasig braten. Abgetropfte Bohnen untermischen, Brühe zugießen und das Ragout weitere 30 Minuten zugedeckt schmoren. Inzwischen Reis in einem Sieb unter fließendem kaltem Wasser abspülen, bis die ablaufende Flüssigkeit klar bleibt. Mit Wasser und Salz zum Kochen bringen und zugedeckt bei schwacher Hitze in etwa 20 Minuten körnig ausquellen lassen. Kräuter waschen und trockenschwenken. Petersilie fein hacken, Schnittlauch in Röllchen schneiden. Reis, Kräuter und saure Sahne unter die Bohnen mischen, alles mit Salz, Pfeffer und Paprikapulver abschmecken und sofort servieren.

Reistopf mit Mais und Hack

1 große Zwiebel · 1 Knoblauchzehe · 2 EL Öl
1 EL getrockneter Thymian · 200 g gemischtes Hackfleisch
200 Langkornreis · 400 ml Rinderfond (Glas)
Salz · 250 g Tomaten · 1 Dose Mais (Einwaage 425 g)
Chilipulver · 1 EL Crème fraîche
1 kleines Bund Schnittknoblauch

Zwiebel und Knoblauch abziehen, hacken und im heißen Öl bei schwacher Hitze glasig braten. Thymian und Hackfleisch zugeben und braten, bis das Fleisch krümelig ist. Reis, Rinderfond und Salz zufügen und aufkochen. Reis zugedeckt bei schwächster Hitze 15 Minuten garen. Tomaten abziehen und würfeln, dabei die Stielansätze entfernen. Mit dem abgetropften Mais zugeben und bei mittlerer Hitze unter Rühren erhitzen. Mit Salz und Chilipulver würzen, fein zerkleinerten Schnittknoblauch untermischen.

Hopping John aus den USA

1 Zwiebel · 1 Knoblauchzehe · 2 EL Öl
300 g Langkornreis oder Avorioreis · $^3/_4$ l Hühnerbrühe
1 Paket TK-Erbsen (300 g)
150 g Frühstücksspeck in dünnen Scheiben · Salz
frisch gemahlener weißer Pfeffer

Die Zwiebel und den Knoblauch schälen und fein hacken. 1 EL Öl in einem Topf erhitzen. Die Zwiebel und den Knoblauch darin bei schwacher Hitze glasig braten. Den Reis daruntermischen und einige Male umrühren. Die Brühe dazugießen und bei mittlerer Hitze langsam zum Kochen bringen. Den Reis zugedeckt bei schwacher Hitze 15 Minuten garen. Die Erbsen untermischen, erneut aufkochen und zugedeckt weitere 5 bis 10 Minuten garen, bis der Reis körnig weich ist. Während der Reis gart, das restliche Öl in einer Pfanne erhitzen. Die Speckscheiben darin bei schwacher bis mittlerer Hitze zuerst glasig braten, dann leicht bräunen. Den Reis mit Salz und reichlich Pfeffer abschmecken und mit dem Speck belegt anrichten. Dazu paßt Gurken- oder Tomatensalat.

Vegetarische Reisgerichte

Brasilianischer Reis mit Gemüse

2 mittelgroße Möhren · 100 g grüne Bohnen
1 kleine Stange Lauch
1 mittelgroße rote Paprikaschote · 200 g Rundkornreis
800 ml Geflügelfond (Glas) oder Hefebrühe
200 ml Kokosmilch (Dose) · 1 EL Instant-Gemüsebrühe
2 Eier · 200 g TK-Erbsen · 1 EL Butter
1 EL geriebener Parmesan-Käse · Olivenöl für die Form

Möhren schälen, waschen und würfeln. Bohnen waschen, putzen und schräg in Stücke bzw. Rauten schneiden. Lauch und Paprikaschote putzen, waschen und in feine Ringe schneiden. Den Reis in reichlich kaltem Wasser drei- bis viermal waschen und auf einem Sieb gut abtropfen lassen. Geflügelfond oder Hefebrühe, Kokosmilch und Instant-Gemüsebrühe in einem Topf mischen und zum Kochen bringen. Das vorbereitete Gemüse und den Reis dazugeben und zugedeckt bei schwacher Hitze etwa 10 Minuten garen. Inzwischen die Eier in 8 bis 10 Minuten hart kochen, kalt abschrecken und pellen. Abkühlen lassen und in Scheiben schneiden. Die Erbsen zum Reis geben und weitere 10 bis 15 Minuten im offenen Topf garen, bis der Reis körnigweich ist. Butter und Parmesan unter den Risotto ziehen und den Topf von der Kochstelle nehmen. Eine

Kranzform mit Olivenöl ausstreichen. Mit den Eierscheiben auslegen. Den heißen Reis einfüllen, mit einem feuchten Tuch andrücken. Nach etwa 5 Minuten auf eine Platte stürzen und sofort servieren.

Schneller Pilaw

1 Zwiebel · 3 EL Maiskeimöl · 600 ml Wasser
½ Päckchen Boembae Nasi Goreng (fertige Gewürzmischung)
1 Päckchen Zwiebelsuppe · 400 g Langkornreis · 1 Tomate

Zwiebel abziehen, fein hacken und im Öl glasig braten. Wasser zugießen, Nasi Goreng und Zwiebelsuppe einrühren und erneut aufkochen. Reis zugeben und bei mittlerer Hitze unter häufigem Rühren 10 Minuten garen. Den Topfdeckel mit einem Küchentuch umwickeln, fest auf den Topf drücken und den Pilaw bei schwächster Hitze etwa 30 Minuten garen. Dabei ab und zu mit einer Gabel durchrühren. Tomate häuten, fein zerkleinern und unter den Pilaw ziehen.

Reisgratin

200 g Mittelkornreis · 2 l Wasser
3 Lauchzwiebeln · 2 EL Öl · 2 Eier · 200 ml Milch
75 g mittelalter Gouda-Käse
Salz · weißer Pfeffer · ¼ TL gemahlener Koriander

Reis mit Wasser und Salz aufkochen und zugedeckt bei schwacher Hitze etwa 10 Minuten vorgaren. Abgießen und abtropfen lassen. Lauchzwiebeln putzen, waschen und mit allen saftigen grünen Blättern in feine Ringe schneiden. Im heißen Öl bei mittlerer Hitze goldbraun braten. In einer Schüssel mit dem Reis vermischen. Die Eier verrühren und mit der Milch und dem geraspelten Käse unter den Reis mischen. Mit Salz, Pfeffer und einer Prise Koriander würzen. Reis in eine Gratinform füllen und in den kalten Backofen (mittlere Schiene) stellen. Bei 200°C (Umluft 180°C, Gas Stufe 3) etwa 30 Minuten backken.

Griechische Paprikaschoten

8 kleine rote Paprikaschoten · 50 g Schafskäse (Feta)
1 EL Tomatenmark · 100 g gegarter Langkornreis
2 EL Sahne · 1 ½ EL Wasser · 1 EL getrockneter Dill
Salz · Pfeffer · 1 kleine Dose Pizzatomaten
½ TL Instant-Gemüsebrühe · 100 g Crème fraîche
1 ½ EL Wasser · Salz · Cayennepfeffer

Paprikaschoten waschen, jeweils einen Deckel abschneiden und die Schoten von Scheidewänden und Kernen befreien. Schafskäse zerbröckeln. Mit Tomatenmark, Reis, Sahne, Wasser und Dill mischen. Mit Salz und Pfeffer würzen und in die Paprikaschoten füllen. Schoten in eine feuerfeste Form setzen und die »Deckel« wieder auflegen. Pizzatomaten mit Gemüsebrühe, Crème fraîche und Wasser verrühren und um die Paprikaschoten gießen. Schoten in den kalten Backofen schieben (mittlere Schiene) und bei 200°C (Umluft: 180°C, Gas: Stufe 4) etwa 20 Minuten garen.

Gefüllte Zwiebeln

100 g Natur-Rundkornreis · 200 ccm Wasser
Salz · 1 kleine Stange Lauch
200 g Champignons oder Egerlinge
1 EL Butter oder Margarine
8–10 möglichst gleich große Zwiebeln
1 Knoblauchzehe · 150 g geriebener Emmentaler
1 EL frisch gehackte Petersilie
1–2 TL frische Thymianblättchen · weißer Pfeffer
Muskat · 30 g Butter oder Margarine

Reis in einem Sieb kalt abspülen, bis das ablaufende Wasser klar bleibt. Dann mit dem Wasser und Salz zum Kochen bringen und zugedeckt bei schwacher Hitze in etwa 35 Minuten körnig ausquellen lassen. Inzwischen Lauch putzen, gründlich waschen und mit dem zarten Grün in dünne Ringe schneiden. Pilze putzen, kurz waschen und blättrig schneiden. Mit dem Lauch im erhitzten Fett anbraten, bis der Lauch glasig ist. Beiseite stellen. Die Zwiebeln schälen und die Wurzelansätze nur so weit abschneiden, daß die einzelnen Zwiebelschichten noch zusammenhalten. Zwiebeln in sprudelnd kochendem Salzwasser etwa 10 Minuten garen, herausnehmen und abtropfen lassen. Die Zwiebeln aushöhlen (2–3 Außenschichten müssen übrigbleiben). Das ausgehöhlte Zwiebelfleisch fein hacken. Knoblauch schälen, durch die Knoblauchpresse drücken und mit der Pilz-Lauchmischung, dem gehackten Zwiebelfleisch, dem Käse und den Kräutern unter den Reis mischen. Masse mit Salz, Pfeffer und Muskat würzen und die Zwiebeln damit füllen. Eine feuerfeste Form einfetten, die Zwiebeln hineinsetzen und mit dem restlichen Fett in Flöckchen belegen. Eventuell übriggebliebene Füllung um die Zwiebeln verteilen. Zwie-

beln im vorgeheizten Backofen bei 200°C 20 Minuten backen. Die Temperatur dann auf 180°C zurückschalten und die Zwiebeln weitere 15 Minuten backen.
Dazu schmeckt gemischter Salat oder Bohnensalat.

Spanischer Reistopf mit Kichererbsen

250 g Kichererbsen · 1 ¼ l Wasser · Salz
1 Lorbeerblatt · 1 Knoblauchzehe · 1 TL gehackte Petersilie
75 g Langkornreis · 1 Zwiebel · 1 EL Öl
1 Msp Safranfäden · 1 EL Mandelstifte

Kichererbsen über Nacht im Wasser einweichen. Salz, Lorbeerblatt, abgezogenen, zerdrückten Knoblauch und Petersilie zugeben, aufkochen und zugedeckt bei schwacher Hitze in 1 ¼ Stunden fast weich kochen. Reis zugeben, aufkochen und alles zugedeckt bei schwacher Hitze etwa 20 Minuten garen, bis Kichererbsen und Reis weich sind. Zwiebel abziehen, fein hacken und im heißen Öl bei schwacher Hitze glasig dünsten. Safran in einem Pfännchen ohne Fett rösten. Mandeln im Mörser zerreiben, mit Safran und Zwiebeln zum Eintopf geben. Zugedeckt bei schwacher Hitze etwa 5 Minuten ziehen lassen.
Dazu gibt es hartgekochte Eier und Bauernbrot.

Griechischer Spinatreis

---
2 kg frischer Herbst- oder Winterspinat
---
4 mittelgroße Zwiebeln · 1 kleine Dose Tomatenmark

$^1/_8$ l Gemüsebrühe · 6 EL Olivenöl · 200 g Langkornreis

Salz · weißer Pfeffer · 1 EL Zitronensaft

Den Spinat verlesen, gründlich waschen, abtropfen lassen und grob hacken. Die Zwiebeln abziehen und fein hacken. Tomatenmark mit dem Wasser verrühren. Olivenöl in einer Pfanne erhitzen und die Zwiebeln darin bei schwacher Hitze glasig braten. Den Spinat zugeben und kurz andünsten. Reis, Tomatenmark, Salz und Pfeffer zugeben und einmal aufkochen. Zugedeckt bei schwacher Hitze etwa 20 Minuten garen. Mit Zitronensaft abschmecken.

Japanischer Reis mit Gemüse

---
3 getrocknete Shiitake-Pilze
---
750 ccm lauwarmes Wasser · 1 Prise Zucker
---
1 EL Instant-Gemüsebrühe · 1 kleine Möhre · 100 g Tofu
---
1 Schwarzwurzel · 4 EL Sojasauce · 1 EL Sake
---
600 g Langkornreis · 2 Frühlingszwiebeln

Die Shiitake-Pilze mit Wasser und Zucker in einer Schüssel 30 Minuten quellen lassen. Abgießen, das Wasser für die Sauce auffangen und mit der Gemüsebrühe in einen Topf geben. Pilze, Tofu, geschälte Möhre und Schwarzwurzel sehr klein würfeln, in einer Schüssel mit Sojasauce und Sake übergießen und etwa 10 Minuten ziehen lassen.

Den Reis auf einem Sieb kalt abspülen, bis das ablaufende Wasser klar bleibt. Mit Pilzmischung und Gemüsewasser in einen Topf geben, alles mit einer Gabel vorsichtig mischen und aufkochen. Zugedeckt bei schwacher Hitze 20 Minuten köcheln und neben der Kochstelle noch 10 Minuten ziehen lassen. Die Frühlingszwiebeln putzen, waschen, mit dem saftigen Zwiebelgrün in feine Ringe schneiden und unter den Reis mischen.

Gebratener Reis auf chinesische Art

600 g Basmati- oder Patnareis · 1 ½ l Wasser
Salz · 300 g Pastinaken · 80 ml Sesamöl · 80 ml Sojasauce
2 mittelgroße rote Paprikaschoten · 100 g Austernpilze
100 g Bambussprossen (Dose) · 100 g TK-Erbsen
1 Bund Schnittlauch

Den Reis in Wasser und Salz aufkochen und zugedeckt bei schwacher Hitze in etwa 15 Minuten bißfest garen. Auf ein Sieb abgießen, kalt abspülen und abtropfen lassen. Pastinaken schälen, waschen und in dünne Stifte schneiden. Paprikaschoten waschen, entkernen und fein würfeln. Austernpilzhüte in Streifen schneiden. Die Erbsen in wenig Wasser etwa 5 Minuten garen. In einem Wok oder einer großen Pfanne 1 EL Sesamöl stark erhitzen. Die Pastinaken darin unter ständigem Rühren 2 bis 3 Minuten bei starker Hitze braten. Mit Sojasauce würzen und in einer zweiten Pfanne bei schwacher Hitze warm halten. Das restliche Gemüse nacheinander wie die Pastinaken braten, würzen und warm stellen. Das übrige Öl im Wok stark erhitzen und den Reis darin unter ständigem Rühren braten. Mit dem Rest der Sojasauce würzen. Gemüse unter den Reis mischen und weitere 8 Minuten bei starker bis mittlerer Hitze braten. Dabei immer wieder kräftig rühren. Den Reis mit dem fein zerkleinerten Schnittlauch bestreuen und sofort servieren.

Nasi Goreng –
Gebratener Reis mit Spiegelei
(siehe Foto Seite 119)

200 g Langkornreis · 4 Schalotten · 2 Knoblauchzehen
¼ TL Garnelenpaste · 5 EL Öl · 4 Eier
2 EL süße Sojasauce · 1 EL Tomatenketchup
1 TL Sambal Oelek · ½ Salatgurke · frischer Koriander

Den Reis mit 375 ccm Salzwasser in einem Topf gut verschlossen aufkochen, dann bei schwacher Hitze 20 Minuten garen. Topf vom Herd nehmen, sobald alles Wasser aufgesogen ist. 10 Minuten quellen lassen. Schalotten und Knoblauch schälen und fein hacken. Garnelenpaste zerdrücken. In einer Pfanne 1 EL Öl erhitzen. Die Eier aufschlagen und 4 Spiegeleier braten. Restliches Öl im Wok oder einer Pfanne erhitzen, Schalotten, Knoblauch und Garnelenpaste zufügen und glasig dünsten. Reis dazugeben und etwa 3 Minuten mitbraten. Auf Tellern anrichten und auf jede Portion ein Spiegelei setzen. Gurke waschen und in feine Scheiben schneiden, auf dem Reis anrichten. Koriander waschen, trockenschütteln und darüberstreuen.

Einfacher Bratreis

2 Eier · Salz · weißer Pfeffer · 3 EL Öl

3 Frühlings- oder Lauchzwiebeln · 1 Knoblauchzehe

½ TL Instant-Gemüsebrühe

500 g gekochter, abgekühlter Basmatireis

2 TL helle oder dunkle Sojasauce

Schnittlauch zum Garnieren

Das Ei verquirlen, leicht salzen und pfeffern und in 1 EL Öl als Rührei braten. Aus der Pfanne nehmen, abkühlen lassen und in Stücke schneiden. Frühlingszwiebeln putzen, waschen und in feine Ringe schneiden. Knoblauch abziehen und fein hakken. Restliches Öl erhitzen und den Knoblauch darin hellbraun anbraten. Gemüsebrühe, Frühlingszwiebeln sowie Reis zugeben und kurz mitbraten. Rührei untermischen und ebenfalls kurz mitbraten. Reis mit Salz, Pfeffer und Sojasauce abschmecken und mit Schnittlauchröllchen bestreut sofort servieren.

Paprika-Pilaw

je 2 rote, grüne und gelbe mittelgroße Paprikaschoten

2 große Möhren · 2 mittelgroße Zwiebeln

5 EL Maiskeimöl · 300 g Naturlangkornreis

1 kleine Dose geschälte Tomaten · ¾ l Hühnerbrühe

Salz · schwarzer Pfeffer · 1 Bund Schnittlauch

Paprikachoten putzen, waschen und grob würfeln. Geschälte Möhren fein reiben, Zwiebeln abziehen und fein hacken. Öl in einem Topf erhitzen und die Möhren darin bei schwacher

Hitze anbraten. Zwiebeln zugeben und etwa 1 Minute mitbraten, bis die Zwiebeln glasig sind. Paprikawürfel zufügen und noch 1 bis 2 Minuten mitbraten. Zuletzt Reis zugeben und einige Male umrühren. Tomaten in der Dose mit einem Messer grob zerschneiden und mit der Brühe zuschütten. Mit Salz und Pfeffer würzen. Alles aufkochen und zugedeckt bei schwacher Hitze etwa 20 Minuten garen, bis die Flüssigkeit aufgesogen und der Reis weich ist. Schnittlauch waschen und in feine Röllchen schneiden. Pilaw damit mischen, eventuell noch mal mit Salz und Pfeffer abschmecken.

Gebratener Reis auf Thaiart

Für 2 Portionen:
300 g gegarter Langkornreis · 200 g Tofu
3 Frühlingszwiebeln · 2 Knoblauchzehen
150 g Schnittknoblauch · 4 EL Öl · 2 TL Zucker
4 EL helle Sojasauce · 1 TL Chilipulver
3 EL Tamarindensaft · 3 Eier
3 EL grob gemahlene Erdnußkerne

Reis mit einer Gabel lockern, so daß die Körner nicht zusammenhängen. Tofu in schmale Streifen schneiden. Die Frühlingszwiebeln putzen, waschen und in feine Ringe schneiden. Knoblauch abziehen und fein hacken. Den Schnittknoblauch waschen und in 4 Zentimeter lange Stücke schneiden. 2 EL Öl in einer großen Pfanne oder im Wok erhitzen. Tofustreifen darin bei mittlerer Hitze unter Rühren goldbraun anbraten und wieder herausnehmen. Frühlingszwiebeln und Knoblauch in der Pfanne anbraten. Reis zugeben und unter Rühren mitbraten. Tofu, Zucker, Sojasauce, Chilipulver und Tamarinden-

Thunfisch-Tomatenreis (Rezept siehe Seite 180)

saft zugeben, alles gut vermischen und an den Rand der Pfanne schieben. Das restliche Öl in die Pfannenmitte gießen. Die Eier darin wie Spiegeleier einige Sekunden bei mittlerer Hitze braten, bis das Eiweiß zu stocken beginnt. Schnittknoblauchstücke und Erdnußkerne auf die Eier streuen und den gesamten Pfanneninhalt mit einem Holzschaber gut durchmischen.

Reisbuletten mit Ratatouille

200 g Natur-Langkornreis · $^{1}/_{2}$ l Wasser
1 Aubergine (etwa 400 g) · 2 Zucchini (etwa 500 g)
je 1 rote und gelbe Paprikaschote (etwa 200 g)
1 große Gemüsezwiebel · 3 Knoblauchzehen
Olivenöl zum Braten · 1 kleine Dose geschälte Tomaten
einige Zweige frischer Thymian · Salz · weißer Pfeffer
1–2 Stengel frischer Estragon · 2 kleine Eier
40 g Schwarzbrotbrösel

Reis grob schroten, mit dem Wasser zum Kochen bringen und bei schwacher Hitze in etwa 20 Minuten ausquellen lassen. Aubergine, Zucchini und Paprikaschoten waschen und abtrocknen. Aubergine vom Stielansatz befreien und in Würfel schneiden. Zucchini ebenfalls von Stiel- und Blütenansatz befreien und in etwa 1 cm dicke Scheiben schneiden. Paprikaschoten putzen und in Streifen schneiden. Zwiebel und Knoblauch schälen. Zwiebel grob hacken, zwei Knoblauchzehen fein hakken. Etwas Öl in einem großen Topf erhitzen. Zwiebel und gehackten Knoblauch darin glasig braten. Auberginenwürfel zugeben und ebenfalls rundherum anbräunen. Zucchini und Paprikaschoten untermischen und mitbraten. Tomaten und $^{1}/_{2}$ Tasse Wasser zugeben, den Thymian einlegen, das Gemüse mit Salz und Pfeffer würzen und bei schwacher Hitze zugedeckt etwa 30 Minuten garen. Die restliche Knoblauchzehe direkt durch die Knoblauchpresse zum Reis drücken. Den Estragon waschen und fein hacken. Mit den Eiern und den Schwarzbrotbröseln zum Reis geben und alles gut vermischen. Die Reismasse mit Salz und Pfeffer würzen und zu 8 gleich großen Pflänzchen formen. Öl in einer Pfanne erhitzen. Die Buletten darin etwa 10 Minuten knusprig braun braten, dabei einmal wenden. Heiß mit dem Gemüse servieren.

Risibisi

---
1 Zwiebel · 1 EL Öl · 300 g Avorio- oder Langkornreis
---
³/₄ l Hühnerbrühe · 1 Paket TK-Erbsen (300 g)
---
1 EL Butter · Salz · weißer Pfeffer
---
nach Wunsch 3 EL geriebener Parmesan

Zwiebel und Knoblauch fein hacken und im heißen Öl glasig braten. Reis zugeben und kurz mitbraten. Brühe zugießen, aufkochen, Reis 15 Minuten garen. Erbsen untermischen, erneut aufkochen und garen, bis Reis und Erbsen weich sind Butter unterziehen, Risibisi mit Salz und reichlich Pfeffer abschmecken. Nach Wunsch geriebenen Parmesan dazu servieren oder mit der Butter unterheben.

Reis mit Sojasprossen

1 große Zwiebel · 4 Scheiben Frühstücksspeck
1 kleine grüne Pfefferschote · 3 Tomaten · 4 EL Öl
250 g Basmati- oder Patnareis · $^1/_2$ l Gemüsebrühe
Salz · $^1/_2$ TL Zimtpulver · 125 g Sojabohnensprossen

Zwiebel abziehen und hacken. Speck in Streifen schneiden. Pfefferschote halbieren, Kerne entfernen, Schotenhälften waschen und hacken. Tomaten abziehen und würfeln, Stielansätze entfernen. Öl erhitzen, Zwiebel und Speck darin bei schwacher Hitze glasig braten. Reis untermischen und etwa zwei Minuten braten. Pfefferschote und Tomaten unterrühren, Wasser, Salz und Zimt zugeben und aufkochen. Zugedeckt bei schwacher Hitze zehn Minuten garen. Sprossen untermischen, erneut aufkochen und weitere 5 Minuten garen, bis der Reis weich ist. Mit einer Gabel lockern.

Kräuterreis mit Pilzen

300 g Parboiled Reis · 600 ccm Wasser · Salz
2 große Tomaten · 300 g Joghurt (3,5 %)
500 g gemischte frische Pilze wie Champignons,
Austern- und Shiitakepilze
1 große Zwiebel · 1 Knoblauchzehe
1 kleine rote Pfefferschote · 3 EL Olivenöl
1 Päckchen provenzalische Kräutermischung

Reis mit Wasser und Salz aufkochen und zugedeckt bei schwächster Hitze in etwa 20 Minuten körnig ausquellen lassen.

Tomaten waschen und würfeln, mit dem Joghurt vermischen und mit Salz würzen. In einer Schüssel zugedeckt beiseite stellen. Alle Pilze putzen und grob zerkleinern. Zwiebel und Knoblauch abziehen und hacken. Pfefferschote putzen und auf einem Brett mit dem Wiegemesser fein zerkleinern. Öl in einer großen Pfanne erhitzen. Pilze, Zwiebel, Knoblauch, Rosmarin, Lorbeer und Pfefferschote darin bei mittlerer bis starker Hitze unter ständigem Wenden etwa fünf Minuten braten, bis die Pilze leicht gebräunt sind. Pilze und Kräutermischung unter den Reis rühren. Tomatenjoghurt als Klecks daraufsetzen oder gesondert dazu servieren.

Reisauflauf mit Zucchini und Käse

1 mittelgroßer Zucchino · 4 Lauchzwiebeln
4 EL Öl · 250 g Langkornreis · $^{1}/_{2}$ l Wasser
150 g Emmentaler Käse · 2 Eier · Salz · Cayennepfeffer
1 TL getrockneter Oregano · 1 EL Butter

Zucchino waschen, putzen und würfeln. Lauchzwiebeln putzen, waschen und in dünne Ringe schneiden. Beide Zutaten im heißen Öl bei schwacher Hitze etwa 10 Minuten braten, bis sie halb weich sind. Reis mit dem Wasser aufkochen und zugedeckt bei mittlerer Hitze 10 Minuten köcheln, dann auf einem Sieb gut abtropfen lassen. Reis mit Zucchini, Lauchzwiebeln, der Hälfte des geriebenen Käses, Eiern, Salz, einer kräftigen Prise Cayennepfeffer und Oregano vermischen und in eine hohe Auflaufform füllen. Restlichen Käse darüberstreuen. Butter in kleinen Stücken auf dem Käse verteilen. Auflauf in den kalten Backofen (untere Schiene) stellen und bei 200°C etwa 30 Minuten backen, bis er oben schön gebräunt ist.

Reistopf mit Endivien

200 g Natur-Langkornreis · 400 ccm Gemüsebrühe
Salz · 1 Kopf Endiviensalat · 1 Zwiebel
1 Knoblauchzehe · 1 EL Butter oder Margarine
30 g Vollkornmehl · ¼ l Gemüsebrühe
1 Becher süße Sahne (125 g) · Saft von ½ Zitrone
weißer Pfeffer · 1 Eigelb
1 EL frisch gehackte Petersilie oder Schnittlauchröllchen

Reis mit Gemüsebrühe und wenig Salz zum Kochen bringen und bei schwacher Hitze zugedeckt in etwa 40 Minuten körnig ausquellen lassen. Inzwischen den Salat in seine einzelnen Blätter zerlegen, waschen und in Streifen schneiden. Diese in reichlich sprudelnd kochendem Salzwasser 2 Minuten blanchieren, kalt abschrecken und abtropfen lassen. Zwiebel und Knoblauch schälen und fein hacken. Im erhitzten Fett unter Rühren glasig braten. Mehl darüberstreuen und kurz anrösten. Gemüsebrühe und Sahne dazugießen und unter Rühren zum Kochen bringen. Sauce etwa 10 Minuten bei schwacher Hitze kochen, mit Zitronensaft, Salz und Pfeffer abschmecken und die Endivienstreifen darin heiß werden lassen. Die Sauce mit dem Eigelb legieren; sie darf jetzt nicht mehr kochen, sonst gerinnt das Eigelb. Endivien unter den garten Reis mischen, alles noch einmal mit Salz und Pfeffer abschmecken und mit der Petersilie oder dem Schnittlauch bestreut sofort servieren.

Reis und italienisches Gemüse überbacken

500 g Auberginen · 150 g Natur-Rundkornreis
250 ccm Gemüsebrühe · 500 g Zucchini · Mehl zum Bestäuben
6 EL Olivenöl · 1 große Dose geschälte Tomaten (800 g)
schwarzer Pfeffer · 1 Prise Zucker
je 1 TL frischer Thymian, Oregano und Rosmarin · Salz
2 Beutel Mozzarella (300 g) · 100 g geriebener Parmesan

Auberginen waschen, vom Blütenansatz befreien und quer in Scheiben schneiden. Reis mit der Brühe zum Kochen bringen und zugedeckt bei schwacher Hitze in etwa 15 Minuten ausquellen lassen. Zucchini waschen, von Stiel- und Blütenansätzen befreien und längs in Scheiben schneiden. Die Scheiben in Mehl wenden und in Olivenöl von beiden Seiten goldbraun braten. Die Auberginen ebenfalls in Mehl wenden und in Öl braten. Auberginen- und Zucchinischeiben in eine feuerfeste Form schichten. Die Tomaten grob zerkleinern, in die Pfanne geben und den Bratensatz mit dem Saft lösen. Die Flüssigkeit etwas einkochen lassen, die gehackten Kräuter und den Reis untermischen. Die Sauce mit Salz, Pfeffer und dem Zucker abschmecken und über das Gemüse verteilen. Den Mozzarella abtropfen lassen, in Scheiben schneiden und auf der Tomatensauce verteilen. Den Parmesan darüberstreuen. Das Gemüse und den Reis im vorgeheizten Backofen bei 200°C etwa 30 Minuten überbacken, bis der Mozzarella zerlaufen und schön gebräunt ist.

Gewürzter Reis mit Erbsen und Kürbiskernen

200 g Langkornreis · $^1/_2$ l Wasser
1 Zwiebel · 1 Knoblauchzehe · 1 grüne Pfefferschote
1 Stück frische Ingwerwurzel (etwa 2 cm lang)
1 TL Kurkuma (Gelbwurz)
1 TL Kreuzkümmel · $^1/_2$ TL Ingwerpulver
$^1/_2$ TL gemahlener Koriander · Cayennepfeffer
Salz · 3 EL Sonnenblumenöl
50 g Kürbiskerne (ersatzweise Sonnenblumenkerne)
1 Paket TK-Erbsen (300 g) · gut $^1/_4$ l Gemüsebrühe
$^1/_2$ Bund Petersilie

Reis mit dem Wasser zum Kochen bringen und 5 Minuten zugedeckt bei schwacher Hitze vorgaren. Inzwischen Zwiebel und Knoblauch schälen und fein hacken. Pfefferschote waschen, längs halbieren und die brennendscharfen Kerne entfernen. Hälften kalt abspülen und in feine Streifen schneiden. Ingwerwurzel wie eine Kartoffel schälen und ebenfalls fein hacken. Kurkuma, Kreuzkümmel, Ingwerpulver, Koriander, eine kräftige Prise Cayennepfeffer und Salz in einem Schälchen mischen. Öl erhitzen, Zwiebel, Knoblauch, Pfefferschote und Ingwer darin anbraten, bis Zwiebel und Knoblauch glasig sind. Abgegossenen, abgetropften Reis und Kürbiskerne zugeben und bei starker Hitze braten, bis alle Körner vom Fett überzogen sind. Reis mit der Gewürzmischung bestreuen und alles gut untermischen. Gemüsebrühe zugießen und das Curry zugedeckt bei schwacher Hitze 10 Minuten garen. Petersilie waschen, trockentupfen und die Blättchen in feine Streifen schneiden. Mit den Erbsen zum Reis geben und alles weitere 5 Minuten garen.

Paprika-Reis-Auflauf

300 g Natur-Rundkornreis · ¾ l Gemüsebrühe
Salz · 400 g rote, grüne und gelbe Paprikaschoten gemischt
1 große Gemüsezwiebel (etwa 250 g) · 2 Knoblauchzehen
300 g Tomaten · 4 EL Olivenöl · weißer Pfeffer
1 TL getrockneter Oregano · 1–2 EL Butter oder Margarine
150 g geriebener Parmesan

Reis mit einem Teil der Gemüsebrühe zum Kochen bringen, salzen und zugedeckt bei schwacher Hitze in etwa 40 Minuten garen, dabei immer wieder etwas Brühe zugießen und den Reis mit einer Gabel durchrühren, damit er schön sämig wird. Inzwischen Paprikaschoten waschen, putzen und in Streifen schneiden. Gemüsezwiebel und Knoblauch schälen und in hauchdünne Scheiben schneiden. Tomaten mit kochendem Wasser übergießen, kurz darin ziehen lassen, dann kalt abschrecken und häuten. Tomaten in Würfel schneiden, dabei die Stielansätze entfernen. Etwas Olivenöl erhitzen, Zwiebel und Knoblauch darin glasig braten. Paprika zugeben und kurz mitbraten. Tomaten untermischen, das Gemüse mit Salz, Pfeffer und Oregano würzen und zugedeckt bei schwacher Hitze etwa 20 Minuten garen. Die Hälfte des Fettes und zwei Drittel vom Käse unter den gegarten Reis mischen und diesen ebenfalls mit Salz und Pfeffer abschmecken. Eine feuerfeste Form mit dem restlichen Fett ausstreichen und lagenweise mit Reis und Paprikagemüse füllen. Die letzte Schicht sollte Reis sein. Den restlichen Käse darüberstreuen, mit dem übrigen Olivenöl beträufeln und das Ganze im vorgeheizten Ofen bei 200° C etwa 30 Minuten garen, bis die Oberfläche schön gebräunt ist.

Reisring mit Gemüse

---
250 g Langkornreis · 2 Zwiebeln
---
2 Knoblauchzehen · 2–3 EL Sonnenblumenöl

$^1/_2$ l Wasser oder Gemüsebrühe

Salz · 250 g Möhren · 250 g Lauch
---
250 g Champignons oder Egerlinge · 1–2 EL Zitronensaft
---
250 g Zucchini · 1 Bund Petersilie · weißer Pfeffer
---
30 g Butter oder Margarine
---
75 g geriebener Parmesan oder Emmentaler

Reis in einem Sieb unter fließendem kaltem Wasser abspülen, bis das ablaufende Wasser klar bleibt, und abtropfen lassen. 1 Zwiebel und 1 Knoblauchzehe schälen und fein hacken. In etwa 1 EL Öl glasig braten. Reis zugeben und mitbraten, bis alle Körner vom Öl überzogen sind. Wasser oder Gemüsebrühe zugießen, salzen und zum Kochen bringen. Reis dann zugedeckt bei schwacher Hitze in etwa 40 Minuten körnig ausquellen lassen. Inzwischen Möhren schaben, waschen und in dünne Stifte schneiden. Lauch putzen, sehr gründlich waschen und in Ringe teilen. Pilze ebenfalls putzen, gegebenenfalls kurz waschen, dann blättrig schneiden. Sofort mit dem Zitronensaft beträufeln, damit sich die Pilze nicht verfärben. Zucchini von den Stielansätzen befreien, waschen und in Stifte schneiden. Restliche Zwiebel und Knoblauch schälen und fein hacken. Petersilie waschen, trockenschwenken und ohne die groben Stiele ebenfalls fein hacken. Restliches Öl erhitzen und Zwiebel und Knoblauch darin glasig braten. Gemüse und Pilze zugeben und unter Rühren bei starker Hitze etwa 3 Minuten braten. Mit Salz und Pfeffer abschmecken und zugedeckt bei schwacher Hitze garen, bis das Gemüse bißfest ist. Eine Ringform ausfetten. Restliches Fett, die Hälfte der Petersilie und

Käse unter den gegarten Reis mischen, diesen in die Ringform drücken und auf einen großen Teller oder eine Platte stürzen. Gemüse in der Mitte des Reisrings verteilen und mit der restlichen Petersilie bestreuen.

Reisauflauf mit Kräutern

250 g Natur-Langkornreis · ½ l Wasser · Salz
1 große Gemüsezwiebel · 2 Knoblauchzehen
1 EL Sonnenblumenöl · 1 kleine Dose geschälte Tomaten (400 g)
schwarzer Pfeffer · Paprikapulver · Zucker
etwa 50 g gemischte Kräuter (z. B.) Petersilie, Estragon, Zitronenmelisse, Borretsch, Salbei und Schnittlauch)
3 Eier · Butter oder Margarine für die Form
60 g geriebener Parmesan oder anderer Hartkäse

Reis mit dem Wasser und Salz zum Kochen bringen. Zugedeckt bei schwacher Hitze in etwa 25 Minuten nicht ganz weich kochen und auskühlen lassen. Inzwischen Zwiebel und Knoblauch schälen und sehr fein hacken. Im erhitzten Öl glasig braten. Tomaten etwas zerkleinern und mit dem Saft zugeben. Alles mit Salz, Pfeffer, Paprika und 1 Prise Zucker abschmecken und so lange unter Rühren kochen, bis die Flüssigkeit fast verdampft ist. Etwas auskühlen lassen. Kräuter waschen, trockenschwenken, von groben Stielen befreien und grob hacken. Unter die Fleischsauce mischen. Reis und Eigelb ebenfalls untermischen. Eiweiß mit 1 Prise Salz zu steifem Schnee schlagen und unterheben. Masse in eine gefettete Auflaufform füllen, mit dem Käse bestreuen und im vorgeheizten Backofen bei 200°C etwa 30 Minuten garen. Inzwischen einen gemischten Salat als Beilage zubereiten.

Reis mit Morcheln

1 Päckchen getrocknete Spitzmorcheln (etwa 13 g)
$1/8$ l Wasser · 200 g Rundkornreis · 400 ccm Gemüsebrühe
1 Zwiebel · 1 Knoblauchzehe · 1 EL Butter
$1/4$ l süße Sahne · Salz · weißer Pfeffer · 1 Bund Petersilie
1 Päckchen TK-Erbsen (300 g) · 3 EL Crème fraîche

Morcheln 2 Stunden im Wasser einweichen. Den Reis mit der Gemüsebrühe zum Kochen bringen. Zugedeckt bei schwacher Hitze in etwa 20 Minuten ausquellen lassen. Inzwischen die Morcheln aus dem Wasser nehmen und kalt abspülen. Das Einweichwasser durch eine Kaffeefiltertüte gießen. Zwiebel und Knoblauch schälen, fein hacken und in der Butter glasig braten. Morcheln zugeben und einige Minuten anbraten. Einweichwasser und Sahne zugießen. Einmal aufkochen und mit Salz und Pfeffer würzen. Petersilie waschen, trockenschwenken, die Blättchen von den Stielen zupfen und fein hacken. Die Hälfte davon mit den Erbsen unter die Pilze mischen und zugedeckt 5 Minuten garen. Morcheln mit der Crème fraîche unter den Reis mischen und eventuell noch einmal mit Salz und Pfeffer abschmecken. Mit der restlichen Petersilie bestreut servieren.

Reistopf mit Wachtelbohnen

100 g Wachtelbohnen · 200 g Natur-Langkornreis
½ l Gemüsebrühe · 1 rote Pfefferschote · 1 Zucchino
2 Möhren · 500 g Tomaten · 1 Zwiebel · 1 Knoblauchzehe
Sonnenblumenöl zum Braten · 1 Prise Zucker
einige Blättchen frischer Salbei (ersatzweise ½ Bund Basilikum)
3–4 EL süße Sahne · Salz · weißer Pfeffer · Kreuzkümmel

Wachtelbohnen waschen und mit Wasser bedeckt über Nacht einweichen. Am nächsten Tag im Einweichwasser zum Kochen bringen, dann etwa 1 ½ Stunden zugedeckt bei schwacher Hitze köcheln lassen. Reis mit Gemüsebrühe zum Kochen bringen. Pfefferschote waschen, halbieren und zum Reis geben. Bei schwacher Hitze zugedeckt in etwa 35 Minuten körnig ausquellen lassen. Pfefferschotenhälften entfernen. Zucchino waschen, von Stiel- und Blütenansatz befreien und in Stifte schneiden. Möhren schaben, waschen und ebenfalls in Stifte schneiden. Tomaten mit kochendheißem Wasser übergießen, kurz darin ziehen lassen, kalt abschrecken, häuten und fein würfeln, dabei Stielansätze und Kerne entfernen. Zwiebel und Knoblauch schälen und fein hacken. In Öl glasig braten. Zucchino und Möhren zugeben und kräftig anbraten. Tomaten mit Zucker untermischen und alles bei schwacher Hitze zugedeckt so lange schmoren, bis das Gemüse bißfest ist. Salbei oder Basilikum waschen und in feine Streifen schneiden. Mit abgetropften Bohnen, Reis und Sahne zum Gemüse geben und alles so lange weiterschmoren, bis Reis und Bohnen heiß sind. Den Reistopf mit Salz, Pfeffer und Kreuzkümmel pikant abschmecken und sofort servieren.

Reis mit Fisch und Meeresfrüchten

Griechischer Fischauflauf

100 g Langkornreis · Salz
500 g Kabeljau- oder Seelachsfilet
1 unbehandelte Zitrone · 1 große Zwiebel · 4 Tomaten
4 Eier · Salz · weißer Pfeffer
3 EL Butter oder Margarine · 2 EL Semmelbrösel

Reis in einem Sieb unter fließendem kaltem Wasser abspülen, bis die ablaufende Flüssigkeit klar bleibt. In reichlich sprudelnd kochendem Salzwasser etwa 10 Minuten vorgaren. Gründlich abtropfen und auskühlen lassen. Inzwischen Fischfilet waschen, abtrocknen und in kleine Stücke schneiden. Zitronenschale abreiben. Zitrone dann auspressen und den Saft und die Schale zum Fisch geben. Zwiebel schälen und sehr fein hacken. Tomaten mit kochendheißem Wasser überbrühen, kurz darin ziehen lassen, kalt abschrecken und häuten. Tomaten klein würfeln, dabei die Stielansätze und Kerne entfernen. Reis, Fisch, Zwiebel und Tomaten mit den Eiern mischen, mit Salz und Pfeffer würzen. In eine gefettete ofenfeste Form geben und mit den Semmelbröseln bestreuen. Mit dem restlichen Fett in Flöckchen belegen und im vorgeheizten Backofen bei 200°C etwa 30 Minuten backen, bis die Oberfläche schön gebräunt ist.

Fischragout im Reisrand

200 g Langkornreis · 400 ccm Wasser · Salz
600 g Seelachsfilet · Saft von 1 Zitrone · 1 EL Butter
1 EL Mehl · $^1/_8$ l Fischbrühe · $^1/_8$ l trockener Weißwein
weißer Pfeffer · 1 Bund Dill · 40 g Butter · 1 Eigelb

Reis in einem Sieb unter fließendem kaltem Wasser abspülen, bis die ablaufende Flüssigkeit klar bleibt, dann mit Wasser und Salz zum Kochen bringen und zugedeckt bei schwacher Hitze in etwa 20 Minuten körnig ausquellen lassen. Inzwischen Fischfilet waschen, abtrocknen und in Würfel schneiden. Mit Zitronensaft beträufeln und zugedeckt ziehen lassen. Butter zerlassen, aber nicht bräunen. Mehl unter Rühren darin anschwitzen. Fischbrühe und Weißwein unter weiterem Rühren nach und nach zugießen, dann die Sauce bei schwacher Hitze etwa 10 Minuten garen. Mit Salz, Pfeffer und etwas Zitronensaft abschmecken. Dill waschen, trockenschwenken und ohne die groben Stiele fein hacken. Mit dem Fisch in die Sauce geben und diesen in wenigen Minuten bei schwacher Hitze darin gar ziehen lassen. Inzwischen eine Ringform gründlich mit Butter ausstreichen. Restliches Fett unter den gegarten Reis mischen, diesen in die Form drücken, dann auf eine vorgewärmte Platte stürzen. Fischragout noch einmal mit Salz und Pfeffer abschmecken und mit dem Eigelb legieren. Die Sauce darf dann nicht mehr kochen, sonst gerinnt das Eigelb. Fischragout in der Mitte des Reisrandes anrichten und sofort servieren.
Dazu schmecken Gurkensalat oder Blattspinat.

Gebratener Reis mit Tintenfisch

200 g küchenfertiger Tintenfisch
1 Limette · 250 g Langkornreis · $^1/_2$ l Wasser
1 Zwiebel · 2 Knoblauchzehen
100 g Champignons oder braune Egerlinge
1 EL Zitronensaft · 100 g Paprikaschoten
100 g gepalte frische Erbsen · 100 g Bambussprossen
12 Wasserkastanien · 2 EL Sonnenblumenöl
2 EL Fischsauce (Nuoc Mam oder Nam Pla)
2 EL trockener Sherry · Salz · weißer Pfeffer

Tintenfisch kalt abspülen, in mundgerechte Stücke schneiden und mit 3 EL Limettensaft vermischt ziehen lasen, bis der Reis gegart ist. Reis mit Wasser zum Kochen bringen und bei schwacher Hitze zugedeckt in etwa 20 Minuten körnig ausquellen lassen. Zwiebel und Knoblauch abziehen und fein hacken. Pilze putzen, gegebenenfalls ganz kurz waschen, und blättrig schneiden. Mit dem restlichen Limettensaft beträufeln, damit sie sich nicht verfärben. Paprikaschoten putzen, waschen und in Streifen schneiden. Erbsen ebenfalls waschen und abtropfen lassen. Bambussprossen in Streifen teilen, Wasserkastanien halbieren. Zwiebel und Knoblauch im Öl glasig braten. Tintenfisch, Pilze, Gemüse und Wasserkastanien zugeben und unter Rühren bei starker Hitze etwa 2 Minuten braten. Reis untermischen. Alles mit Fischsauce, Sherry, Salz und Pfeffer abschmecken. Sofort servieren.

Französische Fischpfanne mit Reis

Für 6 Personen:

1 Zwiebel · 2 Knoblauchzehen · 4 EL Olivenöl

150 g Langkornreis · ½ l Gemüsebrühe · Salz

500 g Tomaten · je 1 rote und grüne Paprikaschote

500 g Rotbarschfilet · 6 Scampi · Saft von ½ Zitrone

300 g TK-Erbsen · 1 EL Butter

1 Briefchen Safranfäden

1 Bund Petersilie · Cayennepfeffer

½ Zitrone zum Garnieren

Zwiebel und Knoblauch schälen und fein hacken. Im Olivenöl glasig braten. Reis zugeben und mitbraten, bis er vom Öl überzogen ist. Gemüsebrühe angießen, salzen, zum Kochen bringen und den Reis zugedeckt bei schwacher Hitze in etwa 10 Minuten ausquellen lassen. Inzwischen die Tomaten mit kochendem Wasser übergießen, kurz darin ziehen lassen, kalt abschrecken, häuten und würfeln. Dabei Stielansätze und Kerne entfernen. Paprikaschoten putzen, waschen und in etwa ½ cm breite Streifen schneiden. Fisch und Scampi kalt abspülen und trockentupfen. Rotbarsch in 1 cm große Würfel schneiden. Scampi gegebenenfalls aus den Schalen lösen und den Darm, der am Rücken der Scampi wie ein dunkler Faden verläuft, vorsichtig entfernen. Fisch und Scampi mit Zitronensaft beträufeln. Paprikaschoten unter den Reis mischen und 10 Minuten mitgaren. Fischwürfel, Scampi, Erbsen und Tomaten untermischen und weitere 5–10 Minuten garen. Die Butter schmelzen, Safranfäden zwischen zwei Fingern etwas zerreiben und unter Rühren darin auflösen. Petersilie waschen, trockentupfen und fein hacken. Safranbutter mit einer Gabel unter den

Reis ziehen. Reispfanne mit Salz und einer kräftigen Prise Cayennepfeffer pikant abschmecken und mit Petersilie bestreuen. Zitronenhälfte in dünne Scheiben teilen und auf dem Reis anrichten. Die Fischpfanne sofort servieren.

Italienischer Fenchelreis mit Fisch

800 g Goldbarschfilet · 2 Zitronen · 3 Zwiebeln
1 mittelgroße Fenchelknolle · 2 grüne Paprikaschoten
Salz · 2 EL Mehl · 1 Ei · 60 g Butter oder Margarine
350 g Mittelkornreis · 1 kleine Dose Tomatenmark
knapp 1 l Gemüsebrühe (Instant)
1 EL scharfe Paprikaflocken · 1 Bund Petersilie

Fischfilet in Stücke schneiden, mit dem Zitronensaft beträufeln und 10 Minuten ziehen lassen. Zwiebeln abziehen und in Ringe schneiden. Fenchel putzen, waschen und halbieren. Hälften quer zu den Fasern in dünne Scheiben schneiden. Paprikaschoten waschen, putzen und in Streifen schneiden. Fisch mit Salz bestreuen und zuerst im Mehl, dann im verquirlten Ei wenden. Fett erhitzen, Fischstücke darin von allen Seiten braun braten. Herausnehmen und beiseite stellen. Zwiebelringe und Reis im Fett glasig dünsten. Tomatenmark, Fenchelscheibchen und Brühe zufügen. Zugedeckt 10 Minuten dünsten. Paprikastreifen zufügen und alles weitere 5 Minuten garen. Die Reispfanne mit Salz und Paprika abschmecken. Fischstücke auf den Reis legen und erwärmen. Mit grob gehackten Petersilienblättern belegen.

Indonesische Reispfanne (Rezept siehe Seite 200)

Thunfisch-Tomatenreis

(siehe Foto Seite 161)

1 große Zwiebel · 2 Knoblauchzehen · 5 EL Öl
1 Dose geschälte Tomaten (800 g) · 1 Lorbeerblatt
1 Zweig frischer Thymian oder $^1/_2$ TL getrockneter
2 Zweige Oregano oder 1 TL getrockneter
$^1/_4$ l Fleischbrühe · 150 g Reis · $^1/_2$ TL Salz
2 Dosen Thunfisch im eigenen Saft
1 TL gehackte Petersilie

Zwiebel und Knoblauchzehen schälen und fein hacken. Im heißen Öl glasig dünsten. Tomaten mit Saft und die Gewürze zu den Zwiebeln geben. Zum Kochen bringen, Brühe, Reis und Salz einrühren. Die Hitze reduzieren und den Reis bei geschlossenem Topf garen.

Den Thunfisch auf einem Sieb abtropfen lassen, die Stücke etwas zerkleinern und unter den fertigen Reis mischen. Lorbeerblatt, Thymian- und Oreganozweige entfernen und den Thunfisch-Tomatenreis abschmecken.

Chinapfanne mit Reis

200 g Shrimps · 2 EL Zitronensaft
1 Stück frische Ingwerwurzel · 1 Knoblauchzehe
4 EL helle Sojasauce · 2 EL trockener Sherry
6 EL Sonnenblumenöl · 1 Bund Frühlingszwiebeln · Salz
schwarzer Pfeffer · 150 g gegarter Langkornreis · 2 Eier
1 EL Schnittlauchröllchen

Shrimps mit Zitronensaft mischen. Ingwer wie eine Kartoffel schälen und sehr fein hacken. Knoblauch ebenfalls schälen und zerdrücken. Beides mit der Sojasauce, Sherry und 1 EL Öl mischen. Frühlingszwiebeln putzen, waschen und in Ringe schneiden. 1 EL Öl im Wok erhitzen. Zwiebeln darin anbraten, aber nicht bräunen. Knoblauchmischung zugeben, Shrimps untermischen und alles $^1/_2$ Minute bei starker Hitze braten. Reis untermischen und bei starker Hitze anbraten. Mit einem Holzspatel an den Rand des Woks schieben. Das restliche Öl in den Wok geben, die Eier darin wie Spiegeleier braten, bis das Eiweiß zu stocken beginnt. Den gesamten Inhalt des Woks vermischen und 1 bis 2 Minuten braten, bis die Eier gerade eben gestockt sind. Mit den Schnittlauchröllchen bestreut sofort servieren.

Krabbenreis aus der Karibik

300 g Langkornreis · 3 Zwiebeln · 1 Knoblauchzehe
1 rote Chilischote · 1 EL Butter oder Margarine
2 EL Erdnußöl · 2 EL Currypulver
400 ml Kokosmilch (Dose) · $1/4$ l Gemüsebrühe
Salz · schwarzer Pfeffer · 400 g Krabben
2 Bund Schnittlauch · 2 EL Zitronensaft
2 EL Kokosflocken
einige Zitronenschnitze zum Garnieren

Reis in einem Sieb unter fließendem kaltem Wasser abspülen, bis die ablaufende Flüssigkeit klar bleibt. Abtropfen lassen. Zwiebeln und Knoblauch schälen und sehr fein hacken. Chilischote waschen, abtrocknen und halbieren. Kerne entfernen und die Schotenhälften in feine Streifen schneiden oder klein hacken. Fett und Öl erhitzen. Zwiebel, Knoblauch und Pfefferschote darin unter Rühren anbraten, bis die Zwiebeln glasig sind. Reis zugeben und so lange mitbraten, bis alle Körner vom Fett überzogen sind. Currypulver darüberstäuben und kurz anschwitzen. Kokosmilch und Gemüsebrühe zugießen, mit Salz und Pfeffer würzen und den Reis bei schwacher Hitze etwa 15 Minuten zugedeckt ausquellen lassen. Krabben, Schnittlauch und Zitronensaft untermischen und alles weitere 5 Minuten braten, bis der Reis die Flüssigkeit fast aufgesogen hat und die Krabben heiß sind. Kokosflocken in einer trockenen Pfanne unter Rühren rösten, bis sie goldbraun sind. Reis auf einer vorgewärmten Platte kuppelförmig anrichten, mit den Kokosflocken bestreuen und mit den Zitronenschnitzen garniert sofort servieren.

Wildreis mit Kräutern und Fisch

---
150 g Wildreis · knapp ½ l Wasser
---
einige Zweige frischer Thymian · 2 frische Lorbeerblätter
---
1 Knoblauchzehe · 300 g frischer Lachs · 2 EL Zitronensaft
---
1 Bund Basilikum · 1 EL Butter · 1–2 EL süße Sahne

Salz · weißer Pfeffer

Wildreis in einem Sieb waschen und mit Wasser bedeckt etwa 1 Stunde quellen lassen. Dann mit dem Wasser zum Kochen bringen. Abgespülten, von den Stielen gestreiften Thymian sowie fein zerriebene Lorbeerblätter zugeben und den Reis bei schwacher Hitze zugedeckt in etwa 45 Minuten körnig ausquellen lassen. Inzwischen Knoblauch schälen und durch die Presse drücken. Lachs gegebenenfalls häuten, dann waschen, trockentupfen und in kleine Stücke schneiden. Mit dem Zitronensaft beträufeln und zugedeckt ziehen lassen. Basilikum waschen, trockenschwenken und die Blättchen in feine Streifen schneiden. Mit dem Knoblauch, dem Lachs, der Butter und der Sahne unter den gegarten Reis mischen und alles unter Rühren etwa 5 Minuten erwärmen. Wildreis mit Salz und Pfeffer würzen, dann sofort servieren.

Spanische Paella

Für 6 Personen:
500 g TK-Tintenfisch
1 Bund Suppengrün · $^1/_8$ l Wasser
$^1/_8$ l trockener Weißwein (ersatzweise Gemüsebrühe)
$^1/_2$ Päckchen Fischgewürz
12 Hummerkrabbenschwänze in der Schale (Tiefseegarnelen)
1 TL Safranfäden
300 g festfleischiges Fischfilet (Goldbarsch oder Lotte)
4 EL Zitronensaft · 1 Hähnchen von etwa 1,5 kg
300 g Schweinefleisch (Schulter, ohne Knochen)
1 Zwiebel · 2 Knoblauchzehen · 1 grüne Paprikaschote
200 g Tomaten · 2 EL Olivenöl
600 ccm Sud der Meeresfrüchte und Instant-Hühnerbrühe gemischt
300 g Langkornreis · 1 Päckchen TK-Erbsen (300 g)
Salz · weißer Pfeffer

Tintenfische auftauen lassen. Das Suppengrün waschen, putzen und grob zerkleinern. Mit dem Wasser, dem Wein und dem Fischgewürz in einem großen Topf aufkochen. Die Tintenfische darin zugedeckt bei schwacher Hitze 3 Minuten pochieren. Auf einem Teller beiseite stellen und abkühlen lassen. Den Sud erneut aufkochen, die Hummerkrabbenschwänze darin zugedeckt 5 Minuten ziehen lassen und ebenfalls wieder herausnehmen. Ein Sieb mit einem Küchentuch auslegen. Den Sud durchsieben, alle festen Teile im Sieb wegwerfen. Die Safranfäden zwischen den Fingern zerreiben und den Sud damit würzen. Die Tintenfische in etwa 1 cm breite Stücke, das Fischfilet in etwa 2 cm große Stücke schneiden, mit Zitronensaft beträufeln und ziehen lassen, bis die restlichen Zutaten vorbereitet sind. Huhn in 12 Teile zerlegen. Das Schweinefleisch in etwa 1 cm große Würfel schneiden. Die Zwiebel und den Knoblauch fein hacken. Paprikaschote waschen, vierteln, putzen und in fingerbreite Streifen schneiden. Tomaten häuten und würfeln. Öl in einer Pfanne erhitzen. Die Hühnerstücke und das Schweinefleisch darin portionsweise rundherum bei mittlerer Hitze braun anbraten; das dauert insgesamt etwa 30 Minuten. Das gebratene Fleisch in die Fettpfanne des Backofens legen. Das ausgebratene Fett bis auf einen dünnen Film aus der Pfanne gießen. Die Zwiebeln und den Knoblauch in der Pfanne bei schwacher Hitze etwa 1 Minute braten. Den Sud mit der Hühnerbrühe dazugießen, den Bratfond lösen und über dem Fleisch verteilen. Reis darüberstreuen. Tintenfisch, Hummerkrabbenschwänze, Paprikaschoten, Tomaten und Erbsen auf der Paella verteilen. Alles mit Salz und reichlich Pfeffer würzen. Die Fettpfanne mit Alufolie verschließen und in den kalten Backofen (Mitte) schieben. Den Ofen auf 180°C schalten. Die Paella 40 Minuten garen. Die Folie entfernen und die Paella weitere 20 bis 30 Minuten garen, bis der Reis körnig und das Fleisch weich ist. Mit der Petersilie bestreut servieren, Baguette und Salat dazu reichen.

Fischauflauf mit Reis

200 g gegarter Langkornreis · Fett für die Form
400 g Fischfilet (Kabeljau, Hecht oder Lengfisch)
2 EL Zitronensaft · Salz · schwarzer Pfeffer
1 Dose Pizzatomaten · 50 g geriebener junger Goudakäse
200 g Crème fraîche · 2 Eier · ¹/₂ Bund Schnittlauch

Reis in einer ofenfesten Form ausbreiten. Fischfilet in Stücke schneiden, auf den Reis legen und mit dem Zitronensaft, Salz und Pfeffer würzen. Tomaten darüber verteilen. Crème fraîche, Eier, Salz und Pfeffer verrühren und darübergießen. Auflauf in den kalten Backofen schieben und bei ca. 170°C etwa 45 Minuten backen. Mit Schnittlauchröllchen bestreuen.
Dazu passen Weißbrot und Gurkensalat.

Gefüllte Tintenfische auf Tomaten

1 kg Tomaten · 250 g Zwiebeln
1 großes Bund Petersilie · 2 Knoblauchzehen
4 EL Olivenöl · 50 g gegarter Rundkornreis
Salz · schwarzer Pfeffer
500 g küchenfertige Tintenfische (Sepien)
1 TL Oregano

Die Tomaten mit kochendem Wasser überbrühen, kurz darin ziehen lassen, abgießen, häuten und vierteln. Dabei die Stielansätze entfernen. Zwiebeln abziehen und in Ringe schneiden. Petersilie waschen, trockenschwenken und fein hacken. Knoblauch abziehen und zerdrücken. In 1 EL heißem Öl drei Minuten dünsten. Reis untermischen, kräftig mit Salz und Pfeffer würzen und abkühlen lassen. Tintenfische unter fließendem kaltem Wasser abspülen und trockentupfen. Eventuell vorhandene Fangarme kleinschneiden, die Beutel mit der Reismischung füllen und portionsweise im restlichen Öl von beiden Seiten anbraten und wieder herausnehmen. Zwiebelringe und zerkleinerte Fangarme ins Öl geben und dünsten, bis die Zwiebeln glasig sind. Tomaten zugeben. Mit Salz, Pfeffer und Oregano würzen. Tintenfische auf die Tomaten legen. In der geschlossenen Pfanne bei kleiner Hitze 30 Minuten dünsten.

Reis mit Schellfisch und Gemüse

100 g japanischer Sushi-Reis
4 getrocknete Shiitakepilze · 400 ml Wasser
300 g Schellfischfilet · Saft von 1 Zitrone
4 EL Sojasauce · 1 kleine Zwiebel · 2 Knoblauchzehen
½ kleine Fenchelknolle · 100 g Zuckerschoten
3 EL Maiskeimöl · 3 EL Mirin (süßer Reiswein)
1 TL Zucker · 1 TL Ingwerpulver
Salz · weißer Pfeffer

Reis auf einem Sieb kalt abspülen und 30 Minuten abtropfen lassen. Pilze mit dem Wasser aufkochen und 5 Minuten kochen. Herausnehmen, das Wasser für den Reis beiseite stellen, die Pilze in kleine Stücke schneiden. Fisch in 12 gleich große Stücke schneiden und mit dem Zitronensaft und 1 EL Sojasauce beträufeln. Zugedeckt 30 Minuten ziehen lassen. Reis in das abgekühlte Pilzwasser geben und weitere 30 Minuten ruhen lassen. Zwiebel und Knoblauch abziehen und hacken. Fenchel waschen und in dünne Scheiben schneiden. Zuckerschoten waschen und putzen. Pilzhüte in Streifen schneiden. In einer Pfanne 2 EL Öl erhitzen. Zwiebel und Knoblauch darin bei schwacher Hitze anbraten. Zerkleinertes Gemüse zugeben und bei starker Hitze unter Rühren etwa 1 Minute braten. Reis zufügen, aufkochen und zugedeckt bei schwacher Hitze 15 Minuten garen. Pilze, Mirin, restliche Sojasauce, Zucker und Ingwer untermischen. Fisch auf den Reis legen, alles erneut aufkochen und zugedeckt etwa 5 Minuten garen, bis der Reis die Flüssigkeit aufgesogen hat. Mit Salz und Pfeffer aus der Mühle abschmecken.

Gebratener Reis mit Bohnen und Krabben

300 g grüne Bohnen · Salz · 1 Knoblauchzehe
200 g Krabben · 1 EL helle Sojasauce
Cayennepfeffer · 1 EL Zitronensaft
1 EL Mirin (süßer Reiswein) · 1 EL Petersilienblättchen
3 EL Maiskeimöl · 50 g Cashewkerne
300 g gegarter Langkornreis

Bohnen waschen, putzen und in etwa 5 cm lange Stücke schneiden. In reichlich sprudelnd kochendem Salzwasser 7 Minuten bei starker Hitze kochen. Auf ein Sieb abgießen und zum Abschrecken mit dem Sieb in eine Schüssel mit Eiswasser tauchen. Abtropfen lassen. Knoblauch abziehen und hacken. Mit Krabben, Sojasauce, Cayennepfeffer, Zitronensaft, Mirin und Petersilie in einer Schüssel vermischen. Krabben zugedeckt im Kühlschrank 20 Minuten ziehen lassen. Öl in einer tiefen Pfanne oder im Wok erhitzen. Nüsse darin bei starker bis mittlerer Hitze goldgelb rösten. Bohnen, Krabben und Reis zugeben und bei mittlerer Hitze unter Rühren etwa 3 Minuten braten. Mit Salz und Cayennepfeffer abschmecken und sofort servieren.

Kedgeree

200 g Langkornreis · 1 Zwiebel

1 Knoblauchzehe · 1 EL Sonnenblumenöl

400 ccm Wasser · Salz · 500 g Kabeljaufilet

2 EL Zitronensaft · $1/8$ l trockener Weißwein · $1/8$ l Wasser

1 Lorbeerblatt · einige weiße Pfefferkörner

einige Zweige frischer Thymian

1 Zitronenscheibe · 2 Gemüsezwiebeln

1–2 EL Sonnenblumenöl · $1/4$ l süße Sahne

weißer Pfeffer · Currypulver · 2 hartgekochte Eier

50 g Butter oder Margarine

1 EL frisch gehackte Petersilie

Reis in einem Sieb unter fließendem kaltem Wasser abspülen, bis die ablaufende Flüssigkeit klar bleibt. Abtropfen lassen. Zwiebel und Knoblauch schälen und fein hacken. Im erhitzten Öl glasig braten. Reis zugeben und mitbraten, bis alle Körner vom Fett überzogen sind. Wasser zugießen, Reis salzen, zum Kochen bringen und zugedeckt bei schwacher Hitze in etwa 20 Minuten körnig ausquellen lassen. Inzwischen Kabeljaufilet waschen, mit Küchenpapier trockentupfen, mit Zitronensaft beträufeln und zugedeckt ziehen lassen. Wein mit Wasser, Lorbeerblatt, Pfefferkörnern, abgespültem Thymian und Zitronenscheibe zum Kochen bringen. Den Sud etwa 15 Minuten bei schwacher Hitze köcheln. Kabeljaufilets in mundgerechte Stücke schneiden, einige Minuten bei schwacher Hitze im Sud pochieren, abtropfen lassen und auf einem Teller beiseite stellen. Zwiebeln schälen und in Ringe schneiden. Im erhitzten Öl unter Rühren etwa 10 Minuten braten, bis sie weich und leicht gebräunt sind. Sahne zugießen und unter Rühren bei starker Hitze cremig einkochen. Mit Salz, Pfeffer und Currypulver pikant abschmecken. Eier schälen und in Scheiben schneiden. Eine feuerfeste Form lagenweise mit Reis, gewürzten Fischstücken, gesalzenen Eierscheiben und Zwiebeln füllen. Die letzte Schicht sollte Fisch sein. Butter zerlassen und dabei leicht bräunen. Über die Zutaten in der Form gießen und alles im vorgeheizten Backofen bei 200°C etwa 20 Minuten garen. Kedgeree mit der Petersilie bestreuen und sofort servieren.

Reistopf mit Muscheln

500 g Venusmuscheln · ¼ l trockener Weißwein
½ Bund Petersilie · einige weiße Pfefferkörner
Salz · 1 Zwiebel · 1 Knoblauchzehe · 1–2 EL Olivenöl
400 g Mittelkornreis · etwa ¾ l Gemüsebrühe
weißer Pfeffer · 1 EL frisch gehackte Petersilie · 1 EL Butter

Muscheln unter fließendem kaltem Wasser sehr gründlich säubern. Alle Exemplare wegwerfen, die jetzt nicht geschlossen sind. Weißwein mit gewaschener, zu einem Sträußchen gebundener Petersilie, Pfefferkörnern und Salz zum Kochen bringen. Muscheln in diesem Sud zugedeckt bei starker Hitze so lange garen, bis sich die Schalen geöffnet haben. Muscheln, die jetzt noch geschlossen sind, ebenfalls wegwerfen. Muscheln aus den Schalen lösen und beiseite stellen. Zwiebel und Knoblauch schälen und fein hacken. In erhitztem Öl glasig braten. Reis zugeben und mitbraten, bis alle Körner vom Öl überzogen sind. Durchgesiebten Muschelsud und Gemüsebrühe zugießen, den Reis mit Salz und Pfeffer würzen einmal aufkochen und bei schwacher Hitze etwa 15 Minuten garen. Muscheln und Petersilie untermischen und alles weitere 5 Minuten garen. Butter in Flöckchen teilen und unter den gegarten Reis ziehen.

Reistopf mit Krabben

250 g Langkornreis · 1 Zwiebel · 1 Knoblauchzehe
1 EL Sonnenblumenöl · $^1/_2$ l Gemüse- oder Fischbrühe
Salz · 300 g frischer Blattspinat
300 g frische oder tiefgefrorene und aufgetaute Krabben
1 EL Butter oder Margarine · 1 EL Zitronensaft
weißer Pfeffer · 1 EL Weinbrand · 200 g süße Sahne
1–2 TL Currypulver

Reis in einem Sieb unter fließendem kaltem Wasser abspülen, bis das ablaufende Wasser klar bleibt, und abtropfen lassen. Zwiebel und Knoblauch schälen und fein hacken. Im erhitzten Öl glasig braten. Reis zugeben und unter Rühren mitbraten, bis alle Körner vom Öl überzogen sind. Brühe zugießen, mit wenig Salz abschmecken und zum Kochen bringen. Reis zugedeckt bei schwacher Hitze in etwa 40 Minuten körnig ausquellen lassen. Inzwischen Spinat verlesen, gründlich waschen und in reichlich sprudelnd kochendem Salzwasser etwa 2 Minuten blanchieren. Kalt abschrecken, abtropfen lassen und fein hakken. Krabben mit Küchenpapier trockentupfen. Im heißen Fett bei schwacher Hitze unter ständigem Wenden etwa 3 Minuten braten. Krabben herausnehmen, mit Zitronensaft beträufeln, mit Salz und Pfeffer würzen und zugedeckt warm halten. Den Bratfond in der Pfanne mit Weinbrand lösen. Sahne zugießen und unter Rühren cremig einkochen. Sauce mit Salz und Currypulver abschmecken. Spinat und Krabben in die Sauce geben und darin heiß werden lassen. Unter den gegarten Reis mischen, alles eventuell noch einmal mit Salz und Pfeffer abschmecken und sofort servieren.

Dazu paßt Tomatensalat.

Reis mit Geflügel und Fleisch

Griechischer Hühnerpilaw

1 Huhn von etwa 1,4 kg · Salz · 250 g Tomaten
250 g grüne Paprikaschoten · 2 Zwiebeln · 2 Knoblauchzehen
50 g Korinthen oder Rosinen · 4 EL Öl
⅛ l heiße Hühnerbrühe · schwarzer Pfeffer
150 g Langkornreis · 350 ccm Wasser
Saft von ½ Zitrone

Huhn innen und außen waschen, trockentupfen, in acht Stücke teilen und rundherum mit Salz einreiben. Tomaten überbrühen, kurz im Wasser ziehen lassen, kalt abschrecken, häuten und würfeln, dabei Stielansätze und Kerne entfernen. Paprikaschoten putzen, waschen und in Streifen schneiden. Zwiebeln und Knoblauch schälen und fein hacken. Korinthen waschen und abtropfen lassen. 3 EL Öl erhitzen. Keulen und Flügel des Huhns rundherum etwa 10 Minuten darin anbraten. Bruststücke 5 Minuten mitbraten. Zwiebeln und Knoblauch zugeben und glasig braten. Gemüse und Korinthen zugeben. Hühnerbrühe zugießen und alles mit Pfeffer würzen. Das Huhn zugedeckt etwa 30 Minuten schmoren. Inzwischen Reis im restlichen Öl anbraten, mit dem Wasser auffüllen und zum Kochen bringen. Salzen und bei schwacher Hitze zugedeckt in etwa 20 Minuten körnig ausquellen lassen. Pilaw mit dem Reis mischen, mit Salz, Pfeffer und Zitronensaft abschmecken und sofort servieren.

Reis mit Huhn und Aprikosen

250 g getrocknete Aprikosen
¼ l trockener Weißwein · 2 Zwiebeln
3 Knoblauchzehen · 200 g Natur-Langkornreis
2 EL Sonnenblumenöl · knapp ½ l Geflügelbrühe
1 Huhn von etwa 1,3 kg · Salz · schwarzer Pfeffer
Cayennepfeffer · 1–2 EL Sojasauce
½ EL frische Rosmarinnadeln

Aprikosen waschen, abtropfen lassen und zugedeckt etwa 5 Stunden im Wein einweichen. 1 Zwiebel und 1 Knoblauchzehe schälen und fein hacken. Reis in einem Sieb unter fließendem kaltem Wasser abspülen, bis das ablaufende Wasser klar bleibt. Zwiebel und Knoblauch in der Hälfte des Öls glasig braten. Reis zugeben und unter Rühren mitbraten, bis alle Körner vom Öl überzogen sind. Dann die Geflügelbrühe zugießen, zum Kochen bringen und den Reis bei schwacher Hitze zugedeckt in etwa 40 Minuten körnig ausquellen lassen. Das Hühnerfleisch von den Knochen lösen und in mundgerechte Stücke schneiden. Restliche Zwiebeln und Knoblauch schälen und fein hacken. Aprikosen abtropfen lassen und grob zerkleinern. Einweichflüssigkeit dabei aufbewahren. Restliches Öl erhitzen und Zwiebel und Knoblauch darin glasig braten. Hühnerfleisch zugeben und bei starker Hitze unter Rühren etwa 5 Minuten braten. Aprikosenstücke, Einweichflüssigkeit, Salz, Pfeffer, eine kräftige Prise Cayennepfeffer, Sojasauce und Rosmarinnadeln zugeben und alles zugedeckt weitere 5 Minuten bei schwacher Hitze garen. Hühnerfleisch mit dem Reis mischen, eventuell noch einmal mit Salz und Pfeffer abschmecken und alles in einer vorgewärmten Schüssel sofort servieren.

Geflügelleber im Risottorand

1 Knoblauchzehe · 1 EL Olivenöl
250 g Rundkornreis (am besten Carnaroli oder Arborio)
gut ½ l Geflügelbrühe · 400 g Hühnerlebern
250 g Tomaten · 20 schwarze Oliven
1 unbehandelte Zitrone · einige Blätter frischer Salbei
1 EL Olivenöl · 2 EL Butter oder Margarine · Salz
schwarzer Pfeffer · 1 EL Butter oder Margarine
50 g geriebener Parmesan

Knoblauch schälen und sehr fein hacken. Im erhitzten Öl glasig braten. Reis zugeben und mitbraten, bis alle Körner vom Fett überzogen sind. Einen Teil der Geflügelbrühe zugießen und den Reis zugedeckt bei schwacher Hitze etwa 30 Minuten garen. Dabei immer wieder etwas Brühe zugießen und den Reis mit einer Gabel durchrühren, damit der Risotto schön sämig wird. Inzwischen Hühnerlebern kalt waschen, trockentupfen und in etwa 1 cm breite Streifen schneiden, dabei alle Röhren und Sehnen entfernen. Tomaten mit kochendheißem Wasser überbrühen, kurz darin ziehen lassen, dann kalt abschrecken und häuten. Tomaten klein würfeln, dabei die Stielansätze entfernen. Oliven halbieren und entsteinen. Zitronenschale zur Hälfte abschälen und in dünne Streifen schneiden. Zitrone dann auspressen. Salbei waschen, trockentupfen und ebenfalls in dünne Streifen schneiden. Öl erhitzen, Fett darin zerlaufen lassen und Leber, Oliven, Zitronenschale und Salbei darin anbraten, bis sich die Leber grau färbt. Tomaten und Zitronensaft untermischen und alles garen, bis die Tomaten weich sind. Ragout mit Salz und Pfeffer abschmecken. Eine Ringform ausfetten. Restliches Fett und Käse mit einer Gabel unter den gegarten Risotto mischen, diesen in die Ringform drücken und auf eine vorgewärmte Platte stürzen. Leberragout in der Mitte des Reisrandes anrichten und das Gericht sofort servieren.

Gefülltes Huhn auf spanische Art

80 g Langkornreis · 80 g gekochter Schinken
100 g Champignons · 1–2 EL Olivenöl
150 ccm Geflügelbrühe · 1 Hähnchen (etwa 1,5 kg)
Salz · schwarzer Pfeffer · Saft von $^1/_2$ Zitrone
$^1/_4$ l trockener Weißwein · 1 rote Paprikaschote
etwa 20 schwarze Oliven

Reis in einem Sieb unter fließendem kaltem Wasser abspülen, bis die ablaufende Flüssigkeit klar bleibt. Abtropfen lassen. Schinken von Fetträndern befreien und klein würfeln. Pilze putzen, gegebenenfalls ganz kurz waschen, dann ebenfalls würfeln. Öl erhitzen und die Pilze darin anbraten. Reis und Schinken zugeben und mitbraten, bis alle Körner vom Fett überzogen sind. Geflügelbrühe zugießen, zum Kochen bringen und den Reis zugedeckt bei schwacher Hitze etwa 15 Minuten garen. Inzwischen Hähnchen innen und außen waschen und sorgfältig trockentupfen. Mit Salz und Pfeffer einreiben, dann mit der Reismasse füllen. Die Bauchöffnung mit 4 Zahnstochern schließen. Zahnstocher mit Küchengarn umwickeln und dieses fest verknoten. Hähnchen mit dem Zitronensaft bepinseln und im vorgeheizten Backofen bei 200°C etwa 50 Minuten braten. Dabei nach und nach den Wein zugießen und das Hähnchen häufig mit dem abtropfenden Fleischsaft bepinseln. Paprikaschote waschen, abtrocknen und halbieren. Von Stielansatz und Trennwänden befreien und in Streifen schneiden. Mit den Oliven zum Huhn geben und alles weitere 25 Minuten braten. Das Huhn dann in Stücke schneiden und mit der Füllung sofort servieren. Sauce eventuell bei starker Hitze unter Rühren etwas einkochen.

Weißbrot und gemischter Salat ergänzen das Gericht.

Hühnertopf mit Linsen und Reis

Für 6 Personen:
1 Hähnchen (etwa 1,6 kg) · Salz
1 Zwiebel · 1 Knoblauchzehe · 1 grüne Pfefferschote
1 Päckchen Safranfäden · 2 EL geschmacksneutrales Öl
½ l heiße Hühnerbrühe · Cayennepfeffer
1 Prise Zimtpulver · 200 g Langkornreis
200 g rote Linsen · 250 g saure Sahne
EL frisch gehackte Petersilie

Huhn innen und außen gründlich kalt waschen, mit Küchenpapier trockentupfen und in 8 Stücke zerlegen. Teile mit Salz einreiben. Zwiebel und Knoblauch schälen und fein hacken. Pfefferschote waschen, abtrocknen und halbieren. Stielansatz und Kerne entfernen und die Schotenhälften in feine Streifen schneiden. Safran in etwas heißem Wasser unter Rühren auflösen. Öl erhitzen, die Hühnerteile portionsweise darin anbraten und jeweils wieder herausnehmen. Zwiebel, Knoblauch und Pfefferschotenstreifen im Bratfett garen, bis die Zwiebel glasig ist. Hühnerteile wieder einlegen, die Hälfte der Hühnerbrühe zugießen und alles mit dem Safran, Cayennepfeffer und Zimtpulver würzen. Huhn zugedeckt bei schwacher Hitze etwa

20 Minuten schmoren. Reis in einem Sieb unter fließendem kaltem Wasser abspülen, bis die ablaufende Flüssigkeit klar bleibt. Dann abtropfen lassen und mit den Linsen, der restlichen Geflügelbrühe und der sauren Sahne zum Huhn geben. Alles weitere 20 Minuten zugedeckt schmoren, dann noch einmal mit Salz und Cayennepfeffer abschmecken und mit der Petersilie bestreut servieren.

Dazu passen Fladenbrot und Salat.

Ceylonesisches Hühner-Reisgericht

1 Huhn (etwa 1,5 kg) · 100 g Cashewnüsse
2 Gewürznelken · 2 Kardamomkapseln
1 kleine Dose Tomatenmark · 125 g Joghurt
1 TL edelsüßes Paprikapulver · 1 EL Currypulver
$^1/_2$ TL Zimtpulver · Cayennepfeffer · 25 g Kokosflocken
2 Zwiebeln · 2 grüne Pfefferschoten · 4 Eier · Salz
1 TL Kurkuma (Gelbwurz)
225 g Langkornreis (am besten Basmatireis)
3 Gewürznelken · 3 Kardamomkapseln
4 EL geschmacksneutrales Öl
1 Stück unbehandelte Zitronenschale von ca. 2 cm Länge
1 Stück Zimtstange von ca. 2 cm Länge
$^1/_2$ l Geflügel- oder Gemüsebrühe · 1–2 EL Rosinen

Huhn innen und außen waschen, mit Küchenpapier trockentupfen und in 12 Stücke zerlegen. Cashewnüsse grob hacken. Nelken und Kardamom im Mörser fein zerstoßen. Nüsse, Nelken, Kardamom, Tomatenmark, Joghurt, Paprika, Curry, Zimt, Cayennepfeffer und Kokosflocken mischen. Das Huhn mit der

Marinade bestreichen und zugedeckt 2 Stunden darin ziehen lassen. 1 Zwiebel schälen und fein hacken. Pfefferschoten waschen, abtrocknen und halbieren. Stielansätze und Kerne entfernen und die Schotenhälften in schmale Streifen schneiden. Beide Zutaten mit den Hühnerstücken vermischen. Alles in einen Schmortopf geben, zugedeckt in den kalten Backofen schieben und bei 180°C etwa 1 $^1/_2$ Stunden schmoren. Eier in etwa 8 Minuten hart kochen, kalt abschrecken, schälen und mit Salz und $^1/_2$ TL Kurkuma bestreuen. Beiseite stellen. Reis in einem Sieb unter fließendem kaltem Wasser abspülen, bis die ablaufende Flüssigkeit klar bleibt. Abtropfen lassen. Die zweite Zwiebel schälen und fein hacken. Nelken und Kardamom im Mörser fein zerreiben. 1 EL Öl erhitzen. Zwiebel, zerriebene Gewürze, Zitronenschale, grob zerkleinerte Zimtstange und $^1/_2$ TL Kurkuma darin unter Rühren anbraten, bis die Gewürze einen zarten Duft verströmen. Reis zugeben und mitbraten, bis alle Körner vom Fett überzogen sind. Brühe zugießen, einmal aufkochen und den Reis bei schwacher Hitze zugedeckt in etwa 20 Minuten körnig ausquellen lassen. Restliches Öl erhitzen und die Eier darin unter ständigem Wenden etwa 5 Minuten braten, bis sie goldbraun und heiß sind. Rosinen waschen, abtrocknen, unter den Reis mischen und nur darin erhitzen. Das Huhn in die Mitte einer großen vorgewärmten Platte häufen. Zuerst die Eier, dann den Reis rundherum anrichten und das Gericht sofort servieren.

Indonesische Reispfanne

(siehe Foto Seite 179)

500 g Hähnchenbrustfilets · 8 EL Öl
300 g Basmatireis · Salz · 2 Eier · 200 g Gemüsezwiebeln
250 g Knollensellerie · 250 g Möhren
500 g Chinakohl · 100 g Sojasprossen · 1 Stück frischer Ingwer
150 g Garnelen · 2 TL Kurkuma · 1 EL Sojasauce
2 EL Zitronensaft · Pfeffer

Hähnchenbrust waschen, trockentupfen und in einer Pfanne in 1 EL Öl rundherum anbraten. Zugedeckt beiseite stellen. In einem Topf 1 EL Öl erhitzen, Reis darin unter Rühren andünsten, $^{1}/_{2}$ l leicht gesalzenes Wasser angießen und bei schwacher Hitze 20 Minuten ausquellen, dann etwas abkühlen lassen. Eier mit wenig Salz verquirlen und in einer beschichteten Pfanne zwei Omeletts ausbacken. Auf einem Teller auskühlen lassen. Omeletts eng aufrollen und in Röllchen schneiden. Zwiebeln schälen, halbieren und die Hälften in feine Scheiben schneiden. 2 EL Öl in einer Pfanne erhitzen und die Zwiebeln bei mittlerer Hitze kroß braten. Auf Küchenkrepp abtropfen lassen. Sellerie und Möhren schälen, fein würfeln. Chinakohl vierteln, in Streifen schneiden, waschen und auf ein Sieb schütten. Sojabohnensprossen auf einem Sieb mit kochendem Wasser übergießen, kalt abspülen und abtropfen lassen. Ingwer schälen und fein hacken.

In einem Wok oder einer tiefen Pfanne 1 EL Öl erhitzen, zunächst Ingwer, Sellerie und Möhren unter Rühren 3 Minuten anbraten, alles in eine Schüssel schaben. Wieder 1 EL Öl erhitzen und den Chinakohl 3 Minuten anbraten, zum anderen Gemüse geben. Hähnchenbrust in feine Streifen schneiden und mit den Garnelen in 1 EL Öl anbraten, beides dem Gemüse zufügen. Zuletzt den Reis in Öl anbraten, alle Gemüse gut daruntermischen. Mit den Gewürzen abschmecken. Vor dem Servieren mit Eierröllchen und Zwiebeln garnieren.

Dazu passen folgende

Gurkenpickles

1 Salatgurke · 1 Bund Frühlingszwiebeln
1 grüne Chilischote · 2 EL Obstessig · Salz · 1 TL Zucker

Gurke waschen, längs halbieren, vierteln und in feine Scheiben schneiden. Zitrone auspressen und mit Obstessig, 3 EL Wasser, Salz und Zucker in einem kleinen Topf erhitzen. Frühlingszwiebeln waschen, Enden abtrennen und in feine Ringe schneiden. Chilischote längs halbieren, Kerne entfernen und in feine Streifen schneiden. Alles zusammen in dem Topf 2 Minuten leise köcheln.
Gurkenscheiben in eine Schale geben und mit der heißen Sauce übergießen, gut mischen und mindestens 2 Stunden zugedeckt ziehen lassen. Sambal Oelek mit Knoblauch und Tomaten als Fertigprodukt dazu servieren.

Hühnerbrust auf scharfem Tomatenreis

4 doppelte Hühnerbrüstchen · 1 unbehandelte Zitrone
1 Stück frische Ingwerwurzel von ca. 1 cm Länge
3 Knoblauchzehen · 1 EL Olivenöl · Salz
Cayennepfeffer · 1 Zwiebel · 2 grüne Paprikaschoten
2 EL geschmacksneutrales Öl · 250 g Langkornreis
1 kleine Dose geschälte Tomaten (400 g)
$1/4$–$3/8$ l Geflügelbrühe · Salz · schwarzer Pfeffer
1 Prise Zucker · 2 EL Butter oder Margarine

Hühnerbrüstchen häuten, entbeinen und in Filets teilen. Mit Küchenpapier trockentupfen. Die Zitrone heiß waschen, abtrocknen und die Hälfte der Schale fein abreiben. Zitrone dann auspressen. Ingwerwurzel wie eine Kartoffel schälen und sehr fein hacken. Knoblauch schälen und durch die Knoblauchpresse drücken. Zitronenschale, Zitronensaft, Ingwer und Knoblauch mit dem Olivenöl verrühren, mit Salz und Cayennepfeffer würzen und die Hühnerfilets rundherum damit einreiben. Zugedeckt etwa 20 Minuten marinieren. Zwiebel schälen und fein hacken. Paprikaschoten waschen, abtrocknen und halbieren. Stielansätze und Kerne entfernen und die Schotenhälften in schmale Streifen teilen. Öl erhitzen und die Zwiebel darin glasig braten. Reis zugeben und mitbraten, bis alle Körner vom Fett überzogen sind. Paprikaschoten und grob zerkleinerte Tomaten mit dem Saft und der Geflügelbrühe zugeben. Alles mit Salz, Pfeffer und Zucker abschmecken, zum Kochen bringen und den Reis zugedeckt bei schwacher Hitze in etwa 20 Minuten körnig ausquellen lassen. Dabei gegebenenfalls noch etwas Brühe zugießen. Fett zerlassen und die Hühnerbrüstchen darin von jeder Seite bei mittlerer Hitze etwa 5 Minuten braten. Die

Temperatur darf dabei nicht zu hoch sein, sonst verbrennt die Knoblauchpaste. Reis noch einmal abschmecken, in eine vorgewärmte Schüssel füllen und die Hühnerbrüstchen darauf anrichten.
Dazu passen Fladenbrot und Gurkensalat.

Gebratener Reis mit Ente

Für 4–6 Personen:
4 *getrocknete chinesische Pilze*
1 *Entenbrust (etwa 340 g)* · *Saft von* $^1/_2$ *Orange*
2 *EL dunkle Sojasauce* · 1 *EL Reiswein* · 1 *EL Reisessig*
250 *g Langkornreis* · $^1/_2$ *l Wasser* · *Salz*
250 *g Chinakohl* · 3–4 *EL geschmacksneutrales Öl*
$^1/_2$ *Bund Schnittlauch*

Pilze mit lauwarmem Wasser übergießen und 2 Stunden zugedeckt einweichen. Entenbrust häuten, trockentupfen und in Streifen schneiden. In einem Schälchen mit Orangensaft, Sojasauce, Reiswein und Essig mischen und zugedeckt 1 Stunde marinieren. Reis mit Wasser und Salz zum Kochen bringen und zugedeckt bei schwacher Hitze in etwa 20 Minuten körnig ausquellen lassen. Chinakohl putzen, waschen und in Streifen schneiden. Pilze aus dem Wasser nehmen, kalt abspülen, abtropfen lassen und ebenfalls in Streifen teilen. Etwas Öl erhitzen und den Chinakohl darin unter ständigem Rühren bei starker Hitze etwa 2 Minuten braten. Ente mit Marinierflüssigkeit und Pilzen zugeben und ebenfalls bei starker Hitze 3 Minuten pfannenrühren. Aus der Pfanne nehmen und warm stellen. Restliches Öl erhitzen und den Reis darin bei starker Hitze unter Rühren etwa 3 Minuten braten. Entenmischung wieder zugeben und erhitzen. Gewaschenen Schnittlauch in Röllchen schneiden. Den gebratenen Reis mit Salz abschmecken und mit den Schnittlauchröllchen garniert sofort servieren.

Einfacher gebratener Reis mit Putenfleisch

250 g Putenbrust · 1 EL helle Sojasauce
1–2 EL Mirin · 250 g Langkornreis · $^1/_2$ l Wasser
Salz · 1 große Zwiebel · 1 Bund Frühlingszwiebeln
5 EL Sonnenblumenöl

Putenbrust mit Küchenpapier trockentupfen und in schmale Streifen schneiden. Mit Sojasauce und Mirin in einer Schüssel mischen und zugedeckt marinieren. Reis mit Wasser und Salz zum Kochen bringen und zugedeckt bei schwacher Hitze in etwa 20 Minuten körnig ausquellen lassen. Zwiebel schälen, halbieren und in Scheiben schneiden. Frühlingszwiebeln putzen, gründlich waschen und in Ringe teilen. Einige Zwiebelringe zum Garnieren beiseite legen. Etwa 2 EL Öl erhitzen und die Zwiebeln darin unter Rühren braten, bis sie weich und glasig sind. Putenbrust abtropfen lassen, zugeben und kräftig braun anbraten. Aus der Pfanne nehmen und warm halten. Restliches Öl erhitzen und den Reis darin bei starker Hitze unter ständigem Rühren etwa 3 Minuten braten. Zwiebeln, Fleisch und Marinierflüssigkeit unter den Reis rühren. Alles rasch erhitzen und mit Salz abschmecken. Den gebratenen Reis mit den restlichen Frühlingszwiebeln garniert sofort servieren.

Curryhuhn mit Reis

1 Hähnchen (etwa 1,4 kg) · 1 Zwiebel
2 Knoblauchzehen · 1 Stück frischer Ingwer
4 EL Sonnenblumenöl · ³/₈ l Wasser · 1 TL Fenchelsamen
1 Stück Zimtstange · 1 TL Senfkörner
1 TL Kardamomkörner · 2 TL Kurkuma (Gelbwurz)
1 TL Kreuzkümmel · 1 Stück Muskatblüte
¹/₂ TL Anissamen · ¹/₂ TL gemahlener Koriander
1 Prise Cayennepfeffer · Salz · 1 unbehandelte Zitrone
250 g Langkornreis · ¹/₂ l Wasser
1 EL Butter oder Margarine

Das Huhn innen und außen gründlich abspülen, mit Küchenpapier trockentupfen und in 8 Stücke zerteilen. Zwiebel und Knoblauch schälen und fein hacken. Ingwer wie eine Kartoffel schälen und in dünne Scheiben schneiden. Öl erhitzen und die Geflügelteile darin unter Wenden kräftig anbraten. Zwiebel, Knoblauch und Ingwer zugeben und glasig braten. Wasser dazugießen und den Bratfond damit lösen. Alle Gewürze und etwas Salz zufügen und gut untermischen. Das Curryhuhn zugedeckt bei schwacher Hitze etwa 3 Stunden köcheln lassen, bis das Fleisch so weich ist, daß man es mit einem Löffel von den Knochen lösen kann. Inzwischen die Zitrone heiß waschen, abtrocknen, die Schale dünn abschneiden und in feine Streifen teilen. Zitronensaft auspressen. Reis in einem Sieb unter fließendem kaltem Wasser abspülen, bis die ablaufende Flüssigkeit klar bleibt. Mit Wasser und Salz zum Kochen bringen, die Zitronenschale zugeben und den Reis bei schwacher Hitze zugedeckt in etwa 20 Minuten körnig ausquellen lassen. Restliches Fett unter den gegarten Reis mischen. Curryhuhn mit Zitronensaft abschmecken und zum Reis servieren.

Reistopf mit schwarzen Bohnen und Lamm

150 g schwarze Bohnen · 2 Knoblauchzehen
1 Lorbeerblatt · 1 getrocknete Chilischote · $1/2$ l Gemüsebrühe
$1/4$ l trockener Rotwein · 150 g Natur-Langkornreis
1 Zwiebel · 1 EL Sonnenblumenöl
350 g gehacktes Lammfleisch
1 kleine Dose geschälte Tomaten (400 g)
Salz · schwarzer Pfeffer · Zucker · 1 Bund Basilikum

Bohnen kalt abspülen und mit frischem Wasser bedeckt über Nacht einweichen. Am nächsten Tag 1 Knoblauchzehe schälen. Bohnen abtropfen lassen und mit Knoblauch, Lorbeerblatt, der zerriebenen Chilischote, Gemüsebrühe und Rotwein zum Kochen bringen. Zugedeckt 1 $1/2$ Stunden bei mittlerer Hitze garen. Reis in einem Sieb unter fließendem kaltem Wasser abspülen, bis das ablaufende Wasser klar bleibt, und nach 50 Minuten Garzeit zu den Bohnen geben. Inzwischen restlichen Knoblauch und Zwiebel schälen und fein hacken. Im erhitzten Öl glasig braten. Lammfleisch zugeben und mitbraten, bis es sich grau färbt. Tomaten grob zerkleinern, mit dem Saft zugeben und alles mit Salz, Pfeffer und 1 Prise Zucker würzen. Unter Rühren bei starker Hitze etwa 5 Minuten kochen, bis ein Teil der Flüssigkeit verdampft ist. Basilikum waschen, trockenschwenken und die Blättchen in feine Streifen schneiden. Mit der Lamm-Tomaten-Mischung unter Bohnen und Reis mischen. Das Lorbeerblatt entfernen, alles eventuell noch einmal mit Salz und Pfeffer abschmecken und sofort servieren.

Lamm-Reis-Topf mit Apfelchutney

500 g säuerliche Äpfel
1 Stück frischer Ingwer von etwa 5 cm Länge
2 Knoblauchzehen · $^1/_8$ l Reisessig · 4 EL Zucker
1 TL Chilipulver · Salz · 1 Zwiebel · 250 g Langkornreis
2 EL Sonnenblumenöl · 300 g gehacktes Lammfleisch
$^1/_2$ l Fleischbrühe · $^1/_2$ TL Kurkuma (Gelbwurz)
$^1/_2$ TL Kreuzkümmel · 1 Prise Piment · 1 Prise Zimtpulver
1 Paket TK-Erbsen (300 g)

Äpfel schälen, vierteln, von den Kerngehäusen befreien und in kleine Stücke schneiden. Ingwerwurzel wie eine Kartoffel schälen und die Hälfte davon fein hacken. Knoblauch ebenfalls schälen und hacken. Äpfel mit Essig, Ingwer, Knoblauch, Zukker, Chili und etwa 1 TL Salz kochen, bis die Stücke weich sind. Chutney bei mittlerer bis starker Hitze unter Rühren dick einkochen. Zwiebel schälen und mit dem restlichen Ingwer fein hacken. Im erhitzten Öl glasig braten. Reis zugeben und mitbraten, bis alle Körner vom Fett überzogen sind. Lammfleisch zugeben und mitgaren, bis es sich grau färbt. Brühe zugießen, alles mit Salz und den Gewürzen abschmecken und zugedeckt bei schwacher Hitze etwa 20 Minuten garen. Nach 10 Minuten die Erbsen zugeben und mitgaren. Den Lamm-Reis-Topf noch einmal abschmecken und das Chutney, Fladenbrot und Salat dazu servieren.

Serbischer Reistopf

---
250 g Schweinenacken · 250 g Lammschulter
---
250 g Kalbsschulter · 3 Zwiebeln · 3 Knoblauchzehen
---
2 grüne Paprikaschoten · 1 rote Paprikaschote
---
250 g grüne Bohnen · 250 g Möhren · 1 Aubergine
---
500 g Tomaten · 4 EL Öl · Salz · schwarzer Pfeffer
---
150 g Langkornreis · ½ l Fleischbrühe
---
edelsüßes Paprikapulver · 2 EL frisch gehackte Petersilie

Fleisch trockentupfen, von Fett und Sehnen befreien und in gleich große Würfel schneiden. Zwiebeln und Knoblauch schälen und grob hacken. Paprikaschoten putzen, waschen und in Streifen schneiden. Bohnen waschen und einmal durchbrechen. Möhren putzen, waschen und in Scheiben schneiden. Gewaschene Aubergine würfeln. Tomaten mit kochendem Wasser übergießen, kurz darin ziehen lassen, mit kaltem Wasser abschrecken, dann häuten und klein würfeln. Dabei die Stielansätze entfernen. Fleisch im Öl rundherum braun anbraten. Zwiebeln und Knoblauch kurz mitbraten. Gemüse untermischen und alles mit Salz und Pfeffer würzen. Reis zufügen, Fleischbrühe angießen und zum Kochen bringen. Serbischen Reistopf zugedeckt bei schwacher Hitze etwa 45 Minuten garen. Mit Paprikapulver abschmecken und mit Petersilie bestreut servieren.

Reistopf auf mexikanische Art

400 g Tomaten · je 1 rote und grüne Paprikaschote
1 Zwiebel · 2 Knoblauchzehen · 2 EL Olivenöl
600 g Rinderhackfleisch · 150 g Langkornreis
$1/2$ l Fleischbrühe · 1 Dose rote Bohnen (etwa 400 g)
1 Dose Tomatenmark (70 g) · $1/2$ Bund Petersilie · Salz
1-2 TL Chili-con-Carne-Gewürz · 1 Prise Zucker
3 Stengel Koriandergrün

Tomaten mit kochendheißem Wasser übergießen, kurz darin ziehen lassen, kalt abschrecken, häuten, von Stielansätzen und Kernen befreien und in Stücke schneiden. Paprikaschoten putzen, waschen und in Streifen schneiden. Zwiebel und Knoblauch schälen und hacken. Olivenöl erhitzen. Rinderhack unter Rühren darin braten, bis es krümelig ist und sich grau färbt. Reis, Zwiebel und Knoblauch kurz mitbraten. Brühe, Tomaten, Paprikaschoten und abgetropfte rote Bohnen untermischen. Tomatenmark einrühren. Petersilie waschen, trockenschwenken, fein hacken und zugeben. Mit Salz, Chili-con-Carne-Gewürz und Zucker abschmecken. Das Gericht zugedeckt bei schwacher Hitze etwa 15 Minuten garen. Flüssigkeit unter Rühren im offenen Topf bei starker Hitze einkochen lassen. Koriandergrün waschen, trockentupfen, fein schneiden und den Reistopf damit bestreuen.

Roter Reis mit Speckpilzen

250 g roter Reis (siehe Seite 45)
gut ½ l Fleisch- oder Gemüsebrühe · 2 Zwiebeln
2 Knoblauchzehen · 500 g Champignons oder braune Egerlinge
Saft von ½ Zitrone · 150 g durchwachsener Speck
2 EL Crème fraîche · Salz · weißer Pfeffer · 1 Bund Petersilie

Reis in einem Sieb unter fließendem kaltem Wasser abspülen, bis die ablaufende Flüssigkeit klar bleibt. Dann mit der Fleisch- oder Gemüsebrühe zum Kochen bringen. Den Reis zugedeckt bei schwacher Hitze in etwa 45 Minuten körnig ausquellen lassen. Inzwischen Zwiebeln und Knoblauch schälen und fein hacken. Die Pilze putzen, gegebenenfalls ganz kurz waschen, dann blättrig schneiden. Sofort mit dem Zitronensaft beträufeln, damit sie sich nicht braun verfärben. Speck von Knorpeln und Schwarte befreien, dann in kleine Würfel schneiden. Die Würfel in einer Pfanne ohne weitere Fettzugabe ausbraten. Zwiebeln und Knoblauch darin glasig braten. Pilze ebenfalls untermischen und bei starker Hitze unter Rühren so lange mitbraten, bis die Flüssigkeit, die sich gebildet hat, wieder verdampft ist. Dann die Sahne untermischen und unter Rühren etwas einkochen lassen. Pilze mit Salz und Pfeffer pikant würzen und zugedeckt warm halten. Petersilie waschen und trockenschwenken. Blättchen von den Stielen zupfen und fein hacken. Pilze und Petersilie unter den gegarten Reis mischen. Alles noch einmal mit Salz und Pfeffer würzen und sofort servieren.

Dazu passen Spinatgemüse mit Knoblauch oder eine große Schüssel gemischter Salat.

Lammpilaw

10 getrocknete Aprikosen · $1/8$ l Wasser
1 Aubergine · Salz · 400 g Lammfleisch (Keule)
1 Zwiebel · 1 Knoblauchzehe · $1/8$ l Sonnenblumenöl
schwarzer Pfeffer · 1 rote oder grüne Pfefferschote
1 Stück kandierter Ingwer · 50 g geschälte Pistazien
180 g Langkornreis · $3/4$ l Fleischbrühe · Saft von $1/2$ Zitrone
2 EL Butter oder Margarine

Aprikosen über Nacht im Wasser einweichen. Dann abtropfen lassen und in grobe Stücke schneiden. Aubergine waschen, abtrocknen und würfeln. Würfel mit Salz bestreuen und 10 Minuten ziehen lassen. Lammfleisch in etwa 2 cm große Würfel schneiden. Zwiebel und Knoblauch schälen und hacken. Das Fleisch in etwas Öl portionsweise anbraten und jeweils wieder herausnehmen. Auf einem Sieb über einer Schüssel beiseite stellen, damit sich der abtropfende Fleischsaft sammeln kann. Wenn das gesamte Fleisch angebraten ist, Auberginen trockentupfen, im restlichen Öl von allen Seiten braun braten und ebenfalls wieder herausnehmen. Zwiebel und Knoblauch im Bratfett glasig braten. Fleisch wieder zugeben, mit $1/8$ l Brühe aufgießen, salzen und pfeffern. Zugedeckt im vorgeheizten Backofen bei 180°C etwa 30 Minuten garen. Inzwischen Pfefferschote halbieren, von Rippen und einem Teil der Kerne befreien, waschen und in feine Streifen schneiden. Kandierten Ingwer fein würfeln. Pistazien in einer Pfanne ohne Fett rösten. Reis in einem Sieb unter fließendem kaltem Wasser waschen, bis die ablaufende Flüssigkeit klar bleibt. Dann mit Aubergine, Aprikosen, Pfefferschote, Ingwer und Pistazien zum Fleisch geben. Restliche Brühe und Zitronensaft zugießen. Im Ofen weitere 20 Minuten garen, bis der Reis körnig und das

Fleisch zart ist. Butter oder Margarine mit einer Gabel unterziehen. Lammpilaw mit Salz, Pfeffer und Zitronensaft abschmecken, dann sofort servieren.

Ungarische Kohlrouladen

Für 4–6 Personen:
100 g Langkornreis · ¹/₄ l Wasser · Salz
12 große Weißkohlblätter · 2 große Zwiebeln
2 Knoblauchzehen · 300 g rohe Bratwürste · 2 kleine Eier
1–2 TL getrockneter Majoran · schwarzer Pfeffer
edelsüßes Paprikapulver
2–3 EL geschmacksneutrales Pflanzenöl
¹/₈–¹/₄ l Gemüse- oder Fleischbrühe
250 g saure Sahne

Reis mit Wasser und Salz zum Kochen bringen und zugedeckt bei schwacher Hitze etwa 10–15 Minuten vorgaren. Reis gründlich abtropfen lassen. Weißkohlblätter waschen und in reichlich sprudelnd kochendem Salzwasser etwa 5 Minuten garen, bis sie biegsam und geschmeidig sind. Dann herausnehmen, abtropfen lassen und die dicken Blattrippen etwas flachschneiden. Zwiebeln und Knoblauch schälen und fein hacken. Bratwurstmasse aus den Häuten drücken und in einer Pfanne bei mittlerer Hitze unter Rühren anbraten. Zwiebeln und Knoblauch zugeben und glasig dünsten. Masse etwas auskühlen lassen, dann mit Reis und Eiern mischen und mit wenig Salz (die Würste sind gesalzen), Majoran, Pfeffer und Paprikapulver pikant abschmecken. Die Weißkohlblätter damit belegen, zu Rouladen aufrollen und mit Küchengarn umwickeln. Öl erhitzen und die Rouladen darin von allen Seiten kräftig anbraten. Einen Teil

Subgum – Reis mit Fleischsauce (Rezept siehe Seite 219)

der Brühe zugießen und die Kohlrouladen zugedeckt bei schwacher Hitze etwa 30 Minuten garen. Dabei nach Bedarf noch mehr Brühe zugießen. Dann auf einer vorgewärmten Platte warm halten. Saure Sahne in die Sauce mischen und unter Rühren etwas einkochen. Mit Paprikapulver abschmecken und zu den Kohlrouladen servieren.
Dazu passen Schwarzbrot und Salat.

Djuvec mit Rindfleisch

100 g durchwachsener Räucherspeck
2 große Zwiebeln · 1 große Knoblauchzehe
2 Möhren · 1 kg Rindfleisch (Brust oder Hochrippe)
knapp $^1/_4$ l Wasser · 2–3 EL kräftiger Weinessig · Salz
schwarzer Pfeffer · 120 g Langkornreis · 2 rote Paprikaschoten
$^1/_8$–$^1/_4$ l Fleischbrühe

Speck gegebenenfalls von Schwarte und Knorpeln befreien und in kleine Würfel schneiden. Zwiebeln und Knoblauch schälen und fein hacken. Möhren schaben, waschen und würfeln. Fleisch in mundgerechte Stücke schneiden. Speck in einem Topf bei mittlerer Hitze ausbraten, bis er knusprig ist. Mit einem Schaumlöffel herausnehmen. Zwiebeln und Knoblauch im Speckfett glasig braten. Möhren zufügen und etwa 3 Minuten mitbraten. Speck und Fleischwürfel zugeben, mit Salz und einer kräftigen Prise Pfeffer würzen. Wasser und Essig angießen. Fleisch zugedeckt bei schwacher Hitze etwa 1 Stunde schmoren. Inzwischen die Paprikaschoten putzen, waschen und in schmale Streifen schneiden. Reis und Paprikaschoten zum Fleisch geben. Die Hälfte der Fleischbrühe zugießen und alles bei starker Hitze zum Kochen bringen. Temperatur dann zurückschalten und den Djuvec bei schwacher Hitze etwa 20 Minuten garen, bis der Reis körnig weich ist. Dabei eventuell noch etwas Fleischbrühe zugießen. Noch einmal mit Salz und Pfeffer abschmecken und mit einem bunt gemischten Salat servieren.

Überbackenes Reisfleisch

250 g Langkornreis · 1 Zwiebel · 1 Knoblauchzehe
1 EL Sonnenblumenöl · $^1\!/_2$ l Fleischbrühe
150 g Champignons oder braune Egerlinge · 1 EL Zitronensaft
$^1\!/_2$ EL Butter oder Margarine · 300 g gegartes Bratenfleisch
1–2 EL frisch gehackte Petersilie · $^1\!/_8$ l süße Sahne
150 g geriebener Emmentaler oder Parmesan · Salz
schwarzer Pfeffer · edelsüßes Paprikapulver
6 feste Tomaten · 30 g Butter oder Margarine

Reis in einem Sieb unter fließendem kaltem Wasser abspülen, bis die ablaufende Flüssigkeit klar bleibt. Abtropfen lassen. Zwiebel und Knoblauch schälen und fein hacken. Im erhitzten Öl glasig dünsten. Reis zugeben und mitbraten, bis alle Körner vom Fett überzogen sind. Fleischbrühe zugießen, zum Kochen bringen und den Reis zugedeckt bei schwacher Hitze in etwa 20 Minuten körnig ausquellen lassen. Inzwischen Pilze putzen, gegebenenfalls ganz kurz waschen, dann klein würfeln und mit dem Zitronensaft beträufeln. Im erhitzten Fett einige Minuten braten. Fleisch vom Fett befreien und sehr fein würfeln. Pilze, Fleisch, Petersilie, Sahne und die Hälfte vom Käse mischen, mit Salz, Pfeffer und Paprika pikant abschmecken. Tomaten waschen und in dünne Scheiben schneiden, dabei die Stielansätze entfernen. Eine feuerfeste Form ausfetten und lagen-

weise mit Reis, Fleischmasse und Tomaten füllen. Mit dem restlichen Käse bestreuen und mit restlichem Fett in Flöckchen belegen. Im vorgeheizten Backofen bei 200°C etwa 25 Minuten überbacken, bis die Oberfläche schön gebräunt ist.
Dazu einen gemischten Salat und eventuell Tomatensauce servieren.

Reisstrudel

300 g Mehl · 1 EL Sonnenblumenöl · 1 Ei
⅛ l lauwarmes Wasser · 100 g Langkornreis
200 ccm Wasser · Salz · 1 Zwiebel · 1 Knoblauchzehe
100 g durchwachsener Räucherspeck · 300 g Blattspinat
150 g Champignons oder braune Egerlinge · 1 EL Zitronensaft
1 Bund Petersilie · weißer Pfeffer · Muskatnuß
Cayennepfeffer · Mehl zum Ausrollen
50 g zerlassene Butter oder Margarine · ⅛ l Fleischbrühe
⅛ l Crème fraîche oder saure Sahne

Mehl mit Öl, Ei und Wasser zu einem geschmeidigen Teig verkneten. Teig in Pergamentpapier wickeln und in einem angewärmten Topf etwa 30 Minuten ruhen lassen. Den Topf können Sie anwärmen, indem Sie Wasser darin heiß werden lassen, das Sie dann wieder abgießen. Den Topf dann auf der abgeschalteten Kochplatte stehenlassen. Inzwischen Reis in einem Sieb unter fließendem kaltem Wasser abspülen, bis die ablaufende Flüssigkeit klar bleibt. Dann mit Wasser und Salz zum Kochen bringen und zugedeckt bei schwacher Hitze etwa 15 Minuten garen. Nötigenfalls abtropfen lassen. Zwiebel und Knoblauch schälen und sehr fein hacken. Speck gegebenenfalls von Schwarte und Knorpeln befreien und fein würfeln. Spinat gründlich waschen, verlesen und abtropfen lassen; grob hacken. Pilze putzen, kurz waschen und blättrig schneiden. Mit Zitronensaft beträufeln, damit sie sich nicht verfärben. Petersilie waschen, trockenschwenken und ohne die groben Stiele fein hacken. All diese Zutaten unter den gegarten Reis mischen und die Masse mit Salz, Pfeffer, Muskat und Cayennepfeffer pikant abschmecken. Den Teig auf einem bemehlten Küchentuch erst ausrollen, dann mit den Händen hauchdünn ausziehen. Mit etwas zerlassenem Fett bestreichen und die Füllung darüber verteilen. Dabei einen etwa 2 cm breiten Rand freilassen, damit die Füllung beim Aufrollen nicht ausquillt. Den Strudel aufrollen und mit Hilfe des Tuchs in eine gefettete feuerfeste Form gleiten lassen. Strudel im vorgeheizten Backofen bei 200°C etwa 45 Minuten backen. Nach etwa der Hälfte der Backzeit die Fleischbrühe mit der Crème fraîche oder Sahne verquirlen, mit Pfeffer, Muskat und Cayennepfeffer abschmecken und über den Strudel gießen.

Dazu gibt es Weißbrot zum Auftunken der Sauce und einen gemischten Salat.

Reistopf mit Schinken und Spargel

300 g Langkornreis · etwa 600 ccm Fleischbrühe
500 g Spargel · Salz · 1 Prise Zucker
250 g gekochter Schinken · 1 EL Butter oder Margarine
1 EL Mehl · etwa 200 ccm Milch · weißer Pfeffer
Muskatnuß · 1 Bund Petersilie

Reis mit Fleischbrühe zum Kochen bringen und zugedeckt bei schwacher Hitze in etwa 20 Minuten körnig ausquellen lassen. Inzwischen Spargel schälen, in Stücke schneiden und in reichlich sprudelnd kochendem Salzwasser mit Zucker bißfest garen, dann abtropfen lassen. Schinken von Fetträndern befreien und in Würfel schneiden. Fett zerlassen und das Mehl darin unter Rühren anschwitzen. Nach und nach Milch zugießen, dabei ständig weiterrühren. Sauce mit Salz, Pfeffer und Muskat pikant würzen und etwa 10 Minuten leise köcheln lassen. Den Schinken darin erwärmen. Petersilie waschen, trockenschwenken und ohne die harten Stiele fein hacken. Mit Schinkensauce und Spargel unter den gegarten Reis mischen und alles unter Rühren wieder richtig heiß werden lassen. Noch einmal mit Salz, Pfeffer und Muskat abschmecken und sofort servieren. Dazu paßt Tomatensalat mit Frühlingszwiebeln.

Paprikagemüse mit Speck und Reis

150 g Langkornreis · 300 ccm Fleischbrühe
150 g durchwachsener Räucherspeck
je 1 rote, grüne und gelbe Paprikaschote · 1 Gemüsezwiebel
1 EL Öl · $^1/_8$ l Fleischbrühe · Salz · schwarzer Pfeffer
1 Bund Petersilie

Reis in einem Sieb unter fließendem kaltem Wasser abspülen, bis die ablaufende Flüssigkeit klar bleibt. Dann mit der Fleischbrühe einmal aufkochen und bei schwacher Hitze zugedeckt in etwa 20 Minuten körnig ausquellen lassen. Inzwischen den Speck von Schwarte und Knorpeln befreien und in kleine Würfel schneiden. Paprikaschoten waschen, halbieren, von Stielansätzen und Trennwänden befreien und in Streifen teilen. Zwiebel schälen und grob hacken. Speck in einer Pfanne bei schwacher Hitze unter Rühren ausbraten. Öl zugießen, Zwiebel darin glasig dünsten. Paprikaschoten ebenfalls anbraten.

Die Fleischbrühe angießen, das Gemüse mit Salz und Pfeffer würzen und zugedeckt bei schwacher Hitze etwa 5 Minuten garen. Inzwischen Petersilie waschen, trockenschwenken und ohne die groben Stiele fein hacken. Paprikagemüse, Reis und Petersilie mischen, eventuell noch einmal mit Salz und Pfeffer abschmecken und sofort servieren.

Sub gum – Reis mit Fleischsauce
(siehe Foto Seite 213)

300 g Schweinenacken · 50 g Sellerie
1 Stange Lauch · 100 g Weißkraut · 4 EL Olivenöl
¼ l Fleischbrühe · 200 g Langkornreis · 1 EL Speisestärke
½ EL Farinzucker · ½ TL Ingwerpulver
1 TL Essig · 50 g Mandelblättchen

Fleisch waschen, trockentupfen und in Würfel schneiden. Sellerie schälen und würfeln. Lauch halbieren, Enden abschneiden, waschen und in Scheiben schneiden. Weißkraut fein hobeln. Öl in einem Bräter erhitzen und Fleisch von allen Seiten anbraten. Gemüse zufügen und mit der Fleischbrühe ablöschen. Bei schwacher Hitze zugedeckt 30 Minuten schmoren. Inzwischen den Reis in reichlich Salzwasser körnig kochen. Speisestärke mit Farinzucker, Ingwer, Salz, Essig und etwas Wasser verrühren. Die Fleischsauce damit binden und einmal aufkochen. Mandelblättchen unterrühren. Reis und Fleischsauce getrennt servieren.

Reistopf mit Kräutern

10 g getrocknete Steinpilze · $^1/_8$ l Wasser
500 g Langkornreis · 1 l Wasser · Salz · 500 g Tomaten
1 Zwiebel · 1 Knoblauchzehe · 500 g Schweinefilet
3 EL Olivenöl · 1 Bund Majoran · $^1/_4$ l Hühnerbrühe
Cayennepfeffer · $^1/_8$ l trockener Weißwein
1 EL frisch gehackte Petersilie

Pilze im Wasser 2 Stunden einweichen. Dann den Reis unter fließendem kaltem Wasser abspülen, bis die ablaufende Flüssigkeit klar bleibt. Mit Wasser und Salz zum Kochen bringen und bei schwacher Hitze zugedeckt in etwa 20 Minuten körnig ausquellen lassen. Inzwischen Tomaten mit kochendem Wasser übergießen, kurz darin ziehen lassen, kalt abschrecken, häuten, von Stielansätzen und Kernen befreien und in Stücke schneiden. Zwiebel und Knoblauch schälen und fein würfeln. Schweinefilet quer zur Faser in etwa 1 cm dicke Scheiben, dann in Streifen schneiden. Die Hälfte des Fetts erhitzen, Zwiebel und Knoblauch darin glasig braten. Steinpilze mit Einweichwasser und die Tomaten zugeben. Majoran waschen, trockenschwenken, fein hacken und untermischen. Hühnerbrühe zugießen. Zugedeckt etwa 3 Minuten garen, bis die Tomaten weich, aber nicht zerfallen sind. Mit Salz und Cayennepfeffer pikant abschmecken. Schweinefilet im restlichen Fett portionsweise braten. Bratensatz unter Rühren mit dem Wein loskochen. Alle Zutaten vermischen und mit der Petersilie bestreut servieren.

Gefüllte Paprikaschoten

Für 6 Personen:
150 g Langkornreis · 300 ccm Wasser · Salz
1 kg reife Tomaten · 6 große grüne Paprikaschoten
1 rote Paprikaschote · 1 große Zwiebel · 4 Knoblauchzehen
2 Bund Petersilie · 1 Zweig frischer Rosmarin
2 EL Olivenöl · 500 g gemischtes Hackfleisch
schwarzer Pfeffer · Cayennepfeffer

Reis in einem Sieb unter fließendem kaltem Wasser abspülen, bis die ablaufende Flüssigkeit klar bleibt, dann mit Wasser und Salz zum Kochen bringen und bei schwacher Hitze zugedeckt 10 Minuten vorgaren. Inzwischen Tomaten mit kochendem Wasser übergießen, kurz darin ziehen lassen, kalt abschrecken, häuten und würfeln. Dabei Stielansätze und Kerne entfernen. Zwei Drittel der Tomaten pürieren. Paprikaschoten waschen und abtrocknen. Von den grünen Schoten jeweils einen Deckel abschneiden. Kerne und Rippen entfernen. Rote Schote putzen und sehr fein würfeln. Zwiebel und Knoblauch schälen und fein hacken. Petersilie und Rosmarin waschen und trockenschwenken. Petersilie fein hacken. Zwiebel und Knoblauch im erhitzten Öl glasig braten. Hackfleisch zugeben und so lange mitbraten, bis es krümelig wird und sich grau verfärbt. Mit abgetropftem Reis, den gewürfelten Tomaten, der roten Paprikaschote und der Petersilie mischen und mit Salz, Pfeffer und Cayennepfeffer pikant abschmecken. Grüne Paprikaschoten innen salzen und mit der Reismasse füllen. Deckel wieder auflegen. Tomatenpüree mit Rosmarin in einen Topf geben. Paprikaschoten nebeneinander hineinsetzen. Einmal aufkochen, die Schoten dann zugedeckt bei schwacher Hitze etwa 40 Minuten schmoren. Schoten herausnehmen und auf einer vorgewärmten Platte anrichten. Sauce mit Salz und Pfeffer abschmecken und bei starker Hitze etwas einkochen lassen. Getrennt zu den Schoten servieren.

Reisauflauf mit Tomaten

200 g Langkornreis · 400 ccm Fleischbrühe
1 Zwiebel · 2 EL Butter oder Margarine
250 g gemischtes Hackfleisch · $^1/_2$ EL Mehl
$^1/_8$ l Fleischbrühe · 1 Bund Petersilie · 1 Bund Schnittlauch
2 Eier · 100 g Emmentaler · Salz · schwarzer Pfeffer
Cayennepfeffer · Muskatnuß · Fett für die Form
3–4 vollreife Tomaten

Reis in einem Sieb unter fließendem kaltem Wasser abspülen, bis die ablaufende Flüssigkeit klar bleibt. Dann mit Fleischbrühe zum Kochen bringen und zugedeckt bei schwacher Hitze in etwa 20 Minuten körnig ausquellen lassen. Inzwischen Zwiebel schälen und in der Hälfte des Fetts glasig braten. Hackfleisch zugeben und unter Rühren mitbraten, bis es sich grau färbt. Mehl darüberstäuben, kurz anschwitzen, dann die Fleischbrühe zugießen. Alles in etwa 5 Minuten zu einer dikken Sauce einkochen, dann den gegarten Reis untermischen. Petersilie und Schnittlauch waschen und trockenschwenken. Petersilie ohne die groben Stiele fein hacken, Schnittlauch in Röllchen schneiden. Beides unterrühren. Masse lauwarm abkühlen lassen. Dann die Eigelbe verquirlen und mit der Hälfte des Käses untermischen. Alles mit Salz, Pfeffer, Cayennepfeffer und Muskat pikant würzen. Eiweiß steif schlagen und unterheben. Masse in eine gefettete feuerfeste Form füllen. Tomaten waschen, abtrocknen und in Scheiben schneiden, dabei die

Stielansätze entfernen. Die Tomatenscheiben auf dem Auflauf verteilen, mit dem restlichen Käse bestreuen und mit dem übrigen Fett in Flöckchen belegen. Auflauf im vorgeheizten Backofen bei 200°C etwa 45 Minuten backen, bis die Oberfläche schön gebräunt ist.

Gefüllte Tomaten

8 feste große Tomaten · Salz
8 Scheiben gekochter Schinken · 2 Knoblauchzehen
2 EL Sonnenblumenöl · 100 g gegarter Langkornreis
1 EL frisch gehackte Zitronenmelisse · weißer Pfeffer
100 g geriebener Parmesan oder 1 Beutel Mozzarellakäse (150 g)

Tomaten waschen, abtrocknen, die Deckel abschneiden und die Früchte mit einem Löffel aushöhlen. Deckel ohne Stielansätze fein hacken. Tomaten innen salzen. Schinken von Fetträndern befreien und würfeln. Knoblauch schälen und fein hacken. Etwas Öl erhitzen, den Schinken und den Knoblauch darin glasig braten. Reis zufügen und anbräunen. Tomatenwürfel und Zitronenmelisse untermischen, die Füllung mit Salz und Pfeffer abschmecken und in die Tomaten geben. Tomaten in eine mit Öl ausgestrichene feuerfeste Form setzen, mit dem restlichen Öl beträufeln und mit dem Parmesan bestreuen. Oder den Mozzarella abtropfen lassen, in dünne Scheiben schneiden und über den Tomaten verteilen. Im vorgeheizten Ofen bei 200°C etwa 20 Minuten garen, bis der Käse schön gebräunt ist.

Reistopf mit Liebstöckel

500 g Rindernacken · 2 Suppenknochen
1 Bund Suppengrün · 1 Petersilienwurzel · 1 Zwiebel
2 Nelken · 1 Lorbeerblatt · 4 schwarze Pfefferkörner
Salz · 300 g gegarter Langkornreis
1–2 Handvoll Liebstöckelblättchen

Rindfleisch und abgespülte Knochen in einem Topf mit kaltem Wasser bedecken und zum Kochen bringen. Bei schwacher Hitze zugedeckt 2 Stunden leise köcheln lassen. Suppengrün putzen, waschen und grob würfeln. Petersilienwurzel schälen, waschen und in Stücke schneiden. Zwiebel schälen und halbieren. Zutaten mit Nelken, Lorbeerblatt und Pfefferkörnern zum Fleisch geben. Die Brühe salzen. Fleisch in weiteren 30–60 Minuten fertig garen. Dann herausnehmen und in mundgerechte Stücke schneiden. Brühe erneut zum Kochen bringen. Reis darin nur erwärmen. Liebstöckel waschen, trockentupfen und fein hacken. Mit dem Fleisch unter den Reis mischen und alles noch einmal erhitzen.

Gerichte mit Reisprodukten

– Reisblätter und Reisnudeln –

Fisch mit Gemüse in Reisblättern

1 kleine unbehandelte Orange · 1 kleine Zwiebel
3 Stangen Sellerie · 2 dünne Stangen Lauch
8 große Blätter kräftiger Herbst- oder Winterspinat
8 Reisblätter von ca. 25 cm Durchmesser · 700 g Fischfilet
weißer Pfeffer · 2 EL Sojasauce · 2 EL trockener Sherry
2 EL Oliven- oder Erdnußöl

Orange waschen und abtrocknen. Die Schale rundherum abreiben, den Saft auspressen. Zwiebel abziehen und sehr fein hacken. Mit der Orangenschale und dem Saft vermischen. Selleriestangen und Lauch putzen, waschen und fein zerkleinern. Dabei die saftigen grünen Lauchblätter und die Sellerieblättchen mitverwenden. Die Reispapierblätter einweichen, dann zwischen zwei Küchentüchern aufbewahren, damit überschüssige Feuchtigkeit aufgenommen wird. Eine Scheibe Fisch in die Mitte jedes Blattes legen und mit Salz und Pfeffer bestreuen. Zuerst Orangen-Zwiebelmischung, dann zerkleinertes Gemüse auf dem Fisch verteilen. Sojasauce und Sherry mischen und mit einem Teelöffel darüberträufeln. Das Blatt so über dem Fisch zusammenfalten, daß ein kleines Päckchen entsteht. Die Stellen, an denen das Reisblatt übereinander liegt, gut andrücken, damit es beim Garen zusammenhält. Öl in einem weiten Topf erhitzen. Die Reispäckchen nebeneinander hineinlegen und bei mittlerer Hitze auf der Unterseite anbraten. Den Topf schließen und die Päckchen bei schwächster Hitze etwa 13 Minuten garen. Auf gut vorgewärmten Tellern anrichten.

Glücksrollen mit Gemüse und Tofu

300 g Möhren · 1 Paprikaschote (200 g)
1 Zwiebel · 250 g Tofu · 2 EL Öl · 2 TL Currypulver
4 EL Sojasauce · Salz
16 Reispapierblätter von 20 cm Durchmesser
100 g Hoisinsauce

Möhren schälen und in dünne Stifte schneiden. Paprikaschote achteln, putzen, waschen und in feine Streifen schneiden. Zwiebel fein hacken. Tofu in kleine Würfel schneiden. Öl erhitzen. Möhren und Paprikaschote darin bei mittlerer Hitze unter Rühren einige Sekunden anbraten. Currypulver und Sojasauce untermischen. Gemüse unter weiterem Rühren etwa 2 Minuten garen. Abkühlen lassen. Tofu untermischen. Mit Salz würzen. Reispapierblätter einweichen und zwischen zwei Küchentüchern aufbewahren, damit überschüssige Feuchtigkeit aufgesaugt wird. Jeweils eine Portion Füllung als etwa fingerlangen Streifen in die Mitte geben. Das Reispapier zuerst an den beiden Schmalseiten des Streifens nach innen schlagen. Nun eine Längsseite ebenfalls einschlagen und das Reisblatt vorsichtig aufrollen. Zum Essen die Rollen in die Sauce tunken und abbeißen.

Gedämpfte Pilz-Reis-Taschen

---
100 g Austernpilze · 100 g frische Shiitakepilze
---
1 Knoblauchzehe · 2 Schalotten · 1 kleines Bund Petersilie
---
2 EL Erdnußöl · 1 EL helle Sojasauce

Salz · weißer Pfeffer · 1 Prise gemahlener Piment
---
16 Reispapierblätter (15 cm Durchmesser)

Austernpilzhüte und Shiitakepilze von den Stielen schneiden und klein würfeln. Knoblauch und Schalotten abziehen und sehr fein zerkleinern. Petersilie waschen, trockentupfen und fein hacken. Öl in einer Pfanne erhitzen. Die Pilze darin bei starker Hitze unter ständigem Rühren kräftig rösten. Knoblauch, Schalotten und Petersilie daruntermischen und einige Sekunden mitbraten. Mit Sojasauce, Salz, Pfeffer und Piment würzen und wieder aus der Pfanne nehmen. Pilze ganz abkühlen lassen. Die Flüssigkeit, die sich dabei sammelt, abgießen. Reispapierblätter in reichlich Wasser einweichen und zwischen zwei Küchentüchern aufbewahren, damit überschüssige Feuchtigkeit aufgenommen wird. Pilzfüllung darauf verteilen, die Blätter zu Päckchen falten. Ein Bambuskörbchen mit geöltem Pergamentpapier auslegen. Die Taschen nebeneinander hineinlegen. In einem hohen Topf etwa drei Finger hoch Wasser zum Kochen bringen. Eine Tasse umgekehrt in den Topf setzen, das Bambuskörbchen daraufstellen, den Deckel auflegen und den Topf schließen. Die Päckchen etwa 15 Minuten dämpfen. Mit Sojasauce zum Beträufeln heiß servieren.

Frühlingsrollen

Für 6 Personen:

FÜR DEN TEIG:

120 g Mehl · 60 g Speisestärke

Salz · 300 ccm Wasser

FÜR DIE FÜLLUNG:

10 g Mu-Err-Pilze · 100 g Schweinefilet · 6 EL Öl

50 g Bambussprossen (Dose) · 50 g frische Sojasprossen

50 Mangold · 6 EL Sojasauce · 30 g dünne Reisnudeln

50 g Krabbenfleisch · 1 TL rote Bohnenpaste · Salz

1 Eiweiß · Öl zum Fritieren.

Für den Teig Mehl, Speisestärke, Salz und Wasser verrühren und etwa 30 Minuten stehenlassen. Pilze in warmem Wasser einweichen. Fleisch in dünne Streifen schneiden und in 2 EL heißem Öl braun braten. Kleingeschnittene Pilze, Bambus, Sojasprossen und dünne Mangoldstreifen zugeben und andünsten. Sojasauce zufügen und unter Rühren etwa 2 Minuten dünsten. Reisnudeln in kochendem Wasser weich werden lassen. Abgetropft mit einer Küchenschere zerschneiden und mit den Krabben zum Gemüse geben. Mit Bohnenpaste, Salz und Sojasauce kräftig würzen. Aus dem Teig sechs Pfannkuchen backen. Dafür je etwa 1 TL Öl in einer beschichteten Pfanne (16 cm Durchmesser) erhitzen und soviel Teig zugießen, daß der Pfannenboden gerade eben bedeckt ist. Bei mittlerer Hitze backen, bis die Oberfläche trocken ist. Pfannkuchen nicht wenden, damit er sich besser rollen läßt. Herausnehmen und abkühlen lassen. Füllung auf den Pfannkuchen verteilen, die Ränder der Pfannkuchen mit Eiweiß bestreichen. Pfannkuchen zur Mitte einschlagen und zu einem Paket formen. Die Ränder fest andrücken. In einem hohen Topf oder einer Friteuse reichlich Öl erhitzen. Die Frühlingsrollen in reichlich Öl schwimmend etwa 4 Minuten braun ausbacken. Auf Küchenkrepp abtropfen lassen und heiß servieren.

Hähnchensalat mit Reisnudeln

3 einzelne Hähnchenbrustfilets ohne Haut
1 TL Speisestärke · 2 EL trockener Sherry
3 EL Sojasauce · 1 Knoblauchzehe · 1 rote Paprikaschote
½ Bund Lauchzwiebeln · 4 Blätter Chinakohl
1 Bündel dünne Reisnudeln 4 EL Sesamöl
Salz · 1 TL rote Bohnenpaste

Hähnchenbrustfilets in etwa 1 cm große Würfel schneiden. Speisestärke, Sherry, Sojasauce und zerdrückte Knoblauchzehe verrühren und über die Fleischwürfel gießen. Zugedeckt 15 Minuten ziehen lassen. Paprikaschote längs halbieren, entkernen, kalt abspülen und fein würfeln. Lauchzwiebeln putzen und in Ringe schneiden. Chinakohl waschen, trockentupfen und in knapp fingerbreite Streifen schneiden. Reisnudeln mit kochendem Wasser übergießen, etwa 1 Minuten ziehen und dabei weich werden lassen. Im Wasser mit einer Küchenschere in Stücke schneiden, abgießen und abgetropft mit 1 EL Öl in einer Schüssel vermischen. Hähnchenfleisch mit der Marinade unter Rühren in 2 EL heißem Öl etwa 3 Minuten schmoren. Fleisch herausnehmen. Paprikawürfel, Lauchzwiebelringe und Chinakohlstreifen im restlichen Öl etwa 2 Minuten braten. Mit Salz würzen, mit der Bohnenpaste verrühren. Fleisch, Reisnudeln und Gemüse mischen.

Anmerkung: Wie Glasnudeln werden auch Reisnudeln zu Knäueln oder kleinen Bündeln gewickelt verkauft.

Scharfer Reisnudelsalat mit Rinderhack

1 Lauchzwiebel · 1 kleine rote Chilischote
1 kleine Limette · 200 g Rinderhack · 4 EL Erdnußöl
Salz · 2 Bündel breite Reisnudeln
3 EL Gemüsebrühe (Instant)
2 EL Fischsauce (z. B. Nuoc Mam) · 1 TL Zucker
einige Koriander-, Petersilien- und Dillblättchen

Lauchzwiebel putzen, waschen und mit allen saftigen grünen Blättern in feine Ringe schneiden. Chilischote halbieren, alle Kerne entfernen. Die Schotenhälften waschen und fein hacken. Limette waschen, abtrocknen und rundherum etwas Schale abreiben. Diese in zwei Portionen teilen. Rinderhack in 2 EL heißem Öl braun und krümelig braten. Lauchzwiebel und Chilischote untermischen. Mit Salz, 2 EL Limettensaft und einem Teil -schale vermischen und lauwarm abkühlen lassen. Reisnudeln mit reichlich kochendem Wasser übergießen und nach etwa 2 Minuten, wenn sie weich sind, abschütten.

Für das Dressing die Fischsauce mit dem restlichen Limettensaft, abgeriebener Schale, Zucker und dem übrigen Öl verrühren. Die abgetropften Reisnudeln mit einer Küchenschere etwas zerschneiden. Mit Rinderhack und Dressing mischen. Kräuter grob hacken und über den Salat streuen.

Garnelenbällchen mit süßsaurer Sauce

200 g ungezuckerte Ananasstücke, am besten frisch
¹⁄₈ l Orangensaft · 40 g brauner Zucker
2 EL chinesischer Reisessig · 1 Bund Schnittknoblauch
1 Limette · 1 TL Speisestärke · 1-2 TL Chili-Öl
1-2 EL helle Sojasauce · 1 Bündel dünne Reisnudeln
300 g Shrimps · 6 Wasserkastanien (Dose)
1 Stück frischer Ingwer (2 cm) · 1 Lauchzwiebel
1 Eiweiß · Salz · Erdnußöl zum Fritieren

Für die Sauce die Ananasstücke mit Orangensaft, Zucker und Essig etwa 5 Minuten kochen. Schnittknoblauch waschen, trokkentupfen und fein schneiden. Limette heiß abspülen, abtrocknen und die Schale abreiben. Saft auspressen, mit Speisestärke verrühren, in die Ananasmischung rühren und einmal kräftig aufkochen. Schnittknoblauch und Limettenschale zugeben, mit etwas Chili-Öl und Sojasauce würzen. Abkühlen lassen. Für die Garnelenbällchen die Reisnudeln mit der Küchenschere in etwa 2 cm lange Stücke schneiden. Shrimps und abgetropfte Wasserkastanien im Mixer pürieren. Ingwer schälen und fein reiben. Lauchzwiebel putzen, waschen, trockentupfen und mit allen saftigen grünen Blättern ganz fein hacken. Shrimpmasse, Ingwer, Lauchzwiebeln, Eiweiß und etwas Chili-Öl zu einem Teig mischen und mit Salz abschmecken. Walnußgroße Bällchen formen, dabei die Masse mit den Fingerspitzen gut durchkneten. Bällchen in den Nudelstücken wälzen. Portionsweise im heißen Fritierfett goldbraun backen. Auf Küchenkrepp abtropfen lassen und heiß mit der Sauce servieren

Reisnudeln mit Fisch

250 g festfleischiges Fischfilet · 4 Knoblauchzehen
3 EL japanischer Reisessig · Salz · weißer Pfeffer
2 Bündel breite Reisnudeln · 1 kleine grüne Papaya
1 Frühlingszwiebel · 3 Stengel Petersilie · 4 EL Erdnußöl
4 EL Austernsauce · 1 TL brauner Zucker

Fischfilet in etwa 1 cm große Würfel schneiden. Knoblauch abziehen und hacken. Die Hälfte davon mit Fisch, Essig, einer kräftigen Prise Salz und Pfeffer aus der Mühle in einer Schüssel vermischen. Fisch ziehen lassen, bis die anderen Zutaten vorbereitet sind. Die Nudeln mit kochendem Wasser übergießen und 5 Minuten einweichen. Papaya halbieren, die Kerne mit einem Löffel herausholen, die Fruchthälften schälen und in Würfel schneiden. Frühlingszwiebel vom Wurzelansatz und den welken äußeren Blättern befreien, waschen und in feine Ringe schneiden. Petersilie hacken. Die Hälfte des Erdnußöls im Wok erhitzen. Fisch darin bei starker Hitze unter Rühren etwa 1 Minute anbraten und wieder herausnehmen. Den Rest des Öls in den Wok geben und ebenfalls erhitzen. Papaya und Frühlingszwiebeln darin bei starker bis mittlerer Hitze unter Rühren etwa 3 Minuten braten.

Austernsauce, Zucker, abgetropfte Nudeln, Fisch, den Rest des Knoblauchs und Petersilie untermischen und unter Rühren erhitzen. Mit Salz und Pfeffer abschmecken und sofort servieren.

Kabeljau mit Eisbergsalat und Reisnudeln

600 g Kabeljau · 3 Schalotten · 1 Knoblauchzehe
1 rote Paprikaschote · $^1/_2$ Kopf Eisbergsalat
2 Bündel breite Reisnudeln · 1 TL Sichuan-Pfeffer
6 EL Öl · $^1/_8$ l Gemüsebrühe · 8 EL helle Sojasauce
2 TL Zucker · Salz · 4 Halme Schnittknoblauch
4 Stengel Koriandergrün

Kabeljau quer zu den Fasern in fingerbreite Streifen schneiden, Gräten entfernen. Schalotten und Knoblauch abziehen und fein hacken. Paprikaschote putzen, waschen und in feine Streifen schneiden. Eisbergsalat etwa fingerbreit schneiden, waschen und trockenschwenken. Reisnudeln mit heißem Wasser übergießen und 5 Minuten ziehen lassen. Die schwarzen Körner des Sichuan-Pfeffers entfernen, damit nur die roten Fruchtschalen übrig bleiben. Öl erhitzen. Sichuan-Pfeffer, Schalotten, Knoblauch und Gemüsestreifen darin bei mittlerer Hitze unter Rühren 2 Minuten braten. Gemüsebrühe und Sojasauce zugeben, mit Zucker und Salz würzen, aufkochen und bei schwacher Hitze etwa 3 Minuten garen. Fisch untermischen und zugedeckt bei schwacher Hitze in knapp 2 Minuten gar ziehen lassen. Reisnudeln abgießen, abgetropft untermischen und noch einmal erhitzen. Schnittknoblauch und Koriander mit einem scharfen Messer fein schneiden. Das Gericht damit bestreut sofort servieren.

Fischcurry mit fritierten Reisnudeln

400 g Lottefilet · 1 kleiner säuerlicher Apfel (Cox Orange)
1 Babyananas · 1 große Tomate · 1 Stück Zitronengras
100 g Fischfond (Glas) · 200 ml Kokosmilch (Dose)
1 EL Garam Masala · Salz · weißer Pfeffer
1 Bündel dünne Reisnudeln · $1/8$ l Öl

Fisch in etwa 2 cm große Würfel schneiden. Apfel vierteln, schälen, vom Kerngehäuse befreien und in Schnitze teilen. Ananas ebenfalls schälen und würfeln. Tomaten abziehen und in Achtel schneiden. Zitronengras mit der Nudelrolle flachklopfen und wie einen Bindfaden verknoten. Fischfond in einem Topf erhitzen. Kokosmilch und Garam Masala mit einem Schneebesen untermischen. Obst, Tomate und Zitronengras zugeben, einmal aufkochen und zugedeckt bei schwacher Hitze 2 Minuten ziehen lassen. Fischwürfel zugeben, alles mit einem Kochlöffel mischen. Fisch zugedeckt bei schwacher Hitze 1 bis 2 Minuten ziehen lassen, bis er gerade eben gar, aber noch saftig ist. Mit Salz und Pfeffer aus der Mühle abschmecken. Öl in einem Topf erhitzen. Reisnudeln in Stücke brechen und im heißen Öl etwa 4 Minuten fritieren, bis sie hellgelb und knusprig sind. Auf Küchenpapier abtropfen lassen und leicht salzen. Curry auf heißen Tellern anrichten und mit den Reisnudeln belegen.

Thainudeln mit Gemüse

Für 2 Portionen:
250 g breite Reisnudeln · 150 g Broccoli
150 g Chinakohl · 2 Knoblauchzehen · 4 EL Öl
1 EL dunkle Sojasauce · $^1/_8$ l Wasser · 2 TL Zucker
3 EL helle Sojasauce · schwarzer Pfeffer

Die Reisnudeln in einer Schüssel mit lauwarmem Wasser übergießen und etwa 15 Minuten einweichen. Broccoli waschen und in 4 cm lange Stücke schneiden. Chinakohl in Streifen schneiden. Knoblauch abziehen und fein hacken. 2 EL Öl in einer Pfanne oder im Wok erhitzen. Nudeln darin bei mittlerer Hitze anbraten. Mit der dunklen Sojasauce mischen und aus der Pfanne nehmen. Das restliche Öl in der Pfanne oder im Wok erhitzen. Den Knoblauch darin bei mittlerer Hitze anbraten. Gemüse, Zucker und die helle Sojasauce unterrühren. Das Wasser zufügen und das Gemüse darin etwa 2 Minuten dünsten. Die Nudeln auf Teller verteilen, das Gemüse darübergeben und mit Pfeffer würzen.

Gemüseteller mit fritierten Reisnudeln

50 g dünne Reisnudeln
Fett oder Öl zum Fritieren · 2 rote Paprikaschoten
2 kleine Zucchini · 5 Blätter Endiviensalat
je 100 g Chinakohl und Mangold
1 Stück Salatgurke (ca. 100 g) · 2 mittelgroße Möhren
1 Bund gemischte frische Kräuter · 2 Lauchzwiebeln
100 g frische Shiitake-Pilze · 4 EL Erdnußöl
1 EL Austernsauce · 2 EL helle Sojasauce
2 EL chinesischer Reisessig · 2 EL Ananassaft
Salz · schwarzer Pfeffer

Reisnudeln im heißen Fett fritieren, bis sie knusprig sind. Mit einem Schaumlöffel herausnehmen und auf Küchenpapier abtropfen lassen. Paprikaschoten und Zucchini waschen und putzen. Schoten in feine Streifen schneiden, Zucchini in dünne Streifen raspeln. Salat-, Kohl- und Mangoldblätter waschen, trockentupfen und in ganz feine Streifen schneiden. Gurke und Möhren schälen und in Streifen hobeln. Kräuter und Lauchzwiebel waschen und fein hacken. Alles in einer Schüssel mischen. Pilzhüte von den zähen Stielen trennen, in Scheiben schneiden und in 2 EL Öl bei starker Hitze anbraten. Austernsauce, Sojasauce, Essig, Saft, Salz und eine kräftige Prise Pfeffer unterrühren. Restliches Öl untermischen und die Pilze lauwarm abkühlen lassen. Mit dem Salat mischen. Salat auf Portionstellern anrichten, die Reisnudeln darüber verteilen.

Reisnudeln mit Ei

3 Knoblauchzehen · 1 rote oder grüne Chilischote
1 EL dunkle Sojasauce · 1 EL Wasser · 1 TL Zitronensaft
1 EL Zucker · 2 Lauchzwiebeln · Salz
schwarzer Pfeffer · 5 Eier · 1 TL Zuckersirup
1 kleiner Eisberg- oder Romana-Salat · ½ Salatgurke
1 knappe Handvoll Minze- und Koriandergrün
50 g dünne Reisnudeln · 1 EL Öl

Für die Sauce 1 Knoblauchzehe abziehen, Chilischote halbieren, die Scheidewände und die Kerne entfernen. Beide Zutaten mit Sojasauce, Wasser, Zitronensaft und Zucker in einem Mörser fein zerreiben. Mischen, bis sich der Zucker gelöst hat. Die restlichen beiden Knoblauchzehen abziehen und fein hakken. Die Lauchzwiebeln putzen, waschen und grob zerkleinern, dabei das zarte Zwiebelgrün mitverwenden. Beide Zutaten mit Salz, Pfeffer, Zuckersirup und verquirlten Eiern verrühren. Zugedeckt ziehen lassen, bis die anderen Zutaten vorbereitet sind. Salat putzen, waschen und in Streifen schneiden. Salatgurke waschen und in dünne Scheiben schneiden. Kräuter grob zerkleinern. Alles auf einer großen Platte anrichten. Reichlich Wasser zum Kochen bringen. Reisnudeln darin unter ständigem Rühren etwa 3 Minuten garen, bis sie weich, aber noch bißfest sind. Abgießen, kalt abschrecken und abtropfen lassen. Neben dem Salat anrichten. Öl in einer beschichteten Pfanne erhitzen. Die Eiermischung darin bei mittlerer bis schwacher Hitze auf der Unterseite etwa 3 Minuten braten. Mit Hilfe eines Tellers wenden und weitere 1 bis 2 Minuten braten. Herausnehmen, 1 bis 2 Minuten abkühlen lassen und wie eine Torte in 8 Stücke schneiden. Zu Nudeln und Salat legen und die Sauce darauf verteilen.

Reisnudeln mit Kalbfleisch

300 g Kalbsschnitzel

je 250 g Möhren und Zucchini · 30 g Butter

3 EL Erdnußöl · 250 g breite Reisnudeln

$1/8$ l Brühe (Instant) · 150 g Crème fraîche

Salz · frisch gemahlener Pfeffer

Fleisch in feine Streifen schneiden. Geschälte Möhren und geputzte Zucchini auf der Rohkostreibe grob raffeln. Butter und Öl in einer großen Pfanne erhitzen. Fleisch darin rundherum hellbraun anbraten. Reisnudeln mit reichlich kochendem Wasser übergießen und etwa 2 Minuten ziehen lassen, bis sie weich sind. Abgießen, abgetropft zum Fleisch geben und andünsten. Brühe, Crème fraîche, Möhren und Zucchini zugeben und in der offenen Pfanne etwa 1 Minute kochen. Mit Salz und Pfeffer abschmecken.

Reisnudeln mit Sellerie und Tofu

250 g Tofu · 3 Knoblauchzehen

Saft von $1/2$ Zitrone · 1–2 EL Olivenöl

1 TL frischer Thymian · 200 g Reisnudeln

$1/8$ l Gemüsebrühe · Salz · 400 g Stangensellerie

weißer Pfeffer · 1 EL frisch gehackte Petersilie · 2 EL Mehl

etwa 4 EL Sonnenblumenöl zum Braten

Tofu abtropfen lassen und in Würfel von etwa 2 cm Kantenlänge schneiden. Knoblauchzehen schälen und sehr fein hakken. Mit dem Zitronensaft, Olivenöl und fein zerkleinertem Thymian verrühren und über die Tofuwürfel gießen. Zugedeckt etwa 3 Stunden marinieren. Reisnudeln in reichlich lauwarmem Wasser 15 Minuten einweichen. Sellerie putzen, waschen und in dünne Scheiben schneiden. Tofu abtropfen lassen und mit Küchenpapier trockentupfen, im Mehl wenden und im erhitzten Öl unter Wenden rundherum knusprig braun braten. Abgetropfte Reisnudeln und Sellerie zugeben und unter Rühren etwa 3 Minuten braten.

Gebratene Reisnudeln mit Knoblauchsauce

250 g Reisnudeln · $^1/_2$ l Wasser · Salz
$^1/_2$ Salatgurke · 1 Becher Joghurt · 1 Becher saure Sahne
3 Knoblauchzehen · 1 Bund Schnittlauch
$^1/_2$ Bund Dill · weißer Pfeffer · 2 EL Olivenöl
1 Zwiebel · 1 Zucchino · 2 EL trockener Sherry

Reis in einem Sieb kalt abspülen, bis das ablaufende Wasser klar bleibt. Dann mit Wasser und Salz zum Kochen bringen und bei schwacher Hitze zugedeckt in etwa 35 Minuten körnig ausquellen, dann abkühlen lassen. Inzwischen Gurke schälen und auf der Rohkostreibe fein raspeln. Mit Salz bestreuen und so lange ziehen lassen, bis sich in der Schüssel Saft gebildet hat. Diesen abgießen. Joghurt mit saurer Sahne verrühren. Knoblauch schälen und durch die Knoblauchpresse dazudrücken. Kräuter waschen, trockenschwenken, fein hacken und mit der Gurke unter den Joghurt mischen. Mit Salz, Pfeffer und 1 TL Olivenöl pikant abschmecken. Zwiebel schälen und fein hakken. Zucchino waschen, von Stiel- und Blütenansatz befreien und in Stifte schneiden. Etwas Öl erhitzen und die Zwiebel darin glasig braten. Zucchino zugeben und unter Rühren etwa 3 Minuten braten. Gemüse aus der Pfanne nehmen und warm halten. Restliches Öl erhitzen und den Reis darin unter Rühren braten, bis er schön gebräunt ist. Gemüse wieder untermischen und alles mit Salz, Pfeffer und Sherry abschmecken. Knoblauchsauce getrennt dazu servieren.

Reis als Beilage

Türkischer Reis mit gebratenen Nudeln

125 g Langkornreis · 1 l heißes Wasser
2 EL Butterschmalz · 50 g dünne Suppennudeln
$1/4$ l kaltes Wasser · 1-2 TL Salz
$1/2$ TL frisch gemahlener schwarzer Pfeffer

Reis in einer Schüssel mit dem heißen Wasser übergießen und 20 bis 30 Minuten quellen, dann auf ein Sieb schütten und gut abtropfen lassen. Butterschmalz erhitzen und die Nudeln darin bei mittlerer Hitze unter Rühren braun anbraten. Das kalte Wasser zugießen, Salz zufügen und die Nudeln aufkochen. Reis mit einer Gabel vorsichtig umrühren. Zugedeckt bei schwacher Hitze in 10 bis 15 Minuten garen. Topf von der Kochstelle nehmen, einige Blätter Küchenpapier zwischen Topfrand und Deckel legen und alles noch etwa 20 Minuten zugedeckt ziehen lassen. Mit Pfeffer abschmecken.

Pilaw-Reis

---

300 g Basmatireis · 1 kleine Zwiebel

1 EL Butterschmalz · 6 EL Butter · 3 Lorbeerblätter

1 gestrichener TL gemahlene Kurkuma (Gelbwurz)

50 g Mandelstifte · 50 g Korinthen · 1 TL Zucker

½ TL Salz · ¾ l Wasser · 1 EL Butter

Den Reis waschen und abtropfen lassen. Zwiebel abziehen und in dünne Ringe schneiden. Butterschmalz erhitzen und die Zwiebelringe darin anbraten. Lorbeerblätter und Kurkuma untermischen und bei schwacher Hitze leicht anbraten. Reis, Mandeln, Korinthen, Zucker und Salz zugeben und 2 bis 3 Minuten mitbraten. Das Wasser zugießen, Reis einmal aufkochen und zugedeckt bei schwacher Hitze etwa 20 Minuten garen, bis er weich ist und alle Flüssigkeit aufgesogen hat. Die Butter mit einer Gabel unterziehen.

Gelber Reis

---

500 g Duftreis · 1 Stengel Zitronengras

2 Zitronenblätter · 2 Lorbeerblätter · 1 TL Currypulver

½ TL Salz · 100 ml Kokosmilch (Dose)

2 TL Zitronensaft

Reis in einer Schüssel mit kaltem Wasser mehrmals waschen und wieder abgießen, bis das Wasser klar bleibt. Reichlich Wasser aufkochen und den Reis darin 25 Minuten bei schwacher Hitze garen. Abgießen und abtropfen lassen. Zitronengras waschen, mit der Nudelrolle flachklopfen. Stengel verknoten und mit Zitronenblättern, Lorbeerblättern, Currypulver, Salz und Kokosmilch in einen großen Topf geben. Zum Kochen bringen. Den Reis nach und nach in die sprudelnd kochende Flüssigkeit einrühren und so lange garen, bis er die gesamte Flüssigkeit aufgenommen hat. Mit Zitronensaft abschmecken. Den Topfdeckel, mit einem Küchentuch umwickelt, fest auf den Topf drücken, und den Reis bei schwächster Hitze 1 Stunde dämpfen.

Reis mit Nüssen

400 g Langkornreis · 400 ml Wasser · Salz
2 mittelgroße, reife Tomaten
1 kleines Bund frischer Koriander · $1/2$ EL Butter
40 g gehackte Erdnußkerne

Reis mit Wasser und Salz aufkochen und zugedeckt bei schwacher Hitze in etwa 20 Minuten körnig weich garen. Inzwischen Tomaten abziehen und hacken, Stielansätze dabei entfernen. Koriander waschen, trockentupfen und fein schneiden. Butter erhitzen, Nüsse darin goldbraun rösten. Mit Tomaten und Koriander unter den heißen Reis mischen.
Ergänzt gemischte Gemüse oder Hülsenfrüchte.

Gewürzter Reis

---
1 große Zwiebel · 1 kleine grüne Pfefferschote
---
1 Stück frischer Ingwer (etwa 1 cm lang) · 4 EL Butterschmalz
---
½ TL Garam Masala · 250 g Basmati- oder Patnareis

½ l Wasser · Salz

Zwiebel abziehen und hacken. Pfefferschote halbieren, Kerne entfernen, Schotenhälften waschen und hacken. Ingwer schälen und in feine Streifen schneiden. Öl erhitzen, Zwiebel darin bei schwacher Hitze glasig braten. Pfefferschote, Ingwer und Garam Masala zugeben und etwa 1 Minute dünsten. Reis untermischen und 2 Minuten schmoren. Wasser und Salz zugeben und aufkochen. Zugedeckt bei schwacher Hitze 20 Minuten garen. Mit einer Gabel lockern und anrichten.

Bohnenreis

---
150 g grüne Bohnen · 350 ccm Wasser · 3 EL Öl
---
150 g Langkornreis · 1 TL Salz · 50 g Butter

½ Bund Petersilie

Bohnen waschen, in Stücke schneiden und in reichlich Wasser 3 Minuten sprudelnd kochen. Abgießen, eiskalt abschrecken und abtropfen lassen. Öl in einem Topf erhitzen. Reis und Bohnen darin anbraten. Salz zugeben und mit einer Gabel daruntermischen. Wasser zugießen, aufkochen und gut zugedeckt etwa 15 Minuten garen, bis der Reis weich ist. Butter in einem kleinen Topf zerlassen. Petersilie fein hacken, untermischen und bei schwacher Hitze einige Minuten ziehen lassen. Petersilienbutter mit einer Gabel unter den Bohnenreis ziehen.

Spanischer Paprikareis

1 große Zwiebel · 4 EL Öl · 400 g Mittelkornreis

³/₄ l Brühe · 1 rote Paprikaschote · Salz

1 TL Paprikaflocken

Zwiebel abziehen, fein hacken und im heißen Öl bei schwacher Hitze glasig braten. Reis unterrühren, Wasser dazugießen und aufkochen. Reis zugedeckt bei schwacher Hitze zehn Minuten garen. Inzwischen die Paprikaschote waschen, achteln, putzen und in kleine Stücke schneiden. Unter den Reis mischen, mit einer kräftigen Prise Salz sowie den Paprikaflocken würzen und zugedeckt noch einmal 5 bis 10 Minuten garen, bis der Reis weich ist.

Paßt zu gebratenen Bananen, Lammkoteletts oder Salat.

Kräuterreisrand

500 g Langkornreis · 1 l Wasser · Salz

1 Päckchen gemischte TK-Kräuter · 50 g Butter

Reis mit Wasser und Salz aufkochen und zugedeckt bei schwacher Hitze in etwa 20 Minuten körnig weich garen. Kräuter auftauen lassen. Eine Kranzform mit etwa der Hälfte der Butter ausstreichen Restliche Butter zerlassen, Kräuter untermischen und mit einer Gabel unter den heißen Reis ziehen. Reis in die Form geben, glattstreichen und gut festdrücken. Die Form kurz in heißes Wasser tauchen, den Reis als Ring auf eine heiße Platte stürzen und füllen.

Womit? – Beispielsweise mit einem Fleisch- oder Fischragout (siehe Seiten 175/219), einem Gulasch, einem Currygericht oder Gemüse, wie z.B. Ratatouille (siehe Seite 162).

Überbackener Reis

1 große Zwiebel · 1 Handvoll Salbeiblätter
1 EL Öl · 150 g Langkornreis · 300 ccm Wasser
100 g Salsa Mexicana (fertig gekauft) · Salz
schwarzer Pfeffer · 150 g beliebiger Käse in dünnen Scheiben
1 EL Butter

Zwiebel fein hacken, Salbei in Streifen schneiden. Beide Zutaten im heißen Öl bei schwacher Hitze braten, bis die Zwiebel glasig ist. Reis und Wasser dazugeben, aufkochen und zugedeckt bei schwächster Hitze 20 Minuten garen. Mit der Salsa Mexicana vermischen und in einer flachen Auflaufform glattstreichen. Käsescheiben darauflegen. Form in den kalten Backofen (mittlere Schiene) stellen. Reis bei 200°C 30 Minuten backen, bis der Käse zerlaufen und leicht gebräunt ist.

Grüner Reis

250 g Langkornreis · 400 ccm Fleisch- oder Gemüsebrühe
100 g gemischte (Wild-)Kräuter (z. B. Giersch, Brennesseln, Zitronenmelisse, Knoblauchhederich, Petersilie)
50 g Spinat · schwarzer Pfeffer · Salz

Reis mit der Brühe zum Kochen bringen. Zugedeckt bei schwacher Hitze in etwa 20 Minuten ausquellen lassen. Kräuter und Spinat waschen, trockenschwenken, von harten Stielen befreien und sehr fein hacken oder pürieren. Unter den Reis mischen und weitere fünf Minuten garen. Den Grünen Reis mit Pfeffer und eventuell Salz abschmecken.

Reis Trauttmansdorff (Rezept siehe Seite 266)

Persischer Reis

300 g Langkornreis · ³/₄ l Wasser · Salz · 75 g Butter

1–2 dünne Scheiben Vollkornbrot

Reis in einem Sieb unter fließendem kaltem Wasser abspülen, bis das ablaufende Wasser klar bleibt. Mit Wasser und Salz zum Kochen bringen und etwa 5 Minuten sprudelnd kochen. Reis kalt abschrecken. Etwa 20 g Butter bei niedrigster Stufe im Topf zerlassen. Das Brot in Stücke teilen. Topfboden mit Brotstücken auslegen; er muß ganz damit bedeckt sein. Reis pyramidenförmig daraufschichten. Mit der restlichen Butter in Flöckchen belegen. Den Topfdeckel mit einem Küchentuch umwickeln, Topf fest verschließen und mit einem Gegenstand beschweren, damit der Dampf beim Garen nicht entweichen kann. Reis bei niedrigster Temperatur etwa 1 ½ Stunden garen. Den Topf kurz in kaltes Wasser tauchen, damit sich das Brot vom Topfboden löst. Den Reis locker in einer Schüssel anrichten. Brotstücke gesondert dazu reichen.

Zitronenreis mit Pinienkernen

1 unbehandelte Zitrone · 200 g Langkornreis

400 ccm Wasser · Salz · 50 g Pinienkerne

½ EL Butter · einige Blätter frische Zitronenmelisse

Zitrone heiß waschen und abtrocknen. Etwa die Hälfte der Schale hauchdünn abschälen und in sehr feine Streifen schneiden. Reis in einem Sieb unter fließendem kaltem Wasser abspülen, bis das ablaufende Wasser klar bleibt. Dann mit Wasser, Salz und Zitronenschale zum Kochen bringen und bei schwacher Hitze zugedeckt in etwa 20 Minuten körnig ausquellen lassen. Inzwischen Pinienkerne in der Butter unter Rühren rundherum goldbraun braten. Mit 1 EL Zitronensaft mischen. Melisse waschen, abtrocknen und fein hacken. Mit den Pinienkernen unter den gegarten Reis mischen, diesen eventuell noch mit etwas Salz abschmecken, dann sofort servieren.

Safranreis mit Kartoffeln

150 g Natur-Langkornreis · etwa $^1/_2$ l Wasser
1 Briefchen Safranfäden · 3 EL Butter oder Margarine
400 g Kartoffeln (festkochende Sorte) · 1 TL Salz
1 kräftige Prise Cayennepfeffer · 4 EL Wasser

Reis in einem Sieb kalt abspülen, bis das ablaufende Wasser klar bleibt, mit dem Wasser zum Kochen bringen und etwa 15 Minuten sprudelnd kochen, bis die Körner kernig-weich sind. Inzwischen Safranfäden zerreiben und in etwa 1 EL der zerlassenen Butter oder Margarine auflösen. Kartoffeln schälen, waschen, abtrocknen und in etwa $^1/_2$ cm dicke Scheiben schneiden. Reis kalt abschrecken, abgießen und mit Safran, Salz und Cayennepfeffer mischen. Einen weiteren EL des Fetts in einem Topf zerlassen. Topfboden mit Kartoffelscheiben auslegen. Eine Schicht Reis darübergeben und mit Kartoffelscheiben bedecken. Fortfahren, bis Reis und Kartoffeln verbraucht sind. Die restliche Butter in Flöckchen daraufgeben und das Wasser darüberträufeln. Topfdeckel mit einem Küchentuch umwickeln, auf den Topf drücken und beschweren, damit der Topf wirklich dicht schließt. Den Safranreis bei schwacher Hitze 1 $^1/_2$ Stunden garen. Topf kurz in kaltes Wasser tauchen, damit sich die Kartoffelscheiben vom Boden lösen lassen. Safranreis auf einer vorgewärmten Platte anrichten.

Reis mit roten Bohnen

100 g rote Bohnen · 1 Zweig frischer Thymian

1 Lorbeerblatt · 150 g Langkornreis · Salz · weißer Pfeffer

Tabascosauce · 1 Bund Petersilie

Bohnen waschen, in einem Topf mit kaltem Wasser bedecken und über Nacht darin einweichen. Am nächsten Tag in diesem Wasser mit abgespültem Thymian und Lorbeer zum Kochen bringen und zugedeckt bei schwacher Hitze etwa 1 $^1/_2$ Stunden garen. Inzwischen Reis in einem Sieb unter fließendem kaltem Wasser abspülen und mit 300 ccm Wasser und Salz zum Kochen bringen. Zugedeckt bei schwacher Hitze in etwa 20 Minuten körnig garen. Bohnen abtropfen lassen, Thymian und Lorbeerblatt entfernen und mit dem Reis mischen. Alles mit Salz, Pfeffer und wenig Tabascosauce pikant abschmecken. Petersilie waschen, trockenschwenken und fein hacken. Den Reis damit bestreuen und sofort servieren.

Reis mit Linsen

150 g Langkornreis · 400 ccm Wasser · Salz

100 g rote Linsen · 1 Knoblauchzehe · Cayennepfeffer

1 EL frisch gehackte Petersilie oder Basilikum

Reis in einem Sieb unter fließendem kaltem Wasser waschen, bis das ablaufende Wasser klar bleibt. Dann mit dem Wasser und Salz zum Kochen bringen und zugedeckt bei schwacher Hitze etwa 10 Minuten köcheln. Nun die Linsen zufügen und alles weitere 10 Minuten garen. Dabei je nach Bedarf noch etwas Wasser zugeben. Knoblauch schälen, durch die Knoblauchpresse drücken und unter den Linsenreis mischen. Alles mit Salz und Cayennepfeffer pikant abschmecken und mit der Petersilie oder dem Basilikum bestreut servieren.

Curryreis mit Mandeln

250 g Langkornreis · $^1/_2$ l Geflügel- oder Fleischbrühe
Currypulver · Salz · 2 EL Mandelblättchen oder -stifte
1 EL Butter oder Margarine

Reis in einem Sieb unter fließendem kaltem Wasser abspülen, bis das ablaufende Wasser klar bleibt. Dann mit Brühe, etwa $^1/_2$ TL Curry und wenig Salz (Brühe ist bereits gesalzen) zum Kochen bringen und zugedeckt bei schwacher Hitze in etwa 20 Minuten körnig ausquellen lassen. Inzwischen Mandelblättchen oder -stifte im erhitzten Fett unter Rühren goldbraun braten. Unter den gegarten Reis mischen, alles eventuell noch einmal mit Salz und Curry würzen und sofort servieren.

Reis mit Speck

200 g Langkornreis · 400 ccm Wasser
Salz · 100 g durchwachsener Räucherspeck
$^1/_2$ TL getrockneter Thymian · schwarzer Pfeffer

Reis in einem Sieb unter fließendem kaltem Wasser abspülen, bis das ablaufende Wasser klar bleibt. Dann mit Wasser und wenig Salz (der Speck ist gesalzen) zum Kochen bringen und zugedeckt bei schwacher Hitze in etwa 20 Minuten körnig ausquellen lassen. Inzwischen Speck gegebenenfalls von Schwarte und Knorpeln befreien und in kleine Würfel schneiden. In einer trockenen Pfanne unter Rühren erst auslassen, dann knusprig braun braten. Überschüssiges Fett abgießen und die Speckwürfel mit dem Thymian unter den gegarten Reis mischen. Speckreis mit Pfeffer pikant abschmecken und sofort servieren.

Reis mit Lauch und Ingwer

200 g Langkornreis · 400 ccm Wasser
Salz · 1 kleine Stange Lauch/Porree · 1 Knoblauchzehe
1 Stück frische Ingwerwurzel von 1–2 cm Länge
½ EL Butter oder Margarine · weißer Pfeffer
Cayennepfeffer

Reis in einem Sieb unter fließendem kaltem Wasser abspülen, bis das ablaufende Wasser klar bleibt. Dann mit Wasser und Salz zum Kochen bringen und zugedeckt bei schwacher Hitze in etwa 20 Minuten körnig ausquellen lassen. Inzwischen Lauch putzen, gründlich waschen und mit der Hälfte des Grüns in sehr dünne Ringe schneiden. Knoblauch schälen und fein hacken. Ingwerwurzel wie eine Kartoffel schälen und ebenfalls klein hacken. Knoblauch und Ingwer im erhitzten Fett glasig braten. Lauch zugeben und einige Minuten mitbraten. Dann alles unter den gegarten Reis mischen und mit Salz, Pfeffer und wenig Cayennepfeffer pikant abschmecken.

Käsereis

---
200 g Langkornreis · etwa $^1/_2$ l Gemüsebrühe
---
100 g geriebener Emmentaler oder alter Gouda
---
weißer Pfeffer · Paprikapulver

Reis in einem Sieb unter fließendem kaltem Wasser abspülen, bis das ablaufende Wasser klar bleibt. Dann mit Gemüsebrühe zum Kochen bringen und bei schwacher Hitze zugedeckt in etwa 20 Minuten körnig ausquellen lassen. Der Reis muß dann noch schön feucht sein, sonst wird er durch den Käse zu trocken. Käse unter den gegarten Reis mischen und alles mit Pfeffer und Paprikapulver pikant abschmecken.

Auf eine Salzzugabe können Sie bei diesem Rezept verzichten, da Brühe und Käse bereits gesalzen sind.

Tomatenreis

---
200 g Langkornreis · 400 ccm Wasser

Salz · 2–3 Tomaten · schwarzer Pfeffer · Zucker

Cayennepfeffer · $^1/_2$ Bund Basilikum oder Petersilie

Reis in einem Sieb unter fließendem kaltem Wasser abspülen, bis das ablaufende Wasser klar bleibt. Dann mit Wasser und Salz zum Kochen bringen und zugedeckt bei schwacher Hitze in etwa 20 Minuten körnig ausquellen lassen. Inzwischen die Tomaten mit kochendheißem Wasser überbrühen, kurz darin liegen lassen, dann kalt abschrecken und häuten. Die Tomaten in winzige Würfel schneiden, dabei die Stielansätze und die Kerne entfernen. Tomaten etwa 5 Minuten vor Ende der Garzeit unter den Reis mischen und alles mit Pfeffer, einer winzigen Prise Zucker und Cayennepfeffer pikant würzen. Basilikum waschen, trockenschwenken und die Blättchen in feine Streifen schneiden (oder gewaschene Petersilie fein hacken). Unter den fertig gegarten Reis mischen oder darüberstreuen und sofort servieren.

Sie können statt der frischen Tomaten auch etwas Tomatenmark, das Sie vorher mit Wasser oder Rotwein verrührt haben, unter den Reis mischen.

Reis mit Rosinen und Pistazien

200 g Langkornreis · 400 ccm Gemüse- oder Fleischbrühe
50 g Pistazienkerne · 50 g Rosinen
1 EL Butter oder Margarine · $^1/_2$ TL Kurkuma (Gelbwurz)
schwarzer Pfeffer · eventuell Salz

Reis in einem Sieb unter fließendem kaltem Wasser abspülen, bis das ablaufende Wasser klar bleibt. Dann mit Brühe zum Kochen bringen und zugedeckt bei schwacher Hitze in etwa 20 Minuten körnig ausquellen lassen. Inzwischen Pistazien fein hacken. Rosinen mit heißem Wasser überbrühen, kurz darin ziehen lassen, dann abgießen. Butter oder Margarine erhitzen und die Pistazien darin unter Rühren braten, bis sie leicht gebräunt sind. Rosinen zugeben und nur so lange mitbraten, bis sie heiß sind. Mit den Gewürzen unter den Reis mischen und gegebenenfalls noch mit etwas Salz abschmecken.

Statt der Pistazien können Sie auch Sonnenblumenkerne verwenden und statt der Rosinen getrocknete Pflaumen, die Sie vorher einige Stunden in lauwarmem Wasser einweichen und anschließend fein hacken.

Wildreis mit Champignons

100 g Wildreis · ³/₈ l Wasser · Salz

200 g Champignons · 1 EL Zitronensaft · 1 Zwiebel

1 EL Butter · weißer Pfeffer

Wildreis mit dem kochendheißen Wasser übergießen und etwa 1 Stunde stehenlassen. Dann mit Salz zum Kochen bringen und bei schwacher Hitze zugedeckt etwa 45 Minuten garen. Dabei immer wieder nachsehen, da Wildreis sehr leicht anbrennt. Inzwischen Pilze putzen, nur kurz waschen, dann blättrig schneiden. Sofort mit dem Zitronensaft beträufeln, damit sich die Pilze nicht verfärben. Zwiebel schälen und fein hacken. In der Butter glasig braten. Pilze zugeben und unter Rühren bei starker Hitze etwa 5 Minuten braten. Mit Salz und Pfeffer würzen. Reis gegebenenfalls abtropfen lassen, dann mit den Pilzen mischen und sofort servieren.

Reisfrikadellen

200 g grob geschroteter Langkornreis · 450 ccm Wasser

Salz · 2 große Eier · 2 EL Weizenmehl Type 1050

weißer Pfeffer · 1 Bund Petersilie · Sonnenblumenöl zum Braten

Reisschrot ungewaschen mit Wasser und Salz zum Kochen bringen, dann zugedeckt bei schwacher Hitze in etwa 20 Minuten ausquellen lassen. Abgekühlt mit Eiern, Mehl und Pfeffer verkneten. Petersilie waschen, trockenschwenken, fein hacken und untermischen. Aus der Masse etwa 8 gleich große Frikadellen formen und in Öl etwa 10 Minuten braten, bis sie auf beiden Seiten knusprig braun sind.

Reiskroketten

1 Schalotte · 1 Knoblauchzehe
½ EL geschmacksneutrales Öl · 200 g Rundkornreis
etwa ½ l heiße Fleischbrühe · 3 EL geriebener Parmesan
Salz · weißer Pfeffer · 2–3 Eigelb
80 g Semmelbrösel · 2 EL Butter

Schalotte und Knoblauch schälen, fein hacken und im Öl glasig braten. Reis zugeben und mitbraten, bis alle Körner vom Öl überzogen sind. Die Hälfte der Brühe zugießen und zum Kochen bringen. Reis bei schwacher Hitze zugedeckt etwa 30 Minuten garen, dabei immer wieder durchrühren und bei Bedarf etwas Brühe nachgießen. 2 EL Käse unterrühren, Reis mit Salz und Pfeffer würzen und auskühlen lassen. Mit Eigelb und der Hälfte der Semmelbrösel verkneten, zu Kroketten formen und in den restlichen Semmelbröseln wenden. Kroketten in der erhitzten Butter in etwa 10 Minuten rundherum knusprig braun braten.

Süße Hauptgerichte, Desserts und Backen mit Reis

Heidelbeersuppe mit Reisklößchen

1–1,5 kg Heidelbeeren · 1 Vanilleschote
³/₄ l Wasser · ¹/₄ l trockener Rotwein
1 Stück unbehandelte Zitronenschale
1 Zimtstange von ca. 5 cm Länge
100 g grob geschroteter Rundkornreis · ¹/₄ l Milch
30 g Butter oder Margarine · 30 g Zucker
2 Eier · 2 EL Mehl · 100 g Zucker
1 gehäufter EL Speisestärke

Heidelbeeren waschen, abtropfen lassen und von den Stielen zupfen. Etwa ein Viertel der Früchte auf einem Teller beiseite legen. Vanilleschote der Länge nach aufschlitzen und das Mark herauskratzen. Wasser mit Heidelbeeren, Vanillemark und -schote, Rotwein, Zitronenschale und Zimt zum Kochen bringen und alles etwa 15 Minuten garen. Durch ein Sieb gießen, die festen Bestandteile mit einem Löffel etwas ausdrücken und wegwerfen. Reisschrot mit Milch, Fett und Zucker zum Kochen bringen und zugedeckt bei schwacher Hitze in etwa 20 Minuten ausquellen lassen. Abgekühlten Reisbrei mit Eiern und Mehl zu einem formbaren Teig verkneten. Heidelbeersaft mit Zucker und den restlichen Heidelbeeren zum Kochen bringen. Speisestärke mit wenig kaltem Wasser verrühren und die Suppe damit binden. Aus der Reismasse mit angefeuchteten Händen kleine Klößchen formen und in reichlich kochendem Salzwasser einmal aufkochen und 10 Minuten ziehen, aber nicht mehr kochen lassen. Suppe heiß oder lauwarm anrichten. Abgetropfte Reisklößchen unmittelbar vor dem Servieren auf die Suppe legen.

Reisauflauf mit Schokohaube

Für 6–8 Personen:
250 g Rundkornreis · gut 1 l Milch · Salz
50 g Butter oder Margarine · 2 EL Zucker
einige Tropfen Buttervanille-Aroma · 1 Prise gemahlener Anis
4 Eier · 1 Glas entsteinte Sauerkirschen (etwa 600 g)
250 g frische Aprikosen · Butter oder Margarine für die Form
2 EL Kokosflocken · 50 g Schokoladenraspel

Reis mit Milch und etwas Salz zum Kochen bringen. Bei schwacher Hitze zugedeckt in etwa 35 Minuten körnig ausquellen und erkalten lassen. Butter oder Margarine mit Zucker schaumig rühren. Vanillearoma, Anis und Eigelbe unterrühren. Reisbrei eßlöffelweise zugeben und gut untermischen. Die Kirschen abtropfen lassen. Aprikosen waschen, abtrocknen, entsteinen und in kleine Stücke schneiden. Mit den Kirschen unter den Reisbrei mischen. Masse in eine gut gefettete Auflaufform füllen und im vorgeheizten Backofen bei 200°C etwa 30 Minuten backen. Inzwischen Eiweiß mit einer Prise Salz zu steifem Schnee schlagen. Schokoladenraspel und Kokosflocken unterziehen. Reismasse mit dem Schokoladen-Eischnee bestreichen. Weitere 15 Minuten backen, bis der Eischnee leicht gebräunt ist. Reisauflauf heiß oder lauwarm servieren.

Reisauflauf mit Quark und Trockenfrüchten

100 g gemischtes Trockenobst · 1 EL Orangenlikör
Saft von 1 Orange · 1 EL Honig · 1 EL Zitronensaft
$1/8$ l Apfelsaft · 125 g Rundkornreis · $1/2$ l Milch
Salz · 2 Eier · 250 g Quark · 50 g Zucker
Butter oder Margarine für die Form

Trockenobst lauwarm waschen, abtropfen lassen und klein würfeln. Orangenlikör mit Orangensaft, Honig, Zitronensaft und Apfelsaft erhitzen und unter Rühren sirupartig einkochen. Trockenobst zugeben und 5 Minuten im heißen Sud, danach zugedeckt bei Zimmertemperatur mindestens 4 Stunden, am besten jedoch über Nacht ziehen lassen. Reis mit Milch und etwas Salz zum Kochen bringen. Zugedeckt bei schwacher Hitze in etwa 35 Minuten körnig ausquellen lassen. Eigelb mit Quark und Zucker schaumig rühren. Zusammen mit den Trockenfrüchten unter den Milchreis mischen. Eiweiß steif schlagen und vorsichtig unterheben. Masse in eine gefettete Auflaufform füllen und im vorgeheizten Backofen bei 200°C etwa 1 Stunde backen.

Gefüllte süße Reisklöße

Für 6–8 Portionen:

$^1/_2$ l lauwarmes Wasser · 250 g Klebreismehl

100 g weißer Würfelzucker oder brauner Würfelzucker

50 g Kokosflocken · 1 Msp Salz

Wasser und das Reismehl mit einer Gabel verrühren. Mit den Händen etwa 20 Minuten zu einem glatten Teig kneten. Etwa walnußgroße Klöße formen und mit je 1 Stück Würfelzucker füllen. Reichlich Wasser zum Kochen bringen. Knödel darin ziehen lassen, bis sie an die Oberfläche steigen und noch 1 bis 2 Minuten schwimmen lassen. Mit einem Schaumlöffel herausnehmen und zum Abtropfen auf ein Sieb legen. Kokosraspel kurz dämpfen, leicht salzen und die Klöße darin wälzen. Servieren, sobald sie nicht mehr dampfen.

Reisschmarren

250 g Rundkornreis · 1 $^1/_2$ l Milch · Salz

60 g Zucker · 4 Eier · 2 EL Butter oder Margarine

Reis mit Milch, etwas Salz und dem Zucker zum Kochen bringen. Zugedeckt bei sehr schwacher Hitze in etwa 35 Minuten ausquellen lassen. Reis zum Abkühlen beiseite stellen. Eier verquirlen und mit dem Reisbrei mischen. Butter oder Margarine in einer Pfanne zerlassen. Reismasse einfüllen und etwas glattstreichen. So lange braten, bis die Masse leicht gebräunt ist. Dann wenden, kurz braten und mit zwei Gabeln in Stücke reißen. Den Reisschmarren unter Wenden rundherum knusprig braun braten.
Mit beliebigem Fruchtkompott servieren.

Süße Reispflänzchen

150 g Rundkornreis · ½ l Milch · 1 Prise Salz
50 g Zucker · 2 Eier · 1–2 EL Mehl
abgeriebene Schale von ½ unbehandelten Zitrone
1 Prise Zimtpulver · ½ TL gemahlene Vanille (Reformhaus)
Butterschmalz oder Margarine zum Braten

Reis mit Milch, Salz und Zucker zum Kochen bringen, zugedeckt bei schwacher Hitze in etwa 30 Minuten ausquellen und anschließend abkühlen lassen. Reisbrei mit Eiern, Mehl, Zitronenschale, Zimt und Vanille zu einem formbaren Teig verkneten und daraus mit angefeuchteten Händen gleich große Laibchen formen. Fett erhitzen und die Pflänzchen darin von beiden Seiten bei mittlerer Hitze etwa 10 Minuten braten, bis sie knusprig braun sind.

Mit beliebigem Kompott oder einer Fruchtsauce (am besten aus Aprikosen oder Himbeeren) servieren.

Englischer Reispudding

½ l Milch · 1 Prise Salz · 100 g Rundkornreis
50 g Butter oder Margarine · 50 g Zucker
1 TL gemahlene Vanille (Reformhaus) · ½ TL Ingwerpulver
2 Eier · abgeriebene Schale von 1 unbehandelten Zitrone
1 Päckchen Vanille-Puddingpulver · 1 TL Backpulver
30 g gehackte Mandeln oder Haselnüsse
2 Stücke kandierter Ingwer
Butter oder Margarine und Semmelbrösel für die Form

Milch mit Salz zum Kochen bringen. Reis hineinstreuen und bei schwächster Hitze zugedeckt in etwa 30 Minuten ausquellen, dann abkühlen lassen. Butter oder Margarine mit Zucker, Vanille und Ingwer schaumig rühren. Eier und Zitronenschale untermischen. Abgekühlten Reis und das mit Backpulver gemischte Puddingpulver nach und nach unterrühren. Die Mandeln oder Haselnüsse und den in kleine Würfel geschnittenen Ingwer unterheben. Die Masse in eine gut gefettete, mit Semmelbröseln ausgestreute Puddingform füllen. Pudding in der verschlossenen Form im heißen Wasserbad etwa 1 ½ Stunden garen. Den Pudding mit einem Messer vom Rand der Form lösen und auf eine Platte stürzen. Im Schnellkochtopf ist der Pudding in etwa 30 Minuten gar.

Mit beliebigem Kompott oder Vanillesauce servieren.

Schwedischer Milchreis mit Apfelmus

125 g Rundkornreis · ½ l Milch
1 Prise Salz · 50 g Zucker
abgeriebene Schale von ½ unbehandelten Zitrone
300 g Apfelmus (Glas) · 1 Becher süße Sahne (200 g)
2 EL Schokoladenraspel

Reis mit Milch, Salz, Zucker und abgeriebener Zitronenschale zum Kochen bringen und zugedeckt bei schwächster Hitze in etwa 30 Minuten ausquellen, anschließend abkühlen lassen. Apfelmus unter den Reisbrei mischen. Sahne steif schlagen, einen Teil davon zum Verzieren beiseite stellen, die restliche Sahne unter den Apfelreis ziehen und diesen auf Dessertschälchen verteilen. Den Milchreis für etwa 30 Minuten in den Kühlschrank stellen. Mit der restlichen Sahne in Tupfen und Schokolade verziert servieren.

Französisches Reisdessert

Für 6 Personen:
1 Vanilleschote · 1 ½ l Milch · 75 g brauner Zucker
1 Zimtstange von ca. 5 cm Länge · 2 Gewürznelken
½ TL Ingwerpulver · 150 g Naturrundkornreis
50 g Korinthen · 2 EL Rum · 30 g Sesamsamen

Vanilleschote der Länge nach aufschlitzen und das Mark herauskratzen. Milch mit dem Mark, Schote, Zucker, Zimt, Nelken und Ingwer zum Kochen bringen. Reis hineinstreuen und bei schwächster Hitze ohne Umrühren 1 ½ Stunden garen. Inzwischen Korinthen mit dem Rum übergießen und darin ziehen lassen. Sesamsamen ohne Fettzugabe in einer Pfanne unter Rühren rösten, bis sie einen zarten Duft ausströmen. Vanilleschote und Zimtstange sowie Gewürznelken aus dem gegarten Reis entfernen, Korinthen und Sesam untermischen. Reis vor dem Servieren etwa 10 Minuten ziehen lassen.

Türkischer Aprikosenreis

125 g Rundkornreis · ½ l Milch · Salz
1 Stück unbehandelte Zitronenschale · 1 Prise Safranfäden
1 TL gemahlene Vanille (Reformhaus)
600 g frische Aprikosen · 3 EL Honig · 1 Glas Aprikosengeist
¼ l süße Sahne · ½ Päckchen Vanillezucker
50 g ungesalzene Pistazienkerne

Reis mit Milch, 1 Prise Salz, Zitronenschale, Safran und Vanille zum Kochen bringen und zugedeckt bei schwächster Hitze in etwa 35 Minuten körnig ausquellen, dann abkühlen lassen und die Zitronenschale entfernen. Aprikosen waschen, abtrocknen, halbieren und die Steine entfernen. Die Hälfte der Aprikosen mit Honig und Aprikosengeist im Mixer fein pürieren. Restliche Früchte in Stücke schneiden und einen Teil davon zum Garnieren beiseite legen. Das Aprikosenpüree und die gehackten Aprikosen unter den abgekühlten Reis mischen. Sahne mit Vanillezucker steif schlagen. Reis in vier Schälchen füllen und mit der Sahne und den restlichen Früchten garnieren. Pistazien fein hacken und darüberstreuen.

Schokoladenreis

$1/2$ l Milch · $1/2$ Vanilleschote
abgeriebene Schale von $1/2$ unbehandelten Zitrone
1 EL Zucker · 125 g Rundkornreis · 2 TL Kakaopulver
1 EL Milch · 40 g geriebene Zartbitter-Schokolade
1 Eigelb · 2 cl Zwetschenwasser · 4 EL Zwetschenkompott
1 EL geraspelte Schokolade

Milch mit dem ausgekratzten Mark der Vanilleschote, Zitronenschale und Zucker zum Kochen bringen. Reis einstreuen, unter Rühren erneut aufkochen, dann bei schwacher Hitze zugedeckt in etwa 35 Minuten körnig ausquellen lassen. Inzwischen Kakao mit Milch glattrühren. Schokolade, Eigelb, Zwetschenwasser und Kompott untermischen. Vanilleschote aus dem lauwarm abgekühlten Reis entfernen. Reis mit der Schokoladenmischung verrühren und 30 Minuten kühl stellen. Mit Schokoladenraspeln bestreut servieren.

Reistörtchen mit Erdbeermark

125 g Rundkornreis · $3/4$ l Milch · 75 g Zucker
1 Päckchen Vanillezucker · $1/2$ Fläschchen Arrak-Aroma
abgeriebene Schale von $1/2$ unbehandelten Zitrone
3 Blatt weiße Gelatine · $1/8$ l süße Sahne · 300 g Erdbeeren
2 EL Zucker · 1 TL Zitronensaft
2 cl Crème de Cassis (schwarzer Johannisbeerlikör)

Reis mit Milch, Zucker, Vanillezucker, Arrak-Aroma und Zitronenschale aufkochen und bei schwacher Hitze zugedeckt in etwa 35 Minuten körnig ausquellen lassen. Gelatine nach Pakkungsaufschrift einweichen, ausdrücken, in etwas heißem Wasser auflösen und unter den Milchreis mischen. Sahne steif schlagen und unter den Reis ziehen, sobald er zu gelieren beginnt. Masse in kleine Förmchen füllen und im Kühlschrank erstarren lassen. Inzwischen Erdbeeren waschen, trockentupfen, entkelchen und pürieren. Mit Zucker, Zitronensaft und Crème de Cassis mischen. Reistörtchen auf kleine Teller stürzen und mit Erdbeermark überziehen.

Reis Trauttmansdorff
(siehe Foto Seite 247)

Für 8 Personen:
250 g Rundkornreis · 1 l Milch · 1 Prise Salz
100 g Zucker · Schale von $^1/_2$ unbehandelten Zitrone
300 g Erdbeeren · 6 Scheiben Ananas aus der Dose
8 Aprikosenhälften aus der Dose · 8 Blatt weiße Gelatine
40 ccm Orangenlikör (ersatzweise Apfelsaft)
$^3/_8$ l Sahne · 1 gehäufter TL Zucker

Den Reis unter kaltem Wasser waschen und abtropfen lassen. Die Milch mit Salz, Zucker und Zitronenschale zum Kochen bringen, den Reis hineinschütten und zugedeckt 40 Minuten bei schwacher Hitze garen. Inzwischen die Erdbeeren waschen, abgetropft entstielen und halbieren. Die ebenfalls abgetropften Ananasscheiben in Stücke schneiden, die Aprikosen auf ein Sieb schütten. Die Gelatine in kaltem Wasser einweichen, ausdrücken, in 2 EL Wasser bei schwacher Hitze auflösen und mit dem Orangenlikör oder dem Apfelsaft unter den Reis heben. Im kalten Wasserbad abkühlen lassen, dann für 25 Minuten in

den Kühlschrank stellen. $^1/_4$ l Sahne steif schlagen und unter den Reis ziehen. Eine Eisbombenform von 1,5 l Inhalt mit kaltem Wasser ausspülen, nun schichtweise Reis und Früchte einfüllen. Die oberste Schicht sollte aus Reis bestehen. Einige Ananasstücke und Erdbeerhälften zum Garnieren zurückbehalten.
Die Form zugedeckt für 5 Stunden in den Kühlschrank stellen. Die restliche Sahne mit dem Zucker steif schlagen und in einen Spritzbeutel mit Sterntülle füllen. Den Reis auf eine Platte stürzen – dazu die Form eventuell kurz in heißes Wasser tauchen – und mit Sahnetupfen und den Früchten garnieren. Dazu heiße Schokoladensauce servieren.

Reisklöße mit Kirschen

Für 5 Personen:
300 g Rundkornreis · 600 ccm Milch · 80 g Zucker
abgeriebene Schale von $^1/_2$ unbehandelten Zitrone
1 Prise Salz · 20 Kirschen · 100 g Mehl · 2 Eier
50 g Butter · 50 g Semmelbrösel · 1 TL Zimtpulver

Den Reis mit der Milch, 1 EL Zucker, der Zitronenschale und dem Salz aufkochen und zugedeckt bei schwacher Hitze etwa 40 Minuten garen, bis die Körner sehr weich sind und alle Flüssigkeit aufgesogen haben. Den Reisbrei in einer Schüssel abkühlen lassen. Inzwischen die Kirschen waschen, von den Stielen zupfen und entsteinen. In einem Topf reichlich Wasser mit Salz zum Kochen bringen. Das Mehl und die Eier unter den Reisbrei mischen. Aus dem Teig mit nassen Händen 10 Klöße formen. Jeden Kloß mit 2 Kirschen füllen. Die Klöße in das sprudelnd kochende Salzwasser geben. Die Temperatur zurückschalten. Die Klöße bei schwacher Hitze knapp unter dem Siedepunkt in etwa 30 Minuten gar ziehen lassen. Während die Klöße garen, die Butter schmelzen. Die Semmelbrösel dazugeben und leicht bräunen. Den restlichen Zucker mit dem Zimt vermischen. Die Klöße mit einem Schaumlöffel aus dem Wasser nehmen und auf heißen Tellern anrichten. Zuerst die Butter mit den Semmelbröseln, dann den Zimtzucker über die Klöße verteilen.

Überbackener Pfirsichreis

1 Vanilleschote · 125 g Rundkornreis · $^1/_2$ l Milch
1 Prise Salz · 50 g Zucker · 4 große Pfirsiche
$^1/_2$ EL Butter oder Margarine für die Form · 3 Eiweiß
1 EL Zitronensaft · 50 g Puderzucker

Vanilleschote der Länge nach aufschlitzen und das Mark herauskratzen. Reis in einem Sieb unter fließendem kaltem Wasser abspülen, bis die ablaufende Flüssigkeit klar bleibt. Milch mit Vanilleschote und -mark, Salz und Zucker zum Kochen bringen. Reis einstreuen und bei schwacher Hitze zugedeckt etwa 30 Minuten garen. Dann die Vanilleschote entfernen und den Reis etwas abkühlen lassen. Inzwischen Pfirsiche mit kochendheißem Wasser überbrühen, nach kurzer Zeit kalt abschrecken und häuten. Pfirsiche vom Kern befreien und in schmale Schnitze teilen. Einen Teil davon unter den lauwarm abgekühlten Reis mischen. Eine feuerfeste Form mit Fett ausstreichen. Die Reismasse einfüllen und mit den restlichen Pfirsichschnitzen belegen. Eiweiß mit Zitronensaft sehr steif schlagen. Dabei den Puderzucker einrieseln lassen. Masse über den Pfirsichen verstreichen und alles im vorgeheizten Backofen bei

250° C oder im vorgeheizten Grill etwa 20 Minuten überbacken, bis der Eischnee schön gebräunt ist. Etwas abgekühlt servieren.

Obstflammeri

---
1 l Milch · 30 g Butter oder Margarine · 1 Prise Salz
100 g Zucker · 125 g Rundkornreis · 2 Eier · 2 EL Milch
¼ l süße Sahne · 1 großes Glas beliebiges Kompott
2 cl weißer Rum · 1 EL Mandelblättchen

Milch mit Butter oder Margarine, Salz und Zucker zum Kochen bringen. Reis einstreuen, unter Rühren erneut aufkochen, und zugedeckt bei schwächster Hitze in etwa 35 Minuten körnig ausquellen lassen. Eigelb mit Milch verquirlen und unter den lauwarm abgekühlten Reis mischen. Eiweiß und Sahne getrennt steif schlagen. Von der Sahne etwa 1 EL abnehmen und beiseite stellen. Restliche Sahne mit Eiweiß vorsichtig unter die Reismasse ziehen. Kompott mit Rum verrühren. Abwechselnd Reismasse und Kompott in eine mit kaltem Wasser ausgespülte Puddingform geben, dabei mit Reis abschließen. Bis zum Servieren kühl stellen. Form kurz in heißes Wasser tauchen und den Flammeri auf eine Platte stürzen. Mit der restlichen Sahne in Tupfen und Mandelblättchen – nach Wunsch vorher geröstet – verzieren.

Reistorte mit Pfirsichen

Für 12 Stück:
Für den Teig:
200 g Mehl · 50 g Zucker
abgeriebene Schale von ¹/₂ unbehandelten Zitrone
1 Prise Salz · 4 EL kaltes Wasser · 100 g weiche Butter
Für den Belag:
125 g Rundkornreis · ³/₈ l Milch · 75 g Zucker
1 EL Vanillezucker
abgeriebene Schale und Saft von ¹/₂ unbehandelten Zitrone
1 EL Aprikosenkonfitüre · 800 g Pfirsiche · 3 Eier

Für den Teig Mehl, Zucker, Zitronenschale, Salz, Wasser und Butter in einer Schüssel mit den Knethaken des Handrührgerätes vermischen, bis die Masse krümelig ist. Auf der Arbeitsfläche mit den Händen rasch zu einem glatten Teig zusammenkneten. Eine Springform von 26 cm Ø mit dem Teig auskleiden, dabei einen etwa 3 cm hohen Rand formen. Den Teigboden mit einer Gabel mehrmals einstechen und kühlen, bis der Belag zubereitet ist.

Den Reis mit Milch, Zucker, Vanillezucker sowie Zitronenschale aufkochen und zugedeckt bei schwacher Hitze 30 Minuten garen. Den Zitronensaft und die Aprikosenkonfitüre daruntermischen, den Reis abkühlen lassen. Inzwischen die Pfirsiche mit kochendem Wasser übergießen, nach kurzer Zeit kalt abschrecken, häuten, halbieren und entsteinen. Die Form auf den Rost in den kalten Backofen (Mitte) stellen. Den Ofen auf 200°C schalten. Den Teigboden 10 Minuten vorbacken.

Die Eier trennen. Die Eigelbe unter den Reis rühren. Die Eiweiße steif schlagen und darunterziehen. Die Pfirsiche mit der

Höhlung nach unten auf den Teigboden legen. Den Reisbrei darüber verteilen. Den Kuchen wieder in den Ofen stellen und bei 175°C in etwa 50 Minuten fertig backen.

Schwedische Reiskekse

Für 40 Stück:
150 g Reis · 100 g Walnußkerne · 100 g Mehl
½ Päckchen Lebkuchengewürz · ¼ TL Backpulver
100 g weiche Butter · 75 g Puderzucker · 1 Prise Salz
abgeriebene Schale von 1 unbehandelten Zitrone
1 EL Zitronensaft · 1 Ei

Den Reis und die Nußkerne getrennt sehr fein mahlen. Beide Zutaten mit Mehl, Lebkuchengewürz und Backpulver vermischen. Die Butter mit Puderzucker, Salz, Zitronenschale und -saft sowie dem Ei schaumig rühren. Die Mehlmischung darunterheben. Den Teig zu 2 Rollen formen und in Folie gewickelt 1 Stunde kühlen. Die Rollen in etwa ¼ cm dicke Scheiben schneiden und auf ein ungefettetes Backblech legen. Das Blech in den kalten Backofen (Mitte) schieben. Den Ofen auf 200°C schalten. Die Kekse 10-15 Minuten backen, bis sie leicht gebräunt sind. Vom Blech lösen und auf einem Kuchengitter erkalten lassen.

Sachgruppenregister

Vorspeisen, Salate und Snacks

Feiner Reissalat italienische Art 76
Gedämpfte Wirsingröllchen 96
Gefüllte Weinblätter 95
Gemüse-Reis-Salat 84
Gemüsesalat mit Reis 75
Grüner Reissalat 85
Lauchpäckchen 90
Mexikanischer Avocado-Reis-Salat 71
Philippinischer Reissalat mit Shrimps 73
Reis in Lotosblättern 86
Reisbällchen mit Käse 93
Reisfrikadellen mit Couscous 92
Reissalat indische Art 74
Reissalat mit Huhn und Krabben 78
Reissalat mit Lachs 82
Reissalat mit Löwenzahn 81
Reissalat mit Speck 84
Reissalat mit Sprossen 79
Reissalat mit Tofu 80
Schwedischer Reissalat 72
Spanischer Reissalat mit Muscheln und Tintenfisch 77
Sushi 87
Sushi mit Spargel, Lachs und Forellenkaviar 88
Sushi-Reis 90
Süßscharfer Krabbensalat 78
Teigtaschen mit Spinat und Reis 94
Thailändischer Reissalat 83
Ungarischer Reissalat 70

Suppen mit Reis und Reisnudeln

Anglo-indische Mulligatawny 114
Bohnensuppe 103
Chinasuppe mit Krabben 118
Chinasuppe mit Reisnudeln 106
Chinesische Entensuppe mit Reisnudeln 117
Chinesische Hühnersuppe 111
Currysuppe mit Reis und Mandeln 98
Feine Fischsuppe mit Safran 118
Gemüsebrühe mit Reis und Kräutern 109
Geröstete Reissuppe 111
Griechische Ostersuppe 121
Griechische Zitronensuppe 112
Indonesische Hühnersuppe 99
Kalte Gurkensuppe 110
Kräutersuppe aus dem Kaukasu 123
Legierte Reissuppe mit Huhn und Lauch 102
Minestrone mit Pesto 108
Paksoi-Suppe mit Reisnudeln 126
Paprikasuppe mit Reis 100
Petersiliensuppe mit Reis 106
Pilzsuppe mit Kokosmilch 123
Reisnudelsuppe mit Eierblumen 120
Reisnudelsuppe mit Pilzen 127
Reissuppe mit Eierstich und Schinken 104
Reissuppe mit Tomaten 124
Risottosuppe mit Gemüse 105
Russische Rote-Bete-Suppe 104
Sauerscharfe Gemüsesuppe 125
Scharfe Gemüsesuppe aus Spanien 115
Schwarze Bohnensuppe aus Brasilien 116
Schweinefleischsuppe mit Reisnudeln 122
Spinatsuppe mit Lamm 113
Suppe mit Reisnudeln und Tofu 102
Süßscharfe Gemüsesuppe 126
Tomatensuppe mit Reis 107

Risotti und Eintöpfe

Djuvec-Reis 146
Frühlingsrisotto 137

Gemüserisotto 144
Hopping John aus den USA 149
Käserisotto 131
Knoblauchrisotto mit Champignons 132
Kräuterreis mit Bohnen 148
Mailänder Risotto 128
Reistopf mit Mais und Hack 149
Reistopf mit roten Beten und Joghurtsauce 131
Risotto mit Artischockenböden 133
Risotto mit Fisch 142
Risotto mit Huhn 139
Risotto mit Käse und Kräutern 136
Risotto mit Meeresfrüchten 135
Risotto mit Muscheln und Tomaten 134
Risotto mit Putenleber und Austernpilzen 140
Risotto mit Rucola 136
Risotto mit Spinat 138
Risotto mit Steinpilzen 143
Risotto mit Thunfisch 141
Risotto mit Tomaten 129
Risotto mit Zucchini 145
Spargelrisotto 130
Türkischer Auberginen-Reis 147

Vegetarische Reisgerichte

Bohnenreis 244
Brasilianischer Reis mit Gemüse 151
Curryreis mit Mandeln 251
Einfacher Bratreis 159
Frühlingsrisotto 137
Gebratene Reisnudeln mit Knoblauchsauce 239
Gebratener Reis auf chinesische Art 157
Gebratener Reis auf Thaiart 160
Gedämpfte Pilz-Reis-Taschen 227
Gefüllte Weinblätter 95
Gefüllte Zwiebeln 154
Gelber Reis 242
Gemüse-Reis-Salat 84

Gemüserisotto 144
Gemüsesalat mit Reis 75
Gemüseteller mit fritierten Reisnudeln 236
Gewürzter Reis 244
Gewürzter Reis mit Erbsen und Kürbiskernen 168
Glücksrollen mit Gemüse und Tofu 226
Griechische Paprikaschoten 153
Griechischer Spinatreis 156
Grüner Reis 246
Japanischer Reis mit Gemüse 156
Käsereis 253
Käserisotto 131
Knoblauchrisotto mit Champignons 132
Kräuterreis mit Pilzen 164
Mexikanischer Avocado-Reis-Salat 71
Nasi Goreng – Gebratener Reis mit Spiegelei 158
Paprika-Pilaw 159
Paprika-Reis-Auflauf 169
Persischer Reis 248
Pilaw-Reis 242
Reis mit Lauch und Ingwer 252
Reis mit Linsen 250
Reis mit Morcheln 172
Reis mit Nüssen 243
Reis mit Rosinen und Pistazien 254
Reis mit roten Bohnen 250
Reis mit Sojasprossen 164
Reis und italienisches Gemüse überbacken 167
Reisauflauf mit Kräutern 171
Reisauflauf mit Zucchini und Käse 165
Reisbällchen mit Käse 93
Reisbuletten mit Ratatouille 162
Reisfrikadellen 255
Reisfrikadellen mit Couscous 92
Reisgratin 152
Reiskroketten 256
Reisnudeln mit Ei 237

Reisnudeln mit Sellerie und Tofu 238
Reisring mit Gemüse   170
Reissalat mit Tofu   80
Reistopf mit Endivien   166
Reistopf mit roten Beten und Joghurtsauce   131
Reistopf mit Wachtelbohnen   173
Risibisi   163
Risotto mit Artischockenböden   133
Risotto mit Käse und Kräutern   136
Risotto mit Rucola   136
Risotto mit Spinat   138
Risotto mit Steinpilzen   143
Risotto mit Tomaten   129
Safranreis mit Kartoffeln   249
Schneller Pilaw   152
Spanischer Paprikareis   245
Spanischer Reistopf mit Kichererbsen 155
Spargelrisotto   130
Teigtaschen mit Spinat und Reis   94
Thainudeln mit Gemüse   235
Tomatenreis   253
Türkischer Reis mit gebratenen Nudeln   241
Überbackener Reis   246
Wildreis mit Champignons   255
Zitronenreis mit Pinienkernen   248

Weitere vegetarische Rezepte finden Sie unter »Suppen« und »Desserts«

Reis mit Fisch und Meeresfrüchten

Chinapfanne mit Reis   181
Fischauflauf mit Reis   186
Fischragout im Reisrand   175
Französische Fischpfanne mit Reis 177
Gebratener Reis mit Bohnen und Krabben   188
Gebratener Reis mit Tintenfisch   176
Gefüllte Tintenfische auf Tomaten 186

Griechischer Fischauflauf   174
Italienischer Fenchelreis mit Fisch 178
Kedgeree   189
Krabbenreis aus der Karibik   182
Reis mit Schellfisch und Gemüse 187
Reistopf mit Krabben   191
Reistopf mit Muscheln   190
Spanische Paella   184
Thunfisch-Tomatenreis   180
Wildreis mit Kräutern und Fisch 183

Reis mit Geflügel und Fleisch

Ceylonesisches Hühner-Reisgericht 198
Curryhuhn mit Reis   205
Djuvec mit Rindfleisch   214
Einfacher gebratener Reis mit Putenfleisch   204
Gebratener Reis mit Ente   203
Geflügelleber im Risottorand   195
Gefüllte Paprikaschoten   221
Gefüllte Tomaten   223
Gefülltes Huhn auf spanische Art 196
Griechischer Hühnerpilaw   193
Gurkenpickles (zur Indonesischen Reispfanne)   201
Hühnerbrust auf scharfem Tomatenreis   202
Hühnertopf mit Linsen und Reis 197
Indonesische Reispfanne   200
Lammpilaw   211
Lamm-Reis-Topf mit Apfelchutney 207
Paprikagemüse mit Speck und Reis 218
Reis mit Huhn und Aprikosen   194
Reisauflauf mit Tomaten   222
Reisstrudel   216
Reistopf auf mexikanische Art   209

Reistopf mit Kräutern 220
Reistopf mit Liebstöckel 224
Reistopf mit Schinken und Spargel 217
Reistopf mit schwarzen Bohnen und Lamm 206
Roter Reis mit Speckpilzen 210
Serbischer Reistopf 208
Sub gum – Reis mit Fleischsauce 219
Überbackenes Reisfleisch 215
Ungarische Kohlrouladen 212

Gerichte mit Reisprodukten
– Reisblätter und Reisnudeln –

Fisch mit Gemüse in Reisblättern 225
Fischcurry mit fritierten Reisnudeln 234
Frühlingsrollen 228
Garnelenbällchen mit süßsaurer Sauce 231
Gebratene Reisnudeln mit Knoblauchsauce 239
Gedämpfte Pilz-Reis-Taschen 227
Gemüseteller mit fritierten Reisnudeln 236
Glücksrollen mit Gemüse und Tofu 226
Hähnchensalat mit Reisnudeln 229
Kabeljau mit Eisbergsalat und Reisnudeln 233
Reisnudeln mit Ei 237
Reisnudeln mit Fisch 232
Reisnudeln mit Kalbfleisch 238
Reisnudeln mit Sellerie und Tofu 238
Scharfer Reisnudelsalat mit Rinderhack 230
Thainudeln mit Gemüse 235

Reis als Beilage

Bohnenreis 244
Gelber Reis 242
Gewürzter Reis 244
Grüner Reis 246
Käsereis 253
Kräuterreisrand 245
Persischer Reis 248
Pilaw-Reis 242
Reis mit Lauch und Ingwer 252
Reis mit Nüssen 243
Reis mit Rosinen und Pistazien 254
Reisfrikadellen 255
Reiskroketten 256
Safranreis mit Kartoffeln 249
Spanischer Paprikareis 245
Tomatenreis 253
Türkischer Reis mit gebratenen Nudeln 241
Überbackener Reis 246
Wildreis mit Champignons 255
Zitronenreis mit Pinienkernen 248

Süße Hauptgerichte, Desserts und Backen mit Reis

Englischer Reispudding 262
Französisches Reisdessert 263
Gefüllte süße Reisklößchen 260
Heidelbeersuppe mit Reisklößchen 257
Obstflammeri 269
Reis Trauttmansdorff 266
Reisauflauf mit Quark und Trockenfrüchten 259
Reisauflauf mit Schokohaube 258
Reisklöße mit Kirschen 267
Reisschmarren 260
Reistörtchen mit Erdbeermark 265
Reistorte mit Pfirsichen 270
Schokoladenreis 265
Schwedische Reiskekse 271
Schwedischer Milchreis mit Apfelmus 263
Süße Reispflänzchen 261
Türkischer Aprikosenreis 264
Überbackener Pfirsichreis 268

Alphabetisches Rezeptregister

A

Anglo-indische Mulligatawny 114
Aprikosenreis, türkisch 264
Auberginen-Reis, türkisch 147
Avocado-Reis-Salat, mexikanisch 71

B

Bohnenreis 244
Bohnensuppe 103
Bohnensuppe, schwarz, aus Brasilien 116
Brasilianischer Reis mit Gemüse 151
Bratreis, einfach 159

C

Ceylonesisches Hühner-Reisgericht 198
Chinapfanne mit Reis 181
Chinasuppe mit Krabben 118
Chinasuppe mit Reisnudeln 106
Chinesische Entensuppe mit Reisnudeln 117
Chinesische Hühnersuppe 111
Curryhuhn mit Reis 205
Curryreis mit Mandeln 251
Currysuppe mit Reis und Mandeln 98

D

Djuvec mit Rindfleisch 214
Djuvec-Reis 146

E

Einfacher Bratreis 159
Einfacher gebratener Reis mit Putenfleisch 204
Englischer Reispudding 262
Entensuppe mit Reisnudeln, chinesisch 117

F

Feine Fischsuppe mit Safran 118
Feiner Reissalat italienische Art 76
Fenchelreis, italienisch, mit Fisch 178
Fisch mit Gemüse in Reisblättern 225
Fischauflauf, griechisch 174
Fischauflauf mit Reis 186
Fischcurry mit fritierten Reisnudeln 234
Fischpfanne mit Reis, französisch 177
Fischragout im Reisrand 175
Fischsuppe, fein, mit Safran 118
Französische Fischpfanne mit Reis 177
Französisches Reisdessert 263
Frühlingsrisotto 137
Frühlingsrollen 228

G

Garnelenbällchen mit süßsaurer Sauce 231
Gebratene Reisnudeln mit Knoblauchsauce 239
Gebratener Reis auf chinesische Art 157
Gebratener Reis auf Thaiart 160
Gebratener Reis mit Bohnen und Krabben 188
Gebratener Reis mit Ente 203
Gebratener Reis mit Spiegelei – Nasi Goreng 158
Gebratener Reis mit Tintenfisch 176
Gedämpfte Pilz-Reis-Taschen 227
Gedämpfte Wirsingröllchen 96
Geflügelleber im Risottorand 195
Gefüllte Paprikaschoten 221
Gefülltes Huhn auf spanische Art 196

Gefüllte süße Reisklöße 260
Gefüllte Tintenfische auf Tomaten 186
Gefüllte Tomaten 223
Gefüllte Weinblätter 95
Gefüllte Zwiebeln 154
Gelber Reis 242
Gemüsebrühe mit Reis und Kräutern 109
Gemüse-Reis-Salat 84
Gemüserisotto 144
Gemüsesalat mit Reis 75
Gemüsesuppe, sauerscharf 125
Gemüsesuppe, scharf, aus Spanien 115
Gemüsesuppe, süßscharf 126
Gemüseteller mit fritierten Reisnudeln 236
Geröstete Reissuppe 111
Gewürzter Reis 244
Gewürzter Reis mit Erbsen und Kürbiskernen 168
Glücksrollen mit Gemüse und Tofu 226
Griechische Ostersuppe 121
Griechische Paprikaschoten 153
Griechische Zitronensuppe 112
Griechischer Fischauflauf 174
Griechischer Hühnerpilaw 193
Griechischer Spinatreis 156
Grüner Reis 246
Grüner Reissalat 85
Gurkenpickles (zur Indonesischen Reispfanne) 201
Gurkensuppe, kalt 110

H
Hähnchensalat mit Reisnudeln 229
Heidelbeersuppe mit Reisklößchen 257
Hopping John aus den USA 149
Huhn, gefüllt, auf spanische Art 196
Hühnerbrust auf scharfem Tomatenreis 202
Hühnerpilaw, griechisch 193
Hühner-Reisgericht, ceylonesisch 198
Hühnersuppe, chinesisch 111
Hühnersuppe, indonesisch 99
Hühnertopf mit Linsen und Reis 197

I
Indonesische Hühnersuppe 99
Indonesische Reispfanne 200
Italienischer Fenchelreis mit Fisch 178

J
Japanischer Reis mit Gemüse 156

K
Kabeljau mit Eisbergsalat und Reisnudeln 233
Kalte Gurkensuppe 110
Käsereis 253
Käserisotto 131
Kedgeree 189
Knoblauchrisotto mit Champignons 132
Kohlrouladen, ungarisch 212
Krabbenreis aus der Karibik 182
Krabbensalat, süßscharf 78
Kräuterreis mit Bohnen 148
Kräuterreis mit Pilzen 164
Kräuterreisrand 245
Kräutersuppe aus dem Kaukasus 123

L
Lammpilaw 211
Lamm-Reis-Topf mit Apfelchutney 207
Lauchpäckchen 90
Legierte Reissuppe mit Huhn und Lauch 102

M
Mailänder Risotto 128
Mexikanischer Avocado-Reis-Salat 71

Minestrone mit Pesto 108
Mulligatawny, anglo-indische Art 114

N

Nasi Goreng – Gebratener Reis mit Spiegelei 158

O

Obstflammeri 269
Ostersuppe, griechisch 121

P

Paella, spanisch 184
Paksoi-Suppe mit Reisnudeln 126
Paprikagemüse mit Speck und Reis 218
Paprika-Pilaw 159
Paprikareis, spanisch 245
Paprika-Reis-Auflauf 169
Paprikaschoten, gefüllt 221
Paprikaschoten, griechisch 153
Paprikasuppe mit Reis 100
Persischer Reis 248
Pesto zur Minestrone 108
Petersiliensuppe mit Reis 106
Pfirsichreis, überbacken 268
Philippinischer Reissalat mit Shrimps 73
Pilaw, Schneller 152
Pilaw-Reis 242
Pilz-Reis-Taschen, gedämpft 227
Pilzsuppe mit Kokosmilch 123

R

Reis in Lotosblättern 86
Reis mit Fleischsauce, Sub gum 219
Reis mit gebratenen Nudeln, türkisch 241
Reis mit Gemüse, brasilianisch 151
Reis mit Gemüse, japanisch 156
Reis mit Huhn und Aprikosen 194
Reis mit Lauch und Ingwer 252
Reis mit Linsen 250
Reis mit Morcheln 172
Reis mit Nüssen 243
Reis mit Rosinen und Pistazien 254
Reis mit roten Bohnen 250
Reis mit Schellfisch und Gemüse 187
Reis mit Sojasprossen 164
Reis Trauttmansdorff 266
Reis und italienisches Gemüse überbacken 167
Reis, einfach gebraten, mit Putenfleisch 204
Reis, gebraten, mit Ente 203
Reis, gebraten, auf chinesische Art 157
Reis, gebraten, auf Thaiart 160
Reis, gebraten, mit Bohnen und Krabben 188
Reis, gebraten, mit Tintenfisch 176
Reis, gelb 242
Reis, gewürzt 244
Reis, gewürzt, mit Erbsen und Kürbiskernen 168
Reis, grün 246
Reis, persisch 248
Reis, türkisch, mit gebratenen Nudeln 241
Reis, überbacken 246
Reisauflauf mit Quark und Trockenfrüchten 259
Reisauflauf mit Kräutern 171
Reisauflauf mit Schokohaube 258
Reisauflauf mit Tomaten 222
Reisauflauf mit Zucchini und Käse 165
Reisbällchen mit Käse 93
Reisbuletten mit Ratatouille 162
Reisdessert, französisch 263
Reisfleisch, überbacken 215
Reisfrikadellen 255
Reisfrikadellen mit Couscous 92
Reisgratin 152
Reisklöße mit Kirschen 267
Reisklöße, süß, gefüllt 260
Reiskroketten 256
Reisnudeln mit Ei 237

Reisnudeln mit Fisch 232
Reisnudeln mit Kalbfleisch 238
Reisnudeln mit Sellerie und Tofu 238
Reisnudeln, gebraten, mit Knoblauchsauce 239
Reisnudelsalat, scharf, mit Rinderhack 230
Reisnudelsuppe mit Eierblumen 120
Reisnudelsuppe mit Pilzen 127
Reispfanne, indonesisch 200
Reispudding, englisch 262
Reisring mit Gemüse 170
Reissalat indische Art 74
Reissalat mit Huhn und Krabben 78
Reissalat mit Lachs 82
Reissalat mit Löwenzahn 81
Reissalat mit Muscheln und Tintenfisch, spanisch 77
Reissalat mit Shrimps, philippinisch 73
Reissalat mit Speck 84
Reissalat mit Sprossen 79
Reissalat mit Tofu 80
Reissalat, fein, italienische Art 76
Reissalat, Grüner 85
Reissalat, schwedisch 72
Reissalat, thailändisch 83
Reissalat, ungarisch 70
Reisschmarren 260
Reisstrudel 216
Reissuppe mit Eierstich und Schinken 104
Reissuppe mit Huhn und Lauch, legiert 102
Reissuppe mit Tomaten 124
Reissuppe, geröstet 111
Reistopf auf mexikanische Art 209
Reistopf mit Endivien 166
Reistopf mit Krabben 191
Reistopf mit Kräutern 220
Reistopf mit Liebstöckel 224
Reistopf mit Mais und Hack 149
Reistopf mit Muscheln 190

Reistopf mit roten Beten und Joghurtsauce 131
Reistopf mit Schinken und Spargel 217
Reistopf mit schwarzen Bohnen und Lamm 206
Reistopf mit Wachtelbohnen 173
Reistopf, serbisch 208
Reistopf, spanisch, mit Kichererbsen 155
Reistörtchen mit Erdbeermark 265
Reistorte mit Pfirsichen 270
Risibisi 163
Risotto mit Artischockenböden 133
Risotto mit Fisch 142
Risotto mit Huhn 139
Risotto mit Käse und Kräutern 136
Risotto mit Meeresfrüchten 135
Risotto mit Muscheln und Tomaten 134
Risotto mit Putenleber und Austernpilzen 140
Risotto mit Rucola 136
Risotto mit Spinat 138
Risotto mit Steinpilzen 143
Risotto mit Thunfisch 141
Risotto mit Tomaten 129
Risotto mit Zucchini 145
Risottosuppe mit Gemüse 105
Rote-Bete-Suppe, russisch 125
Roter Reis mit Speckpilzen 210
Russische Rote-Bete-Suppe 104

S

Safranreis mit Kartoffeln 249
Sauerscharfe Gemüsesuppe 125
Scharfe Gemüsesuppe aus Spanien 115
Scharfer Reisnudelsalat mit Rinderhack 230
Schneller Pilaw 152
Schokoladenreis 265
Schwarze Bohnensuppe aus Brasilien 116
Schwedische Reiskekse 271

Schwedischer Milchreis mit Apfelmus 263
Schwedischer Reissalat 72
Schweinefleischsuppe mit Reisnudeln 122
Serbischer Reistopf 208
Spanische Paella 184
Spanischer Paprikareis 245
Spanischer Reissalat mit Muscheln und Tintenfisch 77
Spanischer Reistopf mit Kichererbsen 155
Spargelrisotto 130
Spinatreis, griechisch 156
Spinatsuppe mit Lamm 113
Sub gum – Reis mit Fleischsauce 219
Suppe mit Reisnudeln und Tofu 102
Sushi 87
Sushi mit Spargel, Lachs und Forellenkaviar 88
Sushi-Reis 90
Süße Reispflänzchen 261
Süßscharfe Gemüsesuppe 126
Süßscharfer Krabbensalat 78

T
Teigtaschen mit Spinat und Reis 94
Thailändischer Reissalat 83

Thainudeln mit Gemüse 235
Thunfisch-Tomatenreis 180
Tintenfische, gefüllt, auf Tomaten 186
Tomaten, gefüllt 223
Tomatenreis 253
Tomatensuppe mit Reis 107
Türkischer Aprikosenreis 264
Türkischer Auberginen-Reis 147
Türkischer Reis mit gebratenen Nudeln 241

U
Überbackener Pfirsichreis 268
Überbackener Reis 246
Überbackenes Reisfleisch 215
Ungarische Kohlrouladen 212
Ungarischer Reissalat 70

W
Weinblätter, gefüllt 95
Wildreis mit Champignons 255
Wildreis mit Kräutern und Fisch 183
Wirsingröllchen, gedämpft 96

Z
Zitronenreis mit Pinienkernen 248
Zitronensuppe, griechisch 112
Zwiebeln, gefüllt 154